AF356353

# L'APPRÉCIATEUR

## DU

## MOBILIER.

# L'APPRÉCIATEUR

## DU

## MOBILIER,

OU

*Le moyen de savoir faire l'estimation et la vérification du Mobilier le plus étendu*, *et de* former des DEVIS *pour toute espéce d'ameublement;*

PAR A. G., *Junier*

EX-VÉRIFICATEUR AU GARDE-MEUBLE DE LA COURONNE.

## PARIS,

CHEZ L'AUTEUR, RUE DE CHARONNE, N°. 30 ;
ET CHEZ CHAUMEROT JEUNE, LIBRAIRE, PALAIS-ROYAL,
N.° 189.

1821.

# L'APPRÉCIATEUR

## DU

## MOBILIER,

### OU

*Le moyen de savoir faire l'estimation et la vérification du Mobilier le plus étendu, et de* former des DEVIS *pour toute espèce d'ameublement.*

LE but de cet Ouvrage est de présenter au Public le moyen de s'éclairer sur tout ce qui tient à l'ameublement ; cette partie est tellement compliquée aujourd'hui, qu'à moins de s'y être long-temps livré, il serait impossible d'envisager tous les objets qui la composent, et d'avoir des connaissances exactes sur chacun d'eux. Dans ce travail, où il y avait tant de matériaux à employer pour le rendre utile, on a évité néanmoins de faire aucun raisonnement sur l'essence des choses, comme sur la manière de les apprêter, pour obtenir une bonne fabrication. On ne s'est attaché qu'à offrir des données positives sur la qualité, sur la valeur et sur le choix des objets, sans s'occuper de signaler les causes qui ont amené tels ou tels changemens dans l'ameublement : on ne s'est point non plus proposé de donner des exemples aux tapissiers, ni à tous autres fournisseurs d'objets d'ameublement ; et on n'a pas eu l'intention, en faisant cet Ouvrage, qu'il devînt la critique de leurs travaux. En le lisant, ils jugeront bien de toute la circonspection dont on a usé à cet égard.

Mais dans la grande quantité d'objets dont se forme un Mobilier, le Public a besoin d'un guide assuré pour le conduire ; il faut qu'il apprenne, sans avoir l'embarras

d'aucun travail, tout ce que valent les objets dont il se sert journellement ; on a dù
chercher à lui apprendre, dans un instant, ce
qu'on n'obtient que par des recherches exactes et par une longue expérience ; enfin on
a dû, pour ainsi dire, faire sous ses yeux
le dépècement de divers meubles, pour qu'il
en connaisse bien toute la composition, toute
la valeur.

Au moyen de cet Ouvrage on pourra, par
exemple, se rendre compte de la propriété
de chaque espèce de bois employée à la formation des meubles; on aura la nomenclature de toutes les étoffes , dont l'usage est
le plus généralement adopté dans les ameublemens, avec l'étendue, la valeur et l'emploi particulier de chacune d'elle : on y trouvera de même tout ce qu'il est intéressant
de savoir sur les différentes espèces de tapis
d'appartemens, ainsi que tous les détails nécessaires pour bien apprécier la passementerie,

article qui se reproduit si souvent ; on apprendra d'où l'on peut tirer les meilleures qualités de plumes, de laines et de crins, et quel est le prix courant de ces objets. Au premier coup - d'œil on saura ce que peut coûter un coucher complet de toute classe, et la quantité des diverses marchandises dont il doit se composer, avec le prix de chacune. On saura aussi par quel moyen on peut sur - le - champ s'assurer de l'exacte quantité des étoffes qui se trouvent dans toute espèce de siéges , ainsi que la valeur de chaque objet. On y trouvera des renseignemens exacts sur la partie des dorures et bronzes; on aura aussi des indications positives sur les marbres et les cristaux destinés à l'ameublement; on acquerra la connaissance du prix de tous les objets de quincaillerie, de porcelaine , de faïence , de verroterie qui dépendent du mobilier.

On y trouvera un article très - détaillé,

concernant l'emploi des papiers de tentures ; on verra comment, avec une simple opération arithmétique , on peut connaître l'étendue d'un tapis quelconque, celle de tous rideaux de lits et de croisées , d'une tenture d'appartement, d'une draperie et d'une devanture d'alcôve ; comment, avec des *modèles de Devis ,* on pourra savoir quel genre d'ameublement peut convenir , à combien il peut s'élever, et quels sont les objets dont on a besoin ; enfin, on y puisera tous les renseignemens nécessaires pour surmonter les difficultés que pourrait présenter toute espèce d'ameublement.

Sans doute, le prix de certaines marchandises peut varier d'une année à l'autre, mais cette variation ne peut pas être très-sensible ; et en faisant connaître aujourd'hui le prix de ces marchandises, on donne le moyen, en ajoutant ou en retranchant la différence que peut offrir un article dont la valeur a changé,

de connaître, à très-peu de chose près, toujours les prix courans.

*L'entretien du Mobilier* a paru un objet
assez important pour y consacrer un chapitre,
où l'on trouvera énoncé tout ce qu'il est bon
de savoir pour la conservation des meubles
en général.

Après avoir terminé les Devis, on a cru
devoir établir des Tableaux de comparaison
entre la livre et le kilogramme, l'aune et
le mètre ; mais tous les prix, comme tous les
calculs, qui sont épars dans cet Ouvrage,
sont donnés et faits d'après les anciens poids et
mesures, parce que toutes les acquisitions d'objets d'ameublement se font ainsi, et, qu'en
fabrique, les étoffes y ont toujours été faites
d'après la dénomination des anciennes largeurs.

Si l'excellent Ouvrage de M. Morisot, *sur
les Bâtimens*, a reçu un accueil favorable
du Public, qui en a reconnu toute l'utilité,

ne peut-on pas espérer que ce travail, *sur le Mobilier*, entrepris dans les mêmes intentions et dirigé vers le même but, obtiendra la même faveur ? L'Ouvrage sur les Bâtimens apprend, aux seuls propriétaires de maisons, tout ce qu'il est important qu'ils sachent ; et l'Appréciateur du Mobilier, d'une utilité plus générale, éclaire chacun sur ses intérêts.

( XIII )

# DIVISION DE L'OUVRAGE.

( XIV )

# CHAPITRE IV.



# CHAPITRE V.



# CHAPITRE VI.



# CHAPITRE VII.



# CHAPITRE VIII.



# CHAPITRE IX.

# L'APPRÉCIATEUR

## DU

## MOBILIER.

### CHAPITRE PREMIER.

*Des différentes sortes de* Bois *qu'on emploie pour la fabrication des meubles.*

## L'ACAJOU.

Ce Bois se divise en quatre sortes :

La première, dite de Saint-Domingue, ou flambé-moiré et moucheté ;

La seconde, dite de Bois ferme ;

La troisième, dite de Bois mou, ou Bois femelle ;

La quatrième, tirant sur la couleur jaune, ou Bois bâtard, est celle qui, avec le temps, perd à la vue tous ses avantages.

L'Acajou est le Bois le plus généralement employé pour établir les beaux meubles. On en remarque la qualité, non seulement en l'examinant de près pour en bien reconnaître les nuances, mais encore à sa pesanteur. Depuis quelques années la

*Suite de l'article* ACAJOU.

fantaisie a mis en vogue le Bois ronceux ; néanmoins il est constant que le beau Bois moiré est bien préférable. Le ronceux flatte l'œil par quelques heureux accidens, mais on s'aperçoit bientôt que le temps charge ces accidens d'aspérités et de gerçures, tandis qu'il ne fait qu'ajouter à la supériorité du Bois moiré, qui s'embellit encore et par l'entretien et par l'emploi. A l'usage la ronce disparaît, le bois se rembrunit, et l'œil trouve à peine ce qui l'avait précédemment flatté. Le moucheté, toujours beau lorsqu'il est neuf, ne conserve pas ses avantages en vieillissant comme le moiré. Presque tous les meubles en Acajou sont plaqués sur le *peuplier d'Italie ;* mais il conviendrait mieux qu'ils le fussent sur le *chéne de Hollande,* ou plutôt scié en Hollande, et qui réellement vient de la Forêt-Noire. L'emploi de ce Bois, à la place du peuplier d'Italie, augmenterait beaucoup la valeur des meubles, et c'est la raison pour laquelle les fabricans préfèrent ce dernier.

## CHÊNE.

Si la mode adoptait ce Bois, il serait excellent pour faire des meubles; à la vérité jamais il ne flatterait la vue aussi agréablement que l'Acajou ; mais aussi, combien ne lui serait-il pas supérieur en solidité ; et la plus puissante raison qui s'oppose à ce qu'on établisse de beaux meubles en

*Suite de l'article* CHÊNE.

Chêne, c'est que sa couleur ne s'allierait point avec les ornemens, comme celle de l'Acajou s'accorde avec toute sorte de dorure. Ainsi, on se borne à employer le Chêne pour faire des armoires, des bibliothèques et des bureaux, qui prennent un joli ton de couleur lorsque le Bois en est poli avec de l'ocre, et on l'emploie encore dans l'intérieur de beaucoup de meubles.

## HÊTRE.

Le Hêtre est employé pour les meubles en bois doré, et sculpté, et pour des couchettes peintes. Lorsqu'il n'est pas bien choisi, il est sujet à se tourmenter. Il faut employer les madriers qui présentent le moins de nœuds.

## NOYER.

Par son essence ce Bois est destiné à faire de beaux meubles, tant la nature s'est plue à le parer de mille heureux effets; il prend assez bien la dorure. On pourrait, en toute confiance, l'employer à faire des placages sans avoir jamais la crainte qu'il se tourmente. Le plus beau Bois de Noyer vient de Savoie, de l'Auvergne et du Dauphiné. Celui d'Auvergne est le moins sujet à se tourmenter.

## MERISIER.

En général, ce Bois est le moins susceptible de

*Suite de l'article* MERISIER.

beaux résultats pour l'établissement et la confection des meubles ; il laisse toujours à désirer pour l'œil et pour la solidité , et c'est parce qu'il prend bien la couleur qu'on l'emploie beaucoup pour faire des meubles ordinaires et à des prix modérés. Il ne faut absolument l'employer que pour des siéges et de simples bois de lits.

## CITRONNIER.

Ce Bois , plus rare que tous les autres Bois destinés à faire des meubles , acquiert , avec le temps, une fermeté, une dureté que n'obtiennent point les autres espéces. Le Citronnier se montre le plus souvent dans les meubles de fantaisie , où on emploie les incrustations ; et lorsqu'on le destine à faire de grands meubles, il ne produit de jolis effets qu'à l'aide de filets et d'encadremens en bois d'Amaranthe. Parmi les Bois de Citronnier, il y en a une sorte dite moirée, qui produit de beaux effets et qui s'accroissent avec le temps, mais le Citronnier trop uni, à l'usage, devient vilain et prend une couleur fadasse.

## ORME *tortillard* et FRÊNE.

Ces deux espèces de Bois peuvent faire de très-beaux meubles, parce qu'ils présentent des accidens dont un ouvrier habile peut tirer un grand parti ; mais ces Bois ne sont guère employés qu'à faire des placages.

## MARRONNIER.

Depuis quelque temps des propriétaires, à la campagne, ont fait l'épreuve qu'on pouvait fabriquer de très - bons meubles ordinaires avec du Marronnier, dont le grain serré offre des ondulations qui produisent d'heureux effets.

***

Les assemblages de toute espèce de meubles, objet d'une extrême importance pour la solidité des pièces, devraient toujours être faits en Bois de Chêne ; mais, par une économie assez mal entendue, presque tous les ébénistes se servent de Hêtre.

# CHAPITRE II.

*Des* ETOFFES *le plus généralement employées dans les ameublemens, avec indication des prix.*

## *SOIERIE.*

Pour bien juger, pour apprécier exactement la valeur des Etoffes, ou Tissus de soie, il faut les voir, les toucher, et autant que possible s'assurer de leur poids, toutefois en évitant avec soin de choisir préférablement des Etoffes trop chargées en soie, parce qu'alors elles sont sujettes à se couper, et elles offrent infiniment moins de facilités pour les ornemens.

Dans le commerce, pour s'assurer de la bonne qualité des Etoffes en soie, on s'attache avec raison, moins à l'exactitude du poids, sans cependant en perdre de vue la quotité nécessaire, qu'au titre des organsins, qui doivent être préférablement du Piémont, et à l'observance de tout ce qui peut coopérer à une bonne fabrication, où l'Etoffe doit être bien frappée, bien serrée, bien égale.

## QUINZE-SEIZE.

Cette Etoffe, qui prend son nom de sa largeur, est employée pour établir des rideaux de lits, de

*Suite de l'article* QUINZE-SEIZE.

croisées et de tentures plissées. Le prix du jour est de 16 à 17 fr. l'aune.

## CANNETILLÉ *double chaîne.*

Cette Etoffe est large de 11/24 ( ou 20 pouces, faisant un peu moins de la demi-aune ); on l'emploie à couvrir des siéges, et quelquefois à faire des tentures, des courte-pointes et des draperies. Elle vaut de 14 à 16 fr. l'aune.

## GOURGOURAN.

Cette Etoffe est large de 11/24; on l'emploie à couvrir des siéges. Elle vaut de 15 à 16 fr. l'aune.

## MARCELINE.

Etoffe large de 5,8 ; on l'emploie ordinairement pour le derrière des siéges ( entoilage ), pour doublure de draperies, pour couvre-pieds, édredons et écrans plissés. Le cours du jour est de 6 à 7 fr. l'aune.

## TAFFETAS.

Etoffe de 7/12 , destinée à faire des rideaux de lits et de croisées, des draperies et des tentures plissées. Elle vaut de 6 à 7 fr. l'aune.

## GROS DE NAPLES.

Etoffe de 12/24, dont on se sert assez rarement ; on l'emploie à établir divers meubles et à faire des rideaux de croisées. Elle vaut de 8 à 10 fr. l'aune.

## GROS DE TOURS, ou *forts* 15/16.

Etoffe employée à faire des rideaux de lits et de croisées, des draperies et des tentures plissées. Elle vaut de 19 à 20 fr. l'aune.

## SATINS *de toutes sortes.*

Etoffes de 12/24, employées assez ordinairement à faire des doublures de couvre-pieds brodés, ou de tule, ou de dentelle, et à faire encore des courte-pointes. Le prix des Satins est de 8 à 9 fr. 50 c. l'aune.

## LEVANTINES.

Etoffes de 11/24, employées à faire des rideaux de berceaux et des couvre-pieds. Le cours est de 7 à 9 fr. l'aune.

## FLORENCES.

Etoffes de 13/24 et 7/12, employées à former des rideaux de portes de bibliothèques, des housses et des écharpes de lustres, des doublures de draperies, des écrans plissés et des entoilages de siéges. Le prix est de 4 à 6 fr. l'aune.

**DAMAS**, *fond cannetillé, à dessin ou à rosaces, 3 couleurs.*

Etoffe large de 11/24; on l'emploie, dans les beaux ameublemens, à faire des tentures et des siéges. Elle vaut de 26 à 28 fr. l'aune.

La bordure de 6 pouces, pour encadremens de tentures, de rideaux, de draperies, de plate-bandes de canapés, vaut de 12 à 14 fr. l'aune.

La bordure de 3 pouces, pour encadremens de rideaux, draperies, plate-bandes de siéges et d'oreillers de canapés, vaut de 7 à 8 fr. l'aune.

La bordure d'un pouce, pour encadremens de siéges, doubles encadremens de rideaux et draperies, vaut de 3 à 4 fr. l'aune.

**DAMAS**, *fond cannetillé, à dessin ou à rosaces, 2 couleurs.*

Cette Etoffe est de 11/24; on l'emploie comme la précédente. Elle vaut de 24 à 26 fr. l'aune.

La bordure de 6 pouces, destinée au même usage que celle à 3 couleurs, vaut de 10 à 12 fr. l'aune.

La bordure de 3 pouces, destinée au même usage que celle à 3 couleurs, vaut de 6 à 7 fr. l'aune.

La bordure d'un pouce, destinée au même usage que celle à 3 couleurs, vaut de 3 à 4 fr. l'aune.

## DAMAS, *ou Satins, et* LAMPASSES, *fond uni ou à rosaces, 3 couleurs.*

Cette Étoffe est de 11/24; on l'emploie dans le bel ameublement, pour faire des tentures et des siéges. Elle vaut de 23 à 25 fr. l'aune.

La bordure de 6 pouces, pour encadremens de rideaux et draperies, plate - bandes de canapés, vaut de 9 à 10 fr. l'aune.

La bordure de 3 pouces, pour encadremens de rideaux et draperies, plate - bandes de siéges et oreillers de canapés, vaut de 5 à 6 fr. l'aune.

La bordure d'un pouce, pour encadremens de siéges, doubles encadremens de rideaux et draperies, vaut de 3 à 4 fr. l'aune.

## DAMAS *comme ceux ci-dessus, mais à 2 couleurs.*

Cette Etoffe de 11/24, est destinée au même emploi que celle à 3 couleurs; elle vaut de 21 à 22 fr. l'aune.

La bordure de 6 pouces, qu'on emploie comme celle à 3 couleurs, vaut de 8 à 9 fr. l'aune.

La bordure de 3 pouces, qu'on emploie comme celle à 3 couleurs, vaut de 4 à 5 fr. l'aune.

La bordure d'un pouce, qu'on emploie comme celle à 3 couleurs, vaut de 2 à 3 fr. l'aune.

**DAMAS** *comme les précédens , mais d'une couleur.*

Cette Etoffe est de 11/24; on l'emploie comme celle à 2 couleurs ; elle vaut de 18 à 20 fr. l'aune.

La bordure de 6 pouces, qu'on emploie comme celle à 2 couleurs, vaut de 7 à 8 fr. l'aune.

La bordure de 3 pouces, qu'on emploie comme celle à 2 couleurs, vaut de 3 à 4 fr. l'aune.

La bordure d'un pouce, qu'on emploie comme celle à 2 couleurs, vaut de 2 à 2 fr. 50 c. l'aune.

## ÉTOFFE BROCHÉE EN OR , *fond cannetillé, à rosaces et à palmes.*

Cette Etoffe est de 11,24; on l'emploie dans les ameublemens fastueux à faire des tentures et des siéges. Elle vaut de 100 à 120 fr. l'aune.

La bordure de 6 pouces, destinée à des encadremens de tentures, de rideaux et de draperies , vaut de 55 à 60 fr. l'aune.

La bordure de 3 pouces, pour le même emploi que dessus, vaut de 36 à 40 fr. l'aune.

La bordure d'un pouce, pour le même emploi que dessus, vaut de 12 à 15 fr. l'aune.

## ETOFFES EN TAPISSERIE *pour siéges.*

MANUFACTURE *des Gobelins.*

Les Etoffes de cette manufacture ne figurent pour ainsi dire que dans les maisons royales , et

*Suite des* ÉTOFFES EN TAPISSERIE.

conséquemment on ne les trouve point dans le commerce.

MANUFACTURE *de Bauvais.*

Les Etoffes qui en proviennent sont employées à couvrir des meubles de luxe.

*En première classe.*

L'Etoffe d'un canapé peut valoir de 350 à 450 fr.
      d'une bergère........ de 150 à 190
      d'un fauteuil......... de 130 à 160
      d'une chaise.......... de  95 à 135
      d'un écran............, de 160 à 195

*En seconde classe.*

L'Etoffe d'un canapé peut valoir de 230 à 235 fr.
      d'une bergère........ de  85 à  90
      d'un fauteuil......... de  75 à  80
      d'une chaise.......... de  60 à  65
      d'un écran........... de  80 à  90

MANUFACTURE *d'Aubusson.*

Les Etoffes qui en proviennent sont également destinées à couvrir de beaux meubles.

*En première classe.*

L'Etoffe d'un canapé peut valoir de 150 à 160 fr.
      d'une bergère........ de  55 à  60
      d'un fauteuil......... de  48 à  54
      d'une chaise ........ de  25 à  27
      d'un écran.......... de  50 à  55

*Suite des* ÉTOFFES EN TAPISSERIE.

*En seconde classe ( Aubusson ).*

L'Etoffe d'un canapé peut valoir de 100 à 120 fr.
   d'une bergère......... de  40 à  45
   d'un fauteuil......... de  5o à  55
   d'une chaise......... de  20 à  25
   d'un écran.......... de  40 à  45

MANUFACTURE DE PARIS ( *faubourg Saint-Antoine, rue Saint-Sabin* ).

Les Etoffes fabriquées dans cet établissement , servent aussi à couvrir des siéges ; elles produisent un bel effet , et réunissent, aux avantages des autres Etoffes de ce genre , des prix modérés.

L'Etoffe d'un canapé sans oreillers, vaut de 100 à 110 fr.
  d'une bergère................. de  42 à  45
  d'un fauteuil................. de  22 à  25
  d'une chaise................. de  11 à  15

# VELOURS CHINÉS ( *rue de Charonne, à Paris, n°. 47.* )

Ces Velours, qui représentent toutes sortes de sujets à l'imitation de la peinture, sont d'une très-belle exécution et d'une élégance parfaite ; leur emploi convient particulièrement dans les petites pièces d'un appartement de luxe ou d'un goût très-recherché.

Les sujets ne peuvent être faits dans toute la grandeur des siéges, mais il faut les border avec

*Suite de l'article* VELOURS CHINÉS.

de l'étoffe semblable à celle de la tenture , ou toute autre qui s'accorde avec l'ameublement, et on lie les deux étoffes avec une baguette brodée en or ou en soie.

Le sujet d'un fauteuil , sans comprendre
l'étoffe de l'encadrement, ni la
broderie, vaut de............. 200 à 250 fr.
d'une chaise, vaut de......... 150 à 180
d'une bergère , vaut de........ 210 à 280
d'un tabouret de pied , vaut de.. 100 à 140
d'un canapé , vaut de.......... 600 à 700
d'un écran de choix ordinaire, de   70 à 140
d'un écran de premier choix , de. 150 à 180

## VELOURS DE SOIE.

Ces Etoffes, larges de 11/24, sont employées, dans les riches ameublemens , à faire des tentures , des rideaux , des draperies , et à couvrir des siéges en bois dorés.

Ceux de 2 poils , valent de 23 à 25 fr. l'aune.
Ceux de 2 poils 1/2 , val. de 27 à 29
Ceux de 3 poils , valent de 34 à 36

*Pour toute espèce de Tissu en soie , il faut toujours compter sur 2 à 3 fr. de plus par aune pour la couleur cramoisie , et sur 4 à 6 fr. pour la couleur ponceau.*

## VELOURS D'UTRECHT.

Ces Etoffes, la plupart fabriquées à Abbeville et à Amiens , sont larges de 5/12 ; elles servent à

*Suite de l'article* VELOURS D'UTRECHT.

couvrir toute espèce de siéges en acajou et en bois
peint.

> La première qualité vaut de... 10 à 11 fr. l'aune.
> La seconde qualité vaut de.... 8 à 9
> La troisième, dite panne ou mo-
> quette, vaut de............. 5 à 6

La couleur cramoisie de ces velours ordinaires, doit
être cotée de 75 c. à 1 fr. par aune, au-dessus des autres couleurs.

Pour les Velours de soie, c'est à l'inspection de
l'étoffe qu'on reconnaît à combien de poils le tissu est
formé. Le brillant, le parfait uni, le toucher moelleux et plein, voilà ce qui constitue la belle qualité,
ainsi que la pureté et la suite du ton de la couleur.

Pour les Velours ordinaires, ils s'apprécient par le
toucher, qui produit plus ou moins d'irritation. La
chaîne de ces Velours n'est guère égale que dans la
qualité dite superfine, et les qualités inférieures doivent être regardées plutôt comme de la moquette ou
de la panne, que comme du velours.

## DRAPS IMPRIMÉS, *pour siéges.*

Depuis quelques années on emploie avec succès,
dans l'ameublement, des Draps imprimés qui servent à faire de jolis siéges. Ce genre d'étoffe est
assez généralement de 5/8 et de 5/4.

Ceux de 5/8, fabriqués à Reims, valent de 7

*Suite de l'article* DRAPS IMPRIMÉS.

à 8 fr. l'aune en couleurs ordinaires, et de 9 à 10 fr. en couleurs fines.

Ceux de 5/4, aussi fabriqués à Reims, à Carcassonne et à Elbeuf, valent de 20, 23 à 28 fr. l'aune en couleurs ordinaires, et de 32 à 34 fr. en couleurs fines.

Ceux de Sedan et de Louviers, en couleurs ordinaires, valent de 34 à 36 fr. l'aune, et de 42 à 45 fr. en couleurs fines.

Ceux dits Casimirs, en couleurs ordinaires, valent de 17 à 18 fr. l'aune, et de 20 à 21 fr. en couleurs fines.

Tous ces divers prix sont indépendans de ceux de l'impression, laquelle se paie plus ou moins, en raison de la qualité de l'étoffe qu'on fait imprimer. En sorte que, si une aune coûte 6 fr. d'impression, deux aunes ne coûteront que 8 fr., quatre aunes ne coûteront que 18 fr., et sept aunes ne coûteront que 30 fr.

DRAPS *pour billards.*

Ces Draps, qui portent 7/4, sont fabriqués tout exprès pour l'usage auquel ils sont consacrés, et les meilleurs viennent d'Elbeuf.

La première qualité vaut de 55 à 60 fr. l'aune.
La seconde qualité...... de 44 à 50
La troisième qualité..... de 36 à 40
La quatrième qualité.... de 30 à 36

ETOFFES

## ETOFFES DE CRIN.

Ces Etoffes servent à couvrir des siéges de salles à manger, de bureaux et d'antichambres ; et les largeurs les plus habituellement employées, sont :

*Pour un canapé ou une causeuse.*

Celle de 30 pouces, qui vaut de 11 à 12 fr. l'aune.
Celle de 26 pouces, qui vaut de  8 à  9
Celle de 22 pouces, qui vaut de  6 à  7

*Pour un fauteuil.*

Celle de 25 pouces, qui vaut de 8 f. à 8 f. 50 c. l'aune.
Celle de 24 pouces, qui vaut de 7 f. 50 c. à 8 f.

*Pour une chaise.*

Celle de 20 pouces, qui vaut de 5 f. 50 c. à 6 f. l'aune.
Celle de 19 pouces, qui vaut de 4 f. 50 c. à 5 f.

A partir de la moindre largeur jusqu'à celle de 26 pouces, l'étoffe augmente pour chaque pouce de 50 cent. par aune ; et au-delà de la largeur de 26 pouces, elle augmente pour chaque pouce d'un franc par aune.

## PEAUX *pour siéges et carreaux.*

Maroquin rouge, de. 14 f.  « c. à 20 f.  « c.
Maroquin vert, de.. 8 f.  « c. à 12 f.  « c.
Basane, de......... 2 f. 50 c. à  5 f.  « c.
Peau blanche, de... 2 f.  « c. à  2 f. 25 c.

## MOUSSELINES DES INDES, *unies et brochées.*

Ce genre d'étoffe varie beaucoup dans les espèces.

*Suite de l'article* MOUSSELINES DES INDES.

et dans les largeurs. On n'emploie guère la Mousseline des Indes que dans les riches ameublemens,
pour faire des rideaux de croisées et de vitrage ; et
lorsqu'on les emploie pour tentures dans les boudoirs, dans les salles de bains et dans les cabinets
de toilette, il faut toujours placer un fond d'étoffe
de couleur. Le prix ordinaire des Mousselines unies
est de 10 à 14 fr. l'aune, et celui des brodées est de
12 à 16 fr. l'aune.

## MOUSSELINES SUISSES, *unies, brodées et bro-chées.*

Ces Mousselines varient aussi beaucoup dans les
qualités, puisque le cours du jour, pour les unies,
est de 27 à 60 fr. la pièce, mesurant 8 aunes sur 3/4 ;
et celui des brochées et des brodées, qui est à peu
près le même, est de 40 à 80 fr. la pièce, mesurant
aussi 8 aunes sur 3/4.

Ces Mousselines suisses sont employées, dans
l'ameublement, pour toute espèce de rideaux, et
même pour des tentures de boudoirs.

## PERCALLES.

Etoffes larges de 3/4, 4/4 et 5/4, destinées à
faire des rideaux de lits et de croisées. Elles valent
aujourd'hui de 3 fr. 30 c. à 5 fr. 50 c. l'aune ; avec
les qualités inférieures on peut faire des housses de
meubles et de lustres.

## CALICOTS.

Ces étoffes larges de 3/4, 4/4 et 5/4, varient à l'infini dans les qualités. La diminution du prix des cotons en a multiplié la fabrication d'une manière étonnante. Ainsi que la Percalle, on emploie le Calicot à faire toute espèce de rideaux de lits, de croisées et des housses de tous meubles. Les Calicots en première qualité, grande largeur, sont du prix de 2 fr. 50 c. à 3 fr. 50 c. ; et la qualité la plus inférieure vaut de 1 fr. 50 c. à 2 fr.

La qualité des Mousselines en général s'apprécie autant à l'œil qu'au toucher, en observant toutefois qu'il vaut mieux examiner une pièce de Mousseline dans le *corps* qu'au *chef*, parce que le fabricant a soin de donner au chef, toujours apparent, plus de qualité qu'au reste de la pièce.

## TOILES.

TOILES *pour matelas*.

|  |  | fr. | c. |
|---|---|---|---|
| 4/4 | de Bruges. . . . . . . . . . . . . | 2 | 20 |
| 4/4 | de Flandre. . . . . . . . . . . . | 2 | « |

TOILES DE COTON *pour rideaux*.

| 3/4 | première qualité . . . . . . . . . | 5 | 50 |
|---|---|---|---|
| 3/4 | seconde qualité. . . . . . . . . . | 3 | « |
| 3/4 | troisième qualité . . . . . . . . | 2 | 50 |

TOILES LAVAL *blanches*.

| 5/4 | première qualité . . . . . . . . . | 2 | 50 |
|---|---|---|---|
| 5/4 | seconde qualité. . . . . . . . . . | 2 | 10 |

**TOILES LAVAL** *écrues.*

|  |  | fr. | c. |
|---|---|---|---|
| 3/4 | première qualité . . . . . . . . . . | 1 | 80 |
| 3/4 | seconde qualité . . . . . . . . . . . | 1 | 50 |

**TOILES SAINT-GAL.**

| 2/3 | première qualité, en toutes couleurs . | 1 | 60 |

**TOILES DAUPHINE.**

| 5/6 | première qualité, en toutes couleurs . | 2 | 50 |

**TOILES MAMERS.**

| 4/4 | première qualité. . . . . . . . . . | 2 | 25 |
| 4/4 | seconde qualité. . . . . . . . . . . | 2 | 10 |

**TOILES D'ALENÇON.**

| 15/16 | première qualité, demi-blanche. . | 2 | 50 |
| —— | première qualité, écrue . . . . . | 1 | 80 |
| —— | première qualité, verte, bleue et jaune | 2 | 25 |
| —— | seconde qualité. . . . . . . . . . | 1 | 80 |
| —— | troisième qualité . . . . . . . . . | 1 | 60 |
| —— | première qualité, cramoisie. . . . | 2 | 55 |
| —— | seconde qualité. . . . . . . . . . | 2 | 10 |
| —— | troisième qualité . . . . . . . . . | 1 | 90 |

**TOILES SAINT-GEORGES.**

| 11/12 | première qualité, verte et bleue. . | 2 | 50 |
| 11/12 | première qualité, cramoisie . . . | 3 | « |

**TOILES** *à carreaux pour housses de meubles.*

| 1/2 | en coton, jaune, verte et bleue . . . | 2 | 25 |
| 1/2 | en coton, cramoisie. . . . . . . . | 2 | 75 |
| 1/2 | en fil et coton, toutes couleurs . . . | 1 | 75 |
| 1/2 | tout fil et toutes couleurs . . . . . | 1 | 40 |

**TOILES** *de lin pour doublures.*

|  | | fr. | c. |
|---|---|---|---|
| 7/8 | première qualité . . . . . . . . . | 2 | » |
| 7/8 | seconde qualité. . . . . . . . . . | 1 | 80 |

**TOILES** *de lin pour garnitures.*

| 7/8 | première qualité . . . . . . . . . | 1 | 50 |
| 7/8 | seconde qualité. . . . . . . . . | 1 | 10 |

**TOILES** *à coller.*

| 30 pouces de large. . . . . . . . . . . | » | 40 |

**TOILES** *d'embourure.*

| . . . . . . . . . . . . . . . . . . | » | 60 |

**BASINS BLANCS.**

| 11/24 ( 20 pouces ) première qualité. . . . | 6 | » |
| —— . . . . . . . seconde qualité . . . . | 4 | 50 |
| —— . . . . . . . troisième qualité. . . . | 3 | » |

**COUTILS BLANCS, 5** *plombs.*

| 1 aune 1/2 | première qualité . . . . . . | 11 | » |
| 11/8 . . . . . *idem*. . . . . . . . . . . | 10 | » |
| 5/4. . . . . . *idem*. . . . . . . . . . | 9 | » |
| 9/8. . . . . *idem*. . . . . . . . . . | 8 | 50 |
| 4/4. . . . . *idem*. . . . . . . . . . | 7 | 50 |

**COUTILS RAYÉS, 5** *plombs.*

| 1 aune 1/2 | première qualité . . . . . . | 10 | 50 |
| 11/8 . . . . *idem*. . . . . . . . . . | 9 | 50 |
| 5/4. . . . . *idem*. . . . . . . . . . | 8 | 50 |
| 9/8. . . . . *idem*. . . . . . . . . . | 7 | 50 |
| 4/4. . . . . *idem*. . . . . . . . . . | 7 | » |

COUTILS RAYÉS, *grand plomb*.

|  |  | fr | c. |
|---|---|---|---|
| 1 aune 1/2 | première qualité . . . . . . . | 9 | « |
| 1 1/8 . . . . *idem*. . . . . . . . . . . | | 8 | 50 |
| 5/4 . . . . *idem* . . . . . . . . . . | | 7 | 50 |
| 9/8 . . . . . *idem*. . . . . . . . . . | | 6 | 50 |
| 4/4 . . . . . *idem* . . . . . . . . . | | 6 | « |

FUTAINES.

| 9/8 | première qualité . . . . . . . . . | 6 | 75 |
|---|---|---|---|
| 9/8 | seconde qualité. . . . . . . . . . | 5 | 75 |
| 9/8 | troisième qualité. . . . . . . . . | 4 | 50 |

SIAMOISES *à carreaux*.

| 1 aune | première qualité. . . . . . . . . | 4 | « |
|---|---|---|---|
| —— | seconde qualité . . . . . . . . . | 3 | 50 |
| —— | troisième qualité. . . . . . . . . | 3 | « |

Toutes ces différentes espèces de Toiles, Futaines, Coutils, Basins et Siamoises sont employés
principalement à la formation des couchers, et à
garnir des siéges. La qualité de ces étoffes, et surtout celle des toiles, se reconnaît comme celle des
Mousselines, par le toucher et à l'œil. En général
le fil rond bien uni, bien égal, détermine la supériorité.

TREILLIS.

|  |  | fr. | c. |
|---|---|---|---|
| 7/8 | première qualité . . . . . . . . . | 2 | « |
| 3/4 | seconde qualité. . . . . . . . . . | 1 | 80 |
| 2/3 | troisième qualité . . . . . . . . . | 1 | 55 |
| 3/8 | quatrième qualité. . . . . . . . . | 1 | 40 |
| 7/12 | cinquième qualité . . . . . . . . | 1 | 25 |

## TOILES CIRÉES.

| | | fr. | c. |
|---|---|---|---|
| 3/4 | première qualité, noire . . . . . . | 2 | « |
| 3/4 | ordinaire . . . . . . . . . . . | 1 | 50 |
| 5/6 | ordinaire, verte. . . . . . . . . | 2 | 50 |
| 13/12 | *idem.* . . . . . . . . . . . . . | 3 | 25 |
| 7/12 | *idem* chinée . . . . . . . . . . | 2 | 50 |
| 3/4 | *idem.* . . . . . . . . . . . . . | 2 | 75 |
| 5/6 | *idem.* . . . . . . . . . . . . . | 3 | 25 |
| 13/12 | *idem.* . . . . . . . . . . . . | 3 | 50 |
| 1 aune | *idem.* . . . . . . . . . . . . | 4 | « |
| 5/4 | *idem.* . . . . . . . . . . . . | 5 | « |
| 1 aune 5/8 | *idem.* . . . . . . . . . . | 6 | 50 |

## TOILES IMPERMÉABLES.

| | | fr. | c. |
|---|---|---|---|
| 1 aune | noire, rouge . . . . . . . . . | 5 | « |
| 1 aune | verte . . . . . . . . . . . . | 5 | 50 |
| 5/4 | noire, rouge. . . . . . . . . | 6 | 50 |
| 5/4 | verte. . . . . . . . . . . . | 6 | 50 |
| 7/8 | verte. . . . . . . . . . . . | 4 | 50 |
| 5/4 | verte. . . . . . . . . . . . | 4 | « |

## NANKINS.

Ceux des Indes sont larges de 11 à 14 pouces. Le prix en varie presque chaque année; ceux de France, larges de 5/8, valent de 1 fr. à 2 fr. l'aune. Ces étoffes, surtout celles des Indes, ne s'emploient guère dans l'ameublement que pour couvrir des siéges de petites pièces, comme boudoirs ou salles de bains. En grande largeur, il vaut 9 fr. 50 c., et en petite largeur, 5 fr. 50 c. la pièce.

SANGLE.

La grosse, de 12 pièces, vaut de 15 à 16 fr.; et la pièce, mesurant 7 aunes, vaut en détail 1 fr. 40 c. l.

SURFAIX.

La grosse, de 18 pièces, vaut de 34 à 36 fr.; et la pièce de 7 aunes sur 4 pouces, vaut, en détail, 1 fr. 90 c. l'aune.

La seconde qualité, portant 7 aunes 1/2 à la pièce, largeur de 18 lignes, vaut 1 fr. l'aune en détail, et la grosse vaut de 17 à 18 fr.

# CHAPITRE III.

## *Des différentes sortes de* TAPIS *avec indication des prix.*

Les Tapis, qui contribuent si puissamment à embellir les appartemens, sans être d'une nécessité indispensable, sont néanmoins aux beaux ameublemens ce qu'un riche cadre sera toujours à un tableau quelconque. Leur nombre est assez étendu, et ils varient beaucoup dans les qualités. Pour les bien apprécier, il ne suffit pas de s'attacher à leur beauté apparente, il faut encore en examiner la chaîne et la trame pour bien juger de la finesse et de la force de l'étoffe, et s'assurer aussi comment la main-d'œuvre a été traitée ; car de ce dernier point dépend essentiellement la plus ou moins longue durée des Tapis. En général, pour bien juger du mérite d'un Tapis, il faut savoir à quel degré de finesse se trouve la laine employée pour fabriquer : reconnaître la manière dont elle a été filée, et distinguer la qualité de la teinture. Ces trois points capitaux bien constatés, on pourra toujours déterminer la juste valeur d'une aune de Tapis. C'est ce que les fabricans appellent faire *l'inventaire d'une étoffe.*

Mais comme depuis quelques années l'usage des

Tapis est presque généralement adopté, même dans les simples ameublemens, et que la majeure partie des personnes qui s'en servent ne sauront point ou ne voudront point se donner la peine de reconnaître les divers genres de Tapis, leur qualité, leur beauté réelle, on ne saurait trop recommander, pour des acquisitions presque toujours importantes, de s'adresser à des maisons bien famées, qui, si elles font des bénéfices assez considérables, ne trompent jamais les acquéreurs qui s'adressent chez elles de confiance.

## TAPIS *de la Savonnerie.*

Ces Tapis sont les meilleurs et les plus beaux que l'on connaisse ; mais comme ils n'entrent point dans le commerce, et qu'ils sont seulement destinés pour les maisons royales, on n'a point à en indiquer ici la valeur.

## TAPIS, *genre de la Savonnerie.*

Ces Tapis, fabriqués à l'instar de ceux de la manufacture royale de la Savonnerie, en approchent pour la beauté du tissu, des couleurs, et ils les égalent presque en solidité ; mais ils sont fort chers et on n'en trouve que très-peu dans le commerce. D'après le travail, la difficulté qu'exige l'exécution des dessins, ces Tapis valent de 200 à 220 fr. l'aune carrée, en première qualité.

## TAPIS *d'Aubusson, veloutés.*

Ces Tapis, qui tirent leur nom de la ville d'Aubusson, où ce genre d'étoffe a pour ainsi dire pris
naissance, sont très-solides, très-chauds, et font
un long usage. Leurs prix varient singulièrement;
car des matières premières qui servent à leur fabrication et de la finesse du tissu, dépend beaucoup
leur valeur. Les plus belles qualités sont de 120 à
130 fr. l'aune carrée ; les qualités, dites fines, sont
de 100 à 110 fr. ; les qualités courantes, de 60 à
85 fr. ; et les qualités communes, de 45 à 55 fr.

## TAPIS *doubles broches.*

Ces Tapis, qui paraissent prendre actuellement une
extension assez considérable, se fabriquent par bandes et d'après le même procédé que les moquettes,
mais ils sont d'un bien plus beau tissu ; et lorsqu'ils
sont soigneusement disposés , ils produisent l'effet
des tapis veloutés fins. Ils ont même un avantage considérable sur les autres Tapis , tant pour la durée
que pour la solidité des couleurs, attendu que pour
le fabrication de ce genre de Tapis, il n'est guère
employé que de très-belles laines. Les prix varient
aussi beaucoup, suivant le nombre des couleurs et
la forme des dessins. Les Tapis doubles broches ,
avec des dessins à milieu , et d'après les dimensions
du milieu, vont de 40 à 45 fr. l'aune carrée; ceux
à dessins courans, ou à caissons répétés , sont de
32 à 38 fr.

TAPIS *moquettes.*

Ces Tapis, en belle qualité, sont en général assez solides ; ils produisent un bel effet. Les prix sont de 24 à 28 fr. ; les moquettes communes et à petits dessins, sont de 15 à 18 fr.

TAPIS *raz d'Aubusson.*

Cette espèce de Tapis s'est beaucoup multipliée depuis quelque temps. La quantité de fabricans qui se sont mis à en faire a beaucoup diminué, et avec raison, la bonne réputation de cette sorte d'étoffe, qui, étant fabriquée comme les Tapisseries des Gobelins, présente des avantages considérables pour l'exécution des plus beaux dessins. Les prix vont de 20 à 26 fr. l'aune carrée.

TAPIS *jaspés, ou point de Hongrie.*

Ce Tissu, fabriqué dans le principe en bonne qualité, est singulièrement dégénéré aujourd'hui. Les prix sont de 5 à 11 fr. l'aune courante.

TAPIS *doubles.*

Cette Etoffe, fabriquée à l'instar des Tapis anglais, offre le moyen d'exécuter de beaux dessins, et elle peut avoir une grande faveur si les fabricans lui donnent toute la solidité dont elle paraît susceptible. Le prix de ce genre de Tapis est de 16 à 20 fr. l'aune carrée.

TAPIS *de foyer* ou *de devant le lit.*

Depuis quelques années ces Tapis se sont beaucoup multipliés ; on en fabrique de toute espèce , même en mérinos à poil. D'après les prix connus du genre de Savonnerie, d'Aubusson velouté et de double broche, on peut évaluer soi - même les Tapis de foyer qu'on prendra dans l'un ou l'autre genre de ces Tapis. Le prix des Tapis de foyer, en qualité inférieure , se trouve dans l'article *Prix courans des Tapis.*

---

# PRIX COURANS des TAPIS
*Destinés aux ameublemens.*

---

| GENRE DE LA SAVONNERIE. | A L'AUNE CARRÉE |
| --- | --- |
| | fr.    fr. |
| Qualité superfine . . . . . . . . . . | 200 à 220 |
| Qualité ordinaire . . . . . . . . . . | 180 à 190 |

| AUBUSSON VELOUTÉ. | |
| --- | --- |
| Qualité superfine . . . . . . . . . . | 120 à 150 |
| Première qualité fine. . . . . . . . . | 100 à 110 |
| Seconde qualité fine. . . . . . . . . | 60 à 85 |
| Qualité courante . . . . . . . . . . | 45 à 55 |

| DOUBLES BROCHES. | |
| --- | --- |
| Première qualité, grand milieu . . . . | 40 à 45 |
| Dessins courans . . . . . . . . . . | 32 à 38 |

*Suite des Prix courans des* TAPIS.

**MOQUETTES.**  A L'AUNE CARRÉE.

|  | fr. | | fr. |
|---|---|---|---|
| Première qualité. . . . . . . . . . | 23 | à | 28 |
| Seconde qualité . . . . . . . . . . | 15 | à | 18 |

**RAZ D'AUBUSSON.**

| Première qualité. . . . . . . . . . | 24 | à | 26 |
|---|---|---|---|
| Seconde qualité . . . . . . . . . . | 20 | à | 23 |

**JASPÉS.**

| Première qualité (*à l'aune courante*) . | 11 | à | 12 |
|---|---|---|---|
| Seconde qualité (*idem*) . . . . . . . | 8 | à | 10 |
| Troisième qualité (*idem*) . . . . . . | 5 | à | 6 |

**DOUBLES**, *à l'instar anglais.*

| Première qualité. . . . . . . . . . | 15 | à | 20 |
|---|---|---|---|
| Seconde qualité . . . . . . . . . . | 14 | à | 15 |

**THIBAUDE**, *pour doublure.*

|  | fr. | c. | | fr. | c. |
|---|---|---|---|---|---|
| Première qualité . . . . . . . | 1 | 75 | à | 2 | « |
| Seconde qualité. . . . . . . . | 1 | 50 | à | 1 | 80 |

**TAPIS DE FOYER.**

|  | fr. | | fr. |
|---|---|---|---|
| Unis, à pluche, non noués, de 5 pieds . | 18 | à | 24 |
| A dessins, de 5 pieds. . . . . . . . | 26 | à | 34 |
| En belle moquette, de 5 pieds . . . . | 24 | à | 26 |
| En moquette ordinaire, de 5 pieds . . | 16 | à | 20 |
| Légers, divers genres. . . . . . . . | 10 | à | 12 |

*Les Bistres et les Tapis de ralonges doivent se coter au prix du genre de l'étoffe dont on les prend.*

<table>
<tr><td>PAILLASSONS.</td><td colspan="2">AU PIED CARRÉ.</td></tr>
<tr><td></td><td>fr.</td><td>c.</td></tr>
<tr><td>En sparterie . . . . • . . . . . . . .</td><td>«</td><td>80</td></tr>
<tr><td>En lisières . . . . . . . . . . . . . .</td><td>«</td><td>60</td></tr>
<tr><td>En roseaux. . . . . . . . . . . . . .</td><td>«</td><td>55</td></tr>
<tr><td>En petite natte . . . . . . . . . . .</td><td>«</td><td>25</td></tr>
<tr><td>En grosse natte . . . . . . . . . . .</td><td>«</td><td>15</td></tr>
</table>

## LOCATION DE TAPIS.

Il arrive souvent que l'on manque de Tapis ou de Tentures pour donner à une fête, à une cérémonie, tout l'éclat, toute la solennité possible, et c'est alors qu'on a recours aux locations de Tapis, sur le prix desquelles locations il est essentiel d'avoir quelques données.

Au premier aperçu, le prix des locations d'étoffes presque neuves semblera peut-être exagéré; mais avant de porter son jugement, il faut détailler le prix de la location et le faire de la manière suivante.

Considérer d'abord la location en elle-même, en-suite la main-d'œuvre des ouvriers qui préparent l'é-toffe pour l'emplacement auquel elle est destinée ; les frais de transport, ceux de posage et de déposage ; les menues fournitures, telles que fils, clous et cordons ; nétoyage et réparations de l'étoffe.

Il ne faut pas s'étonner du peu de rapport qu'il y a entre le prix de la location d'un Tapis velouté et celui d'un Tapis très-inférieur. Un Tapis velouté, du prix de 60 à 90 francs l'aune carrée, peut fort bien n'être loué que de 3 à 4 francs l'aune, tandis qu'une moquette, du prix seulement de 20 à 25 francs, sera louée au même taux. Cela provient de ce que le Tapis supérieur est, en raison de sa force, moins exposé à l'usure, et qu'après une location, il ne perd point à la vente de 20 à 25 pour cent, comme les Tapis inférieurs.

---

PRIX COURANS, *par jour*, DES LOCATIONS DE TAPIS, *non compris les dégradations extraordinaires causées par des coupures, taches, brûlures et déchirures.*

---

| TAPIS VELOUTÉS. | A L'AUNE CARRÉE. | | | |
|---|---|---|---|---|
| | f. | c. | f. | c. |
| Etoffe en première fraîcheur . . . | 3 | « | à 5 | 5o |
| Etoffe en seconde fraîcheur . . . . | 2 | « | à 2 | 5o |

**TAPIS RAZ,** *en tapis.*

| | | | | |
|---|---|---|---|---|
| Etoffe en première fraîcheur . . . | 3 | « | à 3 | 5o |
| Etoffe en seconde fraîcheur. . . . | 1 | « | à 1 | 5o |

**MOQUETTES** *en tapis.*

| | | | | |
|---|---|---|---|---|
| Etoffe en première fraîcheur . . . | 2 | « | à 5 | « |
| Etoffe en seconde fraîcheur . . . . | 1 | « | à 2 | « |

MOQUETTES *ordinaires.*  A L'AUNE CARRÉE.

| | f. | c. | | f. | c. |
|---|---|---|---|---|---|
| Etoffe en première fraîcheur. . . . | 2 | « | à | 2 | 25 |
| Etoffe en seconde fraîcheur. . . . | 1 | « | à | 1 | 20 |

JASPÉS.

| | f. | c. | | f. | c. |
|---|---|---|---|---|---|
| Etoffe en première fraîcheur. . . . | 1 | 50 | à | 1 | 75 |
| Etoffe en seconde fraîcheur. . . . | 1 | » | à | 1 | 25 |

# CHAPITRE IV.

## *DE LA PASSEMENTERIE.*

La Passementerie est la partie d'un bel ameublement, sans le concours de laquelle toutes les autres laisseraient trop à désirer pour le coup-d'œil; aussi, semble-t-elle se reproduire sous autant de formes que son utilité est indispensable. Il serait impossible de dire, même par approximation, combien on compte de sortes de franges et d'agrémens de toute espèce, parce que tout se fabrique à mesure qu'on le commande, et qu'on donne à chaque chose l'ampleur, le développement, la finesse qu'on désire; que le tout s'établit d'après le goût de chacun, et suivant les couleurs à assortir et la disposition des localités.

Mais l'impossibilité de présenter des calculs précis, et de fixer en Passementerie le prix de chaque objet avant qu'il ne soit établi, n'empêche pas d'offrir ici, sur cette partie si étendue, des renseignemens exacts, des données pratiques qui peuvent mettre à portée d'apprécier toute espèce de Passementerie.

Il y a des franges en or depuis 1,000 fr. jusqu'à 100 fr. l'aune. Leur hauteur, le titre de l'or et la manière dont elles sont ouvragées décident de leur valeur. On serait dans une grande erreur si on pensait,

*Suite de la* PASSEMENTERIE.

par exemple, qu'une frange de 3 pouces, qui aurait coûté 100 fr., ne dût s'augmenter que du quart de sa valeur si elle était portée à 4 pouces. Pour voir juste à cet égard, il faut savoir que plus une frange a de hauteur, plus elle doit être fournie, conséquemment elle augmente plus de prix que de hauteur.

OUVRAGES EN OR FIN.

La frange en or fin de Paris, sans aucun mélange, haute de 6 pouces, garnie de torsades et pièces satinées au passé, façon de broderie, peut coûter 600 fr. l'aune ; et par le raisonnement précédemment fait, mais en l'appliquant dans le sens inverse, la même espèce de frange qui aurait 5 pouces de hauteur, ne coûterait que 450 fr. l'aune, au lieu de 500 fr. comme on aurait pu le croire.

Pour base générale, il faut bien se pénétrer que les franges et glands, ainsi que les autres ouvrages en or fin, doivent être calculés sur le prix de 13 à 14 fr. l'once, avec torsade en matière pure, y compris la façon et le bénéfice.

Les franges unies, en toute hauteur, doivent être aussi calculées à raison de 13 à 14 fr. l'once.

Le cablé de 6 lignes, or fin, peut valoir de 25 à 30 fr. l'aune.

Les galons brochés, en or fin, doivent être calculés à raison d'environ un franc par ligne, en aug-

*Suite de la* PASSEMENTERIE.

mentant toujours d'un franc par ligne. Ce galon est fabriqué avec plusieurs navettes.

Les galons de dessins courans, s'ils étaient établis en toute pureté d'or, pourraient coûter 75 c. par ligne ; mais on en trouve à bien meilleur marché dans un grand nombre de magasins où ces galons sont vendus sans garantie d'or. Ceux de bonne fabrique doivent être calculés à raison de 10 fr. l'once.

OUVRAGES EN DEMI-FIN.

Les ouvrages en or demi-fin coûtent moitié de ceux en or fin. On entend par demi-fin le faux doré à trois couches d'or fin , ou bien de l'or 48 ; il y a ensuite le faux doré deux couches, qu'on nomme doré deux fois ; et celui doré à une couche, nommé doré une fois, et le tout faux qui n'est pas doré.

On fait aussi du faux doré en feuilles à l'instar du fin. C'est avec ce faux doré en feuilles qu'on établit communément les galons qui sont vendus dans les boutiques, sous la dénomination de galon d'or.

Il faut une connaissance pratique bien exercée, pour reconnaître les qualités inférieures du demi-fin, tels que le doré deux fois et le doré une fois. Le plus prudent est de n'employer que du doré trois fois.

Le galon faux, dit galon à clouer ou à deux la-

*Suite de la* PASSEMENTERIE.

mes , pour être bon , doit avoir la lisière et être tramé en soie. On doit le payer de 25 à 30 cent. l'aune. Tout autre galon de ce genre, qui ne vaut que moitié de l'autre, a la lisière et la trame en fil. La lame coupe le fil, et le clou passe à travers.

FRANGES EN SOIE.

Toute la Passementerie en soie ne peut bien se calculer qu'au poids. Lorsqu'on sait ce que coûte la soie , on y ajoute la main-d'œuvre, le déchet, le bénéfice, et c'est par le concours de la connaissance de ces différentes choses qu'on parvient à l'appréciation exacte des ouvrages en soie.

Une frange peut être établie dans la même hauteur et à des prix bien différens. Les plus belles doivent être faites à fond de soie de grenade; dans la hauteur de 6 pouces , elles peuvent être payées de 55 à 60 fr. l'aune pour toute espèce de couleur, excepté le cramoisi fin qui pourrait aller à 70 fr. , et le ponceau à 85 fr. Aujourd'hui ce genre de franges achetées au poids, doit être calculé à raison de 5 fr. 50 c. l'once en grenade pure, et 4 fr. 50 c. l'once en soie demi-grenade retorse; le cramoisi fin à raison de 6 fr. 50 c. l'once, et le ponceau sur le pied de 7 fr. 50 c. l'once.

La main-d'œuvre peut être calculée, par aune ,

*Suite de la* PASSEMENTERIE.

à 1 fr., 5o c. pour le déchet et le dévidage, et 5o c. pour le bénéfice du fabricant. Ainsi une frange en grenade pure, couleur ordinaire, du poids de deux onces par aune, à 5 fr. 5o c. l'aune, en y ajoutant la main-d'œuvre, le déchet et le bénéfice du fabricant, doit être de 15 fr. l'aune, et en demi-grenade de 13 fr.

Les franges sur bois, soit à flèches, soit à boules ou à perles, sont encore assez difficiles à bien apprécier. Leur valeur dépend de la manière dont elles sont couvertes, et tous les passementiers ne les chargent pas suffisamment de soie, afin de grossir leur bénéfice. On en trouve assez souvent où le bois n'est couvert que par un seul brin de soie; ce sont les moins estimées, et pourtant, comme elles ont l'apparence pour elles, on les paie comme si elles étaient couvertes à plusieurs brins de soie ; mais en cherchant à voir le bois, on juge bien vite du nombre de brins. Celles de 6 pouces, bien fabriquées, valent de 15 à 18 fr. l'aune ; et celles de 3 pouces, de 5 à 6 fr. Ces deux données peuvent servir de base pour les autres hauteurs, et toujours sans perdre de vue le principe des proportions, d'après lequel, plus une frange a de hauteur et plus elle doit être fournie. Il y a ensuite, chez beaucoup de marchands, le même genre de franges établies très-légèrement avec des soies inférieures pour la vente

*Suite de la* PASSEMENTERIE.

· courante. Celles de 6 pouces se vendent 10 à 12 fr., celles de 3 pouces se vendent de 2 fr. 50 c. à 3 fr. 50 c. ; mais peu de temps après on regrette le bon marché , parce qu'il est constant qu'une frange bien établie peut durer dix à douze ans , tandis qu'une frange médiocre , après quelques années de service , s'effiloque , se fane et ne s'accorde plus avec les autres parties de l'ameublement.

EMBRASSES *en soie.*

Les belles embrasses en soie , à guirlandes , avec feuilles satinées et cablé dans l'intérieur , peuvent valoir de 36 à 38 fr. ; celles à perles et cartisannes , avec cablé dans l'intérieur , peuvent coûter de 28 à 30 fr. Après cela , dans les qualités inférieures , il y en a à tous prix, parce que la plupart sont moitié bois et moitié en soie. Celles en cablé ne peuvent être bien couvertes sans qu'il y ait une once et de‑ mie de soie sur chacune. Une once et demie de soie peut coûter 7 fr. , l'ame 1 fr., ensuite le bénéfice et la façon. D'après cela , on peut calculer que de telles embrasses ne doivent pas excéder 9 à 10 fr. Dans le commerce courant, on en trouve qui ne coûtent que 5 à 6 fr.

EMBRASSES *en filoselle.*

Les embrasses de ce genre , lorsqu'elles sont bien couvertes, à quatre branches, peuvent valoir de

*Suite de la* PASSEMENTERIE.

5 à 6 fr.; celles en seconde qualité, de 4 à 4 fr. 5o c.; et celles en fantaisie, de 3 fr. à 3 fr. 5o c.


GALONS *en soie.*

Les galons de soie, brochés, tramés en soie, première qualité, largeur de 3 pouces, pour border les rideaux, peuvent coûter de 3 fr. 5o c. à 4 fr. l'aune ; celui de 18 lignes, de 1 fr. 8o c. à 2 fr. Le galon en doublette, fabrique de Paris, de 24 lignes, vaut de 1 fr. 8o c. à 2 fr. ; celui de 18 lignes, 1 fr. 25 c. ; et celui de 12 lignes, 75 c. On reconnaît qu'un galon est broché, lorsque derrière il n'y a point de soie traînante. Après cela viennent des galons très-inférieurs de 18 à 20 lignes, tramés en fil, pour la plupart ni brochés, ni doublés, qui durent beaucoup moins, et qui sont à très-bon marché.


CRÊTES *en soie.*

Une crête de premier choix, sur fond de soie, bien couverte, de 24 lignes, peut valoir 5 fr. 5o c. avec les guipures sur soie ; et la même crête sur fil, vaut de 3 fr. à 3 fr. 5o c. Les crêtes inférieures sont couvertes à 2 bouts de soie sur fil, et il n'y a presque point de soie. Celles de 18 lignes se paient à peu près 1 fr. l'aune, et celles de 12 lignes se paient 75 c.

*Suite de la* PASSEMENTERIE.

BIAIS *et* LÉZARDE.

Le biais double et la lézarde pour siéges, en première qualité, fond en soie, valent de 1 fr. à 1 fr. 20 c. l'aune, et il faut que le fond pèse 3 gros. Les autres ne coûtent que 75 c. Il y en a aussi à 50 c. ; mais assez souvent ces espèces de biais et de lezarde, pour le fond et la trame, sont faits avec un écheveau de fil.

CORDON *de tirage en soie.*

Le cordon de tirage de première qualité, doit être tout en soie filoselle ; il vaut de 1 fr. à 1 fr. 25 c. l'aune. On en trouve de très-inférieurs faits à la ratière ou au boisseau, avec un brin de fil sur ame d'étoupe, recouverts en soie médiocre, et qui se vendent de 50 à 60 c. l'aune. Cette dernière qualité se reconnaît à l'épaisseur de l'ame.

FRANGES *en coton.*

Une frange en coton, première qualité, haute de 5 à 6 pouces, bien fournie, soit à jasmin, soit à muguet, etc., vaut de 5 à 6 fr. l'aune ; une moins riche, à glands ou à pompons, peut valoir de 4 fr. à 4 fr. 50 c. l'aune ; une autre de 4 pouces, établie comme celle de 5 à 6 pouces, peut valoir de 3 fr. 50 c. à 4 fr.

*Suite de la* PASSEMENTERIE.

EMBRASSES *en coton.*

Celles sans ames, en première qualité, retorses, à quatre branches, valent de 2 fr. 50 c. à 3 fr. ; celles semblables, mais l'ame en fil, valent 2 fr. ; et celles à trois branches, dont l'ame est en fil, valent de 1 fr. 50 c. à 1 fr. 80 c.

Les petites embrasses de vitrages valent de 80 à 60 cent. et 50 cent. Ces dernières sont souvent établies avec du coton à mèches, et leur durée n'est pas longue.

GALONS *de coton.*

Les galons de coton, fabrique de Paris, brochés, trames fortes, larges de 24 lignes, valent 1 fr. l'aune ; ceux de 18 lignes coûtent 75 c. On doit diminuer progressivement pour ceux d'une moindre largeur. Ceux de Tours, faits à la mécanique, sont bien plus légers ; aussi coûtent-ils un tiers meilleur marché ; mais ils sont sujets à se trouer en les cousant. Alors le but de l'utilité du galon est manqué, puisque son emploi est de consolider le rideau sur lequel on l'applique.

CRÊTES *en coton.*

Ce genre de crêtes, destiné à border, vaut, en première qualité, de 1 fr. 20 c. à 90 c. ; et en qualité inférieure, de 60 à 50 c. l'aune.

*Suite de la* PASSEMENTERIE.

EFFILÉS.

Les beaux et bons effilés se font tout en fil d'Epinay, n° 120, qui peut coûter de 21, 25 et 24 fr. la livre ; ceux en première qualité, de 5 pouces, valent de 2 fr. à 2 fr. 50 c. ; ceux de 2 pouces, 1 fr. 50 c. ; et ceux de 18 lignes, 1 fr. 20 c.

Les autres espèces d'effilés, établis en fil de Cologne, sont très-inférieurs; ils coûtent bien moins aussi, et durent peu de temps.

CORDON *de tirage , en fil.*

La meilleure qualité doit être en fil retord, à la jatte, sans ame ; celui d'une qualité inférieure est fait au boisseau avec ame ; et la dernière qualité, qui se fait à la mécanique, ne vaut rien. On la reconnaît à ce que l'ame est très-épaisse et recouverte par des bouts de fils tressés.

---

Peu de personnes connaissent le prix de la soie, et quand les qualités inférieures sont mises en œuvre, il est difficile à un acheteur de les distinguer d'avec les qualités supérieures.

Le coton. en Passementerie, flatte beaucoup l'œil, et à moins d'avoir assez l'habitude d'apprécier ces sortes d'ouvrages, on peut facilement se tromper sur les qualités.

D'après ces observations, on doit sentir combien

il est important de s'adresser à une maison de confiance, lorsqu'il s'agit d'acheter de la Passementerie ;
car rien n'est aussi facile au marchand que de donner
du mauvais pour du bon.

# PRIX COURANS
## DE LA PASSEMENTERIE.

| OUVRAGES EN OR FIN. | L'AUNE. | |
|---|---|---|
| | fr. | c. |
| *Franges*, dites double or, sans mélange, torsa-des et pièces satinées, 6 pouces de hauteur ; l'once calculée à 15 fr. . . . . . . . 600 | 600 | « |
| *Franges* unies, de 3 pouces à 3 pouces 1/2 de hauteur, à 15 fr. l'once. . . . . . . . . | 80 | « |
| *Cablé or fin*, de 6 lignes de hauteur, ame en soie, 10 fr. l'once. . . . . . . . . . . | 28 | « |
| *Galons brochés*, or fin, par ligne . . . . . | 1 | « |
| Dessins courans, par ligne . . . . . . . | « | 75 |

| OUVRAGES EN DEMI-FIN. | | |
|---|---|---|
| *Franges* torsades et pièces satinées, sur 6 pouces de hauteur ; 6 fr. 50 c. l'once. . | 300 | « |
| *Franges* unies, de 3 pouces à 3 pouces 1/2 de hauteur ; 6 fr. 50 c. l'once . . . . . . | 40 | « |
| *Cablé*, de 6 lignes de hauteur, l'aune. . . . | 14 | « |
| *Galons brochés*, par ligne . . . . . . . . | « | 50 |
| Dessins courans, par ligne . . . . . . . | « | 40 |
| A clouer, par aune . . . . . . . . . | « | 25 |

*Suite des Prix courans de la Passementerie.*

OUVRAGES EN SOIE.

| | L'AUNE. | |
|---|---|---|
| | fr. | c. |
| *Franges* de 6 pouces, fond de grenade, à 5 fr. 5o c. l'once. . . . . . . . . . . . | 6o | « |
| De 6 pouces, demi-grenade, à 4 fr. 5o c. l'once. . . . . . . . . . . . . | 45 | « |
| De 6 pouces, fond de grenade, cramoisi fin, à 6 fr. 5o c. l'once. . . . . . . | 7o | « |
| De 6 pouces, fond de grenade, ponceau, à 7 fr. 5o c. l'once. . . . . . . . | 85 | « |
| 6 pouces, demi - grenade, cramoisie, à 5 fr. l'once. . . . . . . . . . | 54 | « |
| 6 pouces, demi - grenade, ponceau, à 5 fr. 8o c. l'once . . . . . . . . | 6o | « |
| 6 pouces, sur bois, première qualité, à flèches, boules et perles . . . . | 16 | « |
| 6 pouces, sur bois, moins belle, *idem* . | 13 | « |
| 5 pouces, sur bois, 1re qualité, *idem*. . | 6 | « |
| 5 ponces, sur bois, 2me sorte, *idem*. . . | 4 | « |
| 6 pouces, sur bois, qualité faible, *idem* . | 10 | « |
| 5 pouces, sur bois, 2e sorte, *idem* . . . | 3 | 5o |

EMBRASSES *en soie*.

| | fr. | c. |
|---|---|---|
| A guirlandes, feuil. satinées, cablé à l'intérieur. | 36 | « |
| A perles et cartisanes, cablé à l'intérieur . . | 28 | « |
| Cablé en 4, bien couvertes . . . . . . . . | 10 | « |
| Cablé en 2, bien couvertes . . . . . . . . | 8 | « |
| Cablé en 4, belle soie moitié filoselle. . . . | 7 | « |
| Ordinaire à 4 branches. . . . . . . . . . | 5 | 5o |
| En filoselle, 4 branches, bien couverte . . . | 6 | « |
| En filoselle, 3 branches. . . . . . . . . . | 4 | 5o |
| En fantaisie . . . . . . . . . . . . . . | 3 | « |

*Suite des Prix courans de la Passementerie.*

GALONS *de soie.*                                        L'AUNE.

|                                                      | fr. | c. |
|------------------------------------------------------|-----|-----|
| Broché, 3 pouces belle qualité. . . . . . . . .      | 3   | 5o  |
| Broché, 18 lignes, belle qualité. . . . . . . .      | 1   | 8o  |
| En doublette, 24 lignes, belle qualité. . .          | 1   | 8o  |
| En doublette, 18 lignes. . . . . . . . . .           | 1   | 25  |
| En doublette, 12 lignes. . . . . . . . . .           | «   | 75  |

CRÊTES *en soie.*

|                                                      | fr. | c. |
|------------------------------------------------------|-----|-----|
| Premier choix, 24 lignes, guipure en soie . .        | 5   | 5o  |
| Premier choix, 24 lignes, guipure sur fil . .        | 5   | 5o  |
| Premier choix, 18 lignes, sur soie . . . . .         | 2   | «   |
| Premier choix, 18 lignes, sur fil. . . . . .         | 1   | 5o  |
| Premier choix, 15 lignes, sur soie . . . . .         | 1   | 75  |
| Premier choix, 15 lignes, sur fil. . . . . .         | 1   | «   |
| Ordinaire, 18 lignes, sur soie. . . . . . .          | 1   | 20  |
| Ordinaire, 12 lignes, sur fil. . . . . . . .         | «   | 75  |

BIAIS *et* LÉZARDE.

|                                                      | fr. | c. |
|------------------------------------------------------|-----|-----|
| Double, fond en soie, belle qualité. . . . .         | 1   | «   |
| Simple, sur soie, belle qualité . . . . . .          | «   | 75  |
| Double, sur soie, qualité inférieure. . . . .        | «   | 6o  |
| Double, sur fil, qualité inférieure . . . . .        | «   | 5o  |

CORDON *de tirage en soie.*

|                                                      | fr. | c. |
|------------------------------------------------------|-----|-----|
| En soie, première qualité, sans ame. . . . .         | 1   | «   |
| En soie, première qualité, ame en fil. . . .         | «   | 75  |
| Au boisseau, ame en fil . . . . . . . . .            | «   | 6o  |
| Médiocre. . . . . . . . . . . . . . . .              | «   | 45  |

CHOUX *en soie pour courte-pointes.*

|                                                      | fr. | c. |
|------------------------------------------------------|-----|-----|
| Premier choix. . . . . . . . . . . . . .             | 3   | «   |
| Second choix. . . . . . . . . . . . . .              | 2   | 25  |

*Suite des Prix courans de la Passementerie.*

| EFFILÉS *en soie.* | L'AUNE. | |
|---|---|---|
| | fr. | c. |
| 2 pouces et demi, grenade retorse . . . . . . | 6 | « |
| 2 pouces et demi, grenade coupée . . . . . . | 4 | 5o |
| 2 pouces, grenade retorse. . . . . . . . . | 4 | 5o |
| 2 pouces, grenade coupée. . . . . . . . . . | 3 | 5o |

GLANDS *en soie pour canapé.*

| | | |
|---|---|---|
| Premier choix . . . . . . . . . . . . . . | 4 | « |
| Second choix. . . . . . . . . . . . . . . | 5 | « |

POMPONS *d'oreillers pour canapé.*

| | | |
|---|---|---|
| Premier choix . . . . . . . . . . . . . . | 1 | 5o |
| Second choix. . . . . . . . . . . . . . . | 1 | « |

# OUVRAGES EN COTON.

FRANGES *en coton.*

| | | |
|---|---|---|
| 6 pouces, bien garnie, à jasmins, à muguets ou à soucis. . . . . . . . . . . . . . | 6 | « |
| 6 pouces, moins belle, à glands ou à pompons. . . . . . . . . . . . . . . . . | 4 | « |
| 4 pouces, bien garnie, à jasmins, muguets et soucis. . . . . . . . . . . . . . . | 3 | 25 |
| 4 pouces, moins belle, à glands ou à pompons . . . . . . . . . . . . . . . . | 2 | 8o |
| 3 pouces, bien garnie, à jasmins, muguets ou à soucis . . . . . . . . . . . . . . | 2 | 8o |
| 3 pouces, moins belle, à glands ou à pompons . . . . . . . . . . . . . . . . | 2 | 25 |
| 2 pouces, bien garnie . . . . . . . . . . | 2 | « |
| Médiocre . . . . . . . . . . . . . . . | 1 | « |

*Suite des Prix courans de la Passementerie.*

**GALONS** *de coton.*                          L'AUNE.

| | fr. | c. |
|---|---|---|
| 24 lignes, broché, en belle qualité . . . . | 1 | « |
| 18 lignes, broché . . . *idem*. . . . . . . . . | « | 75 |
| 12 lignes, broché . . . *idem*. . . . . . . . | « | 6o |
| 24 lignes, fabrique de tours. . . . . . . . . | « | 6o |
| 18 lignes, . . *idem*. . . . . . . . . . . . | « | 5o |
| 12 lignes, . . *idem*. . . . . . . . . . . . | « | 3o |

**CRÊTES** *en coton.*

| | | |
|---|---|---|
| 2 pouces, pour border. . . . . . . . . . | 1 | 20 |
| 18 lignes . . . *idem*. . . . . . . . . . . | « | 8o |
| 15 lignes . . . *idem*. . . . . . . . . . | « | 6o |
| 10 à 12 lignes . *idem*. . . . . . . . . . | « | 45 |

**EMBRASSES** *en coton (la pièce).*

| | | |
|---|---|---|
| Première qualité retorse, 4 branches, sans ame. | 2 | 5o |
| Première qualité *idem* . . . *idem* ame en fil . | 2 | « |
| Seconde qualité . . . 3 branches, ame en fil. | 1 | 75 |
| Ordinaire. . . . . . . . . . . . . . . . | 1 | 3o |
| De vitrage, belle qualité, sans ame . . . . | « | 8o |
| De vitrage, seconde qualité avec ame . . . . | « | 6o |
| De vitrage, troisième qualité commune . . . | « | 4o |

**EFFILÉS** *de fil.*

| | | |
|---|---|---|
| 3 pouces, fil retord, belle qualité . . . . . | 2 | 25 |
| 2 pouces . . . *idem* . *idem* . . . . . . . . | 1 | 5o |
| 16 à 18 lignes *idem* . *idem* . . . . . . . . | 1 | « |
| 3 pouces, fil mêlé, qualité inférieure. . . . | 1 | 8o |
| 2 pouces . *idem*. . . *idem* . . . . . . . . | 1 | 20 |
| 16 à 18 lignes *idem* . *idem* . . . . . . . . | « | 8o |
| 3 pouces, moitié fil plat et retord. . . . . . | 1 | 20 |

*Suite des Prix courans de la Passementerie.*

| EFFILÉS *de fil.* | | L'AUNE. |
|---|---|---|
| | fr. | c. |
| 2 pouces *idem* . . . . . . . . . . . . . . | « | 80 |
| 16 à 18 lignes *idem* . · . . . . . . . . . | « | 60 |
| 18 à 20 lignes , moitié fil plat et moitié bailleul. | « | 40 |

CORDON *de tirage en fil.*

| | | |
|---|---|---|
| En fil retord , à la jatte sans ame . . . . . . | » | 45 |
| En fil retord . *idem* . avec ame . . . . . . | « | 35 |
| Au boisseau avec ame . . . . . . . . . . | « | 25 |
| A la mécanique . . . . . . . . . . . . . | « | 20 |

# CHAPITRE V.

## DE MARCHANDISES

*Qui entrent dans la formation des lits.*

ÉDREDON.

Celui du nord est reconnu pour le meilleur, et pourtant il y a encore bien du choix à faire dans cette espèce de duvet, dans lequel on mêle quelquefois du duvet d'Hollande, qui, malgré qu'il soit de premier choix, diffère beaucoup pour le prix avec l'édredon. La beauté de ce dernier se reconnaît à son extrême finesse, que le plus léger souffle emporte au loin.

PLUMES.

Le duvet de Hollande et la plume d'Alençon doivent avoir la préférence sur toutes les autres espèces. On reconnaît la qualité du duvet à sa douceur, à sa mollesse, et le meilleur est celui qui se trouve parfaitement dégagé du tuyau. La qualité de la plume se reconnaît à la grosseur plus ou moins forte du tuyau, et à la finesse des barbes.

LAINES.

Les meilleures se distinguent à leur blancheur, à la finesse, au toucher moelleux, et lorsqu'elles

*Suite de l'article* LAINES.

sont dégagées des parties onctueuses, dont les laines inférieures ne sont que trop chargées. Chaque province a ses cantons particuliers d'où elle tire ses meilleures espèces, et la capitale s'approvisionne à trente lieues à la ronde; mais elle donne la préférence aux laines qui viennent du côté d'Arcis-sur-Aube.

CRINS.

On en fait usage de plusieurs sortes pour établir des meubles siéges et pour faire des sommiers. La meilleure qualité est le crin dit d'échantillon; il est pris sur la queue du cheval; on le reconnaît à la longueur, à la force et à la couleur qui doit être noire. Les crins gris et blonds sont donc les moins estimés, et les plus mauvais proviennent de *défroques* que les brocanteurs mêlent avec d'autres espèces. Cependant on trouve encore de très-bons crins dans de certains vieux meubles qui furent d'abord bien établis.

COUVERTURES DE LITS.

Il y en a de trois sortes : en soie, en laine et en coton. Les premières, faites avec des déchets de soie, sont d'un service rare et fastueux; malgré cela, les belles couvertures de laine sont préférées. Celles en laines, dites de *mérinos*, sont très-re-

*Suite de l'article* COUVERTURES.

cherchées ; viennent après , celles de Berri , de So-
logne, de Brie ; et enfin les communes , dites en
laines de boucherie. Les belles couvertures de coton sont fabriquées avec du *Cayenne* et du *Saint-
Domingue* , longue soie.

La qualité des différens genres de couvertures
se reconnaît à la finesse de la matière première ,
qui n'échappe ni à l'œil, ni au toucher d'un homme
exercé, qui sait également juger de la bonne fabrication.

## PRIX COURANS DE MARCHANDISES

*Qui entrent dans la formation des couchers.*

| | fr. | c. | fr. | c. |
|---|---|---|---|---|
| ÉDREDON *du Nord.* | | | | |
| Première qualité. . . . . . . . | 27 | « à | 28 | « |
| Seconde qualité . . . . . . . . | 25 | « à | 26 | « |
| DUVET *de Hollande.* | | | | |
| Epuré. . . . . . . . . . . . . | 18 | « à | 20 | « |
| Première qualité. . . . . . . . | 9 | « à | 10 | « |
| PLUMES. | | | | |
| D'Alençon, première qualité . . | 3 | 75 à | 4 | « |
| Seconde qualité . . . . . . . . | 2 | 75 à | 3 | « |
| Ordinaire. . . . . . . . . . . . | 2 | 25 à | 2 | 50 |

*Suite du Prix des Marchandises.*

LAINES.

|  | fr. | c. |  | fr. |
|---|---|---|---|---|
| Echaudée, épurée, mère laine . . | 2 | « à | 2 | 5o |
| Première qualité . . . . . . . | 1 | 8o à | 2 | « |
| Seconde qualité . . . . . . . | 1 | 5o à | 1 | 8o |
| Ordinaire . . . . . . . . . . | 1 | 4o à | 1 | 5o |

CRINS.

|  | fr. | c. |  | fr. |
|---|---|---|---|---|
| D'échantillon . . . . . . . . | 1 | 7o à | 1 | 9o |
| Ordinaire . . . . . . . . . . | 1 | 6o à | 1 | 75 |
| Commun . . . . . . . . . . | 1 | 2o à | 1 | 5o |

COUVERTURES *en laines.*

*Mérinos* pour un lit de 4 pieds et 1/2
à 5 pieds . . . . . . . 65 « à 7o «
—— pour un lit de 5 pieds et 1/2 à
4 pieds . . . . . . . 55 « à 6o «
—— pour un lit de 5 pieds à 2 pieds
et 1/2 . . . . . . . . . 4o « à 45 «
*Fine* pour un lit de 4 pieds et 1/2
à 5 pieds . . . . . . 4o « à 46 «
—— pour un lit de 5 pieds et 1/2
à 4 pieds . . . . . . . 5o « à 55 «
—— pour un lit de 5 pieds à 2 pieds
et 1 2 . . . . . . . . . 2o « à 25 «
*Ordinaire* pour un lit de 4 pieds et
1/2 à 5 pieds . . . . . 28 « à 55 «
—— pour un lit de 5 pieds et 1/2 à
4 pieds . . . . . . . 19 « à 22 «
—— pour un lit de 5 pieds à 2 pieds
et 1/2 . . . . . . . . 15 « à 17 «

*Suite du Prix des Marchandises.*

COUVERTURES *de coton.*                         fr.   c.     fr.   c.

1<sup>re</sup> *qualité* pour un lit de 4 pieds et

    1/2 à 5 pieds . . . . . 36    « à 42    «

—— pour un lit de 5 pieds et 1/2

    à 4 pieds . . . . . . 28    « à 3o    «

—— pour un lit de 5 pieds à 2 pieds

    et 1/2 . . . . . . . 22    « à 24    «

2<sup>e</sup> *qualité* pour un lit de 4 pieds et

    1/2 à 5 pieds . . . . . 24    « à 3o    «

—— pour un lit de 5 pieds et 1/2 à

    4 pieds . . . . . . . 18    « à 22    «

—— pour un lit de 5 pieds à 2 pieds

    et 1/2 . . . . . . . 14    « à 15    «

3<sup>e</sup> *qualité* pour un lit de 4 pieds et

    1/2 à 5 pieds . . . . . 22    « à 26    «

—— pour un lit de 5 pieds et 1/2 à

    4 pieds . . . . . . 15    « à 18    «

—— pour un lit de 5 pieds à 2 pieds

    et 1/2 . . . . . . . 11    « à 12    «

*Depuis quelque temps l'article des couvertures de lits, en
laine et en coton, a éprouvé une sensible diminution.*

# COMPOSITION DES COUCHERS
## PAR CLASSE.
## COUCHERS DE 5 PIEDS,
### 1re CLASSE.

| | fr. | c. | fr. | c. | fr. | c. |
|---|---|---|---|---|---|---|
| **SOMMIER.** | | | | | | |
| 5 aunes 1/8 , futaine 9/8 , première qualité, à. . . . . . . . . . | 6 | 75 | 34 | 60 | | |
| 40 livres crin d'échantillon , à . . . | 1 | 90 | 76 | « | | |
| Echarpissage de crin , à. . . . . . | « | 10 | 4 | « | | |
| 12 aunes galon de soie à chaînette , à | « | 25 | 3 | « | 126 | 10 |
| Capiton de soie . . . . . . . . . . . | | | 3 | « | | |
| Façon à plate-bandes et bordé. . . . . . . | | | 5 | 5o | | |
| **MATELAS.** | | | | | | |
| 5 aunes 1/8 , futaine 9/8 , première qualité, à . . . . . . . . . | 6 | 75 | 34 | 6o | | |
| 40 livres laine , première qualité, à . | 2 | « | 8o | « | | |
| Cardage de la laine , à . . . . . . | « | 15 | 6 | « | 152 | 10 |
| 12 aunes galon de soie à chaînette , à | « | 25 | 3 | « | | |
| Capiton de soie . . . . . . . . . . . | | | 5 | « | | |
| Façon à plate-bandes et bordé . . . . . . . | | | 5 | 5o | | |
| **MATELAS** ( *un second* ) . . . . . . . . . . . . | | | | | 132 | 10 |
| **LIT DE PLUME.** | | | | | | |
| 15 aunes basin de coton, première qualité, à . . . . . . . . . . | 6 | « | 78 | « | | |
| 22 livres duvet de Hollande, à . . . | 10 | « | 220 | « | 307 | 5o |
| 12 aunes galon de soie à chaînette , à | « | 25 | 3 | « | | |
| Façon à plate-bandes et bordé . . . . . . . | | | 6 | 5o | | |
| **TRAVERSIN.** | | | | | | |
| 3 aunes 1/8 basin de coton, première qualité, à . . . . . . . . . | 6 | « | 18 | 75 | | |
| 5 livres duvet de Hollande, à . . . | 10 | « | 5o | « | 71 | 75 |
| Façon , gomme et galon . . . . . . . . | | | 3 | « | | |
| **OREILLER** *de 3o pouces.* | | | | | | |
| 2 aunes 1/12 basin de coton, première qualité, à . . . . . . . . . . | 6 | « | 12 | 5o | | |
| 4 livres duvet de Hollande, à . . . | 10 | « | 45 | « | 55 | « |
| Façon et gomme. . . . . . . . . . . | | | 2 | 5o | | |
| **COUVERTURES.** | | | | | | |
| Une en laine mérinos. . . . . . . . . . | | | 7o | « | 112 | « |
| Une en coton. . . . . . . . . . . . . | | | 42 | « | | |
| TOTAL *d'un coucher de 5 pieds, 1re classe* . . . | | | | | 93o | 55 |

# COUCHER DE 4 PIEDS 1/2,

## 1<sup>re</sup> CLASSE.

| SOMMIER. | fr. | c. | fr. | c. | fr. | c. |
|---|---|---|---|---|---|---|
| 4 aunes 7/8, futaine 9/8, première qualité, à . . . . . . . . . . | 6 | 75 | 32 | 95 | | |
| 36 livres crin d'échantillon, à . . . | 1 | 90 | 68 | 40 | | |
| Echarpissage du crin, à . . . . . . | « | 10 | 3 | 60 | 112 | 95 |
| 11 aunes galon de chaînette, à . . . | « | 25 | 2 | 75 | | |
| Façon à plate-bandes et bordé. . . . . . . | | | 5 | 25 | | |

| MATELAS. | | | | | | |
|---|---|---|---|---|---|---|
| 4 aunes 7/8, futaine 9/8, première qualité, à . . . . . . . . . . | 6 | 75 | 32 | 95 | | |
| 36 livres laine, première qualité, à . | 2 | « | 72 | « | | |
| Cardage de la laine, à . . . . . . . | « | 15 | 5 | 40 | 118 | 35 |
| 11 aunes de galon de soie à chaînette, à | « | 25 | 2 | 75 | | |
| Façon à plate-bandes et bordé. . . . . . . | | | 5 | 25 | | |

| MATELAS (*un second*) . . . . . . . . . . . . . | | | . . . . | | 118 | 35 |
|---|---|---|---|---|---|---|

| LIT DE PLUME. | | | | | | |
|---|---|---|---|---|---|---|
| 12 aunes 1/2 basin de coton, première qualité, à . . . . . . . . . | 6 | « | 75 | « | | |
| 18 livres duvet de Hollande, à . . . | 10 | « | 180 | « | 263 | 75 |
| 11 aunes galon de soie, à . . . . . | « | 25 | 2 | 75 | | |
| Façon à plate-bandes et cirage. . . . . . . | | | 6 | « | | |

| TRAVERSIN. | | | | | | |
|---|---|---|---|---|---|---|
| 2 aunes 5/6 basin de coton, première qualité, à . . . . . . . . . | 6 | « | 17 | « | | |
| 4 livres 1/2 duvet de Hollande, à . . | 10 | « | 45 | « | 65 | « |
| Façon, gomme et galon. . . . . . . . . . | | | 3 | « | | |

| OREILLER *de 30 pouces*. | | | | | | |
|---|---|---|---|---|---|---|
| 2 aunes 1/12 basin de coton, première qualité, à . . . . . . . . . | 6 | « | 12 | 50 | | |
| 4 livres duvet de Hollande, à . . . . | 10 | « | 40 | « | 55 | 25 |
| Façon et gomme. . . . . . . . . . . . | | | 2 | 75 | | |

| COUVERTURES. | | | | | | |
|---|---|---|---|---|---|---|
| Une de laine mérinos. . . . . . . . . . | | | 68 | « | | |
| Une de coton. . . . . . . . . . . . . . | | | 40 | « | 108 | « |

TOTAL *d'un coucher de 4 pieds 1/2*, 1<sup>re</sup> *classe*. . . 841 65

# COUCHER DE 4 PIEDS,

## 1<sup>re</sup> CLASSE.

| | fr. | c. | fr. | c. | fr. | c. |
|---|---|---|---|---|---|---|
| **SOMMIER.** | | | | | | |
| 4 aunes 5/8 futaine, 9/8, première qualité, à . . . . . . . . . | 6 | 75 | 31 | 25 | | |
| 52 livres crin d'échantillon, à . . . | 1 | 90 | 60 | 80 | | |
| Echarpissage du crin, à . . . . . | « | 10 | 5 | 20 | 102 | 25 |
| 10 aunes galon de soie à chaînette, à | « | 25 | 2 | 50 | | |
| Façon à plate-bandes et bordé. . . . . . . | | | 4 | 50 | | |
| **MATELAS.** | | | | | | |
| 4 aunes 5/8 futaine, 9/8, première qualité, à . . . . . . . . . | 6 | « | 31 | 25 | | |
| 52 livres laine, première qualité, à . | 2 | « | 64 | « | | |
| Cardage de la laine, à . . . . . . | « | 15 | 4 | 80 | 107 | 05 |
| 10 aunes galon de soie à chaînette, à | « | 25 | 2 | 50 | | |
| Façon à plate-bandes et bordé. . . . . . . | | | 4 | 50 | | |
| **MATELAS** (*un second*) . . . . . . . . . . . | | | | | 107 | 05 |
| **LIT DE PLUME.** | | | | | | |
| 10 aunes 5/6 basin de coton, première qualité, à. . . . . . . . . | 6 | « | 65 | « | | |
| 16 livres duvet de Hollande, à . . | 10 | « | 160 | « | 233 | « |
| 10 aunes galon de soie à chaînette, à | « | 25 | 2 | 50 | | |
| Façon à plate-bandes et cirage. . . . . . . | | | 5 | 50 | | |
| **TRAVERSIN.** | | | | | | |
| 2 aunes 7/12 basin de coton, première qualité, à. . . . . . . . . | 6 | « | 15 | 50 | | |
| 4 livres duvet de Hollande, à. . . . | 10 | « | 40 | « | 58 | 50 |
| Façon, gomme et galon . . . . . . . . | | | 3 | « | | |
| **OREILLER** *de 30 pouces.* | | | | | | |
| 2 aunes 1/12 basin de coton, première qualité, à. . . . . . . . . | 6 | « | 12 | 50 | | |
| 4 livres duvet de Hollande, à . . . | 10 | « | 40 | « | 55 | 25 |
| Façon, gomme et galon . . . . . . . . | | | 2 | 75 | | |
| **COUVERTURES.** | | | | | | |
| Une en laine mérinos. . . . . . . . . . | | | 58 | « | | |
| Une en coton. . . . . . . . . . . . . | | | 50 | « | 88 | « |

TOTAL *d'un coucher de 4 pieds,* 1<sup>re</sup> *classe* . . . . 751 10

# COUCHER DE 3 PIEDS 1/2,

## 1<sup>re</sup> CLASSE.

| | fr. | c. | fr. | c. | fr. | c. |
|---|---|---|---|---|---|---|
| **SOMMIER.** | | | | | | |
| 4 aunes 3/8 futaine, 9/8, première | | | | | | |
| qualité, à. . . . . . . . . . | 6 | 75 | 29 | 55 | | |
| 28 livres crin d'échantillon, à . . . | 1 | 90 | 53 | 20 | | |
| Echarpissage du crin, à. . . . . . | « | 10 | 2 | 80 | 92 | 30 |
| 10 aunes galon de soie à chaînette, à | « | 25 | 2 | 50 | | |
| Façon à plate-bandes et cirage. . . . . . . | | | 4 | 25 | | |
| **MATELAS.** | | | | | | |
| 4 aunes 3/8 futaine, 9/8, première | | | | | | |
| qualité, à . . . . . . . . . | 6 | 75 | 29 | 55 | | |
| 28 livres laine, première qualité, à . | 2 | « | 56 | « | | |
| Cardage de la laine. . . . . . . . | « | 15 | 4 | 20 | 96 | 50 |
| 10 aunes galon de soie à chaînette, à | « | 25 | 2 | 50 | | |
| Façon à plate-bandes et bordé. . . . . . | | | 4 | 25 | | |
| **MATELAS** (*un second*) . . . . . . . . . . . | | | | | 96 | 50 |
| **LIT DE PLUME.** | | | | | | |
| 9 aunes 2/3 basin de coton, première | | | | | | |
| qualité, à . . . . . . . . | 6 | « | 58 | « | | |
| 14 livres duvet de Hollande, à . . . | 10 | « | 140 | « | 205 | « |
| 9 aunes galon de soie, à. . . . . . | « | 25 | 2 | 25 | | |
| Façon à plate-bandes et cirage . . . . . . . | | | 4 | 75 | | |
| **TRAVERSIN.** | | | | | | |
| 2 aunes 1/4 basin de coton, première | | | | | | |
| qualité, à . . . . . . . . . | 6 | « | 14 | « | | |
| 3 livres 1/2 duvet de Hollande, à . . | 10 | « | 35 | « | 51 | 75 |
| Façon, gomme et galon . . . . . . . . | | | 2 | 75 | | |
| **OREILLER** *de 27 pouces.* | | | | | | |
| 1 aune 5/6 basin de coton, première | | | | | | |
| qualité, à. . . . . . . . . | 6 | « | 11 | « | | |
| 3 livres duvet de Hollande, à . . . | 10 | « | 30 | « | 43 | 50 |
| Façon, gomme et galon. . . . . . . . | | | 2 | 50 | | |
| **COUVERTURES.** | | | | | | |
| Une de laine mérinos. . . . . . . . . . | | | 55 | « | | |
| Une de coton. . . . . . . . . . . . | | | 26 | « | 71 | » |
| TOTAL *d'un coucher de 3 pieds 1/2, 1<sup>re</sup> classe* . . | | | | | 656 | 55 |

# COUCHER DE 5 PIEDS,

## 1ʳᵉ CLASSE.

| | fr. | c. | fr. | c. | fr. | c. |
|---|---|---|---|---|---|---|
| **SOMMIER.** | | | | | | |
| 4 aunes 1/8 futaine, 9/8, première qualité, à . . . . . . . . . | 6 | 75 | 27 | 85 | | |
| 24 livres crin d'échantillon, à . . . | 1 | 90 | 45 | 60 | | |
| Echarpissage, à. . . . . . . . . | « | 10 | 2 | 40 | 81 | 85 |
| 8 aunes galon de soie à chaînette, à . | « | 25 | 2 | « | | |
| Façon à plate-bandes et bordé. . . . . . . | | | 4 | « | | |
| **MATELAS.** | | | | | | |
| 4 aunes 1/8 futaine, 9/8, première qualité, à. . . . . . . . . . | 6 | 75 | 27 | 85 | | |
| 24 livres laine, première qualité, à . | 2 | « | 48 | « | | |
| Cardage de la laine, à . . . . . . . | « | 15 | 3 | 60 | 85 | 45 |
| 8 aunes galon de soie à chaînette, à . | « | 25 | 2 | « | | |
| Façon à plate-bandes et bordé. . . . . . . | | | 4 | « | | |
| **MATELAS** ( *un second* ). . . . . . . . . . . . | | | . . . . . | | 85 | 45 |
| **LIT DE PLUME.** | | | | | | |
| 8 aunes 1/2 basin de coton, première qualité, à. . . . . . . . . | 6 | « | 51 | « | | |
| 12 livres duvet de Hollande, à . . . | 10 | « | 120 | « | 177 | 25 |
| 8 aunes galon de soie, à. . . . . . | « | 25 | 2 | « | | |
| Façon à plate-bandes et cirage. . . . . . . | | | 4 | 25 | | |
| **TRAVERSIN.** | | | | | | |
| 2 aunes 1/12 basin de coton, première qualité, à. . . . . . . . . | 6 | « | 12 | 50 | | |
| 5 livres duvet de Hollande, à . . . | 10 | « | 30 | « | 44 | « |
| Façon, gomme et galon . . . . . . . . | | | 2 | 50 | | |
| **OREILLER** *de 27 pouces.* | | | | | | |
| 1 aune 5/6 basin de coton, première qualité, à. . . . . . . . . | 6 | « | 11 | « | | |
| 2 livres 3/4 duvet de Hollande, à . . | 10 | « | 27 | 50 | 40 | 75 |
| Façon, gomme et galon . . . . . . . . | | | 2 | 25 | | |
| **COUVERTURES.** | | | | | | |
| Une en laine mérinos. . . . . . . . . . . | | | 46 | « | | |
| Une en coton. . . . . . . . . . . . . . | | | 24 | « | 70 | « |
| TOTAL *d'un coucher de 5 pieds,* 1ʳᵉ *classe* . . . . | | | | | 584 | 75 |

# COUCHER DE 5 PIEDS,

## 2ᵉ CLASSE,

### *Sans être à plate-bandes, mais bordé seulement.*

| | fr. | c. | fr. | c. | fr. | c. |
|---|---|---|---|---|---|---|
| **SOMMIER.** | | | | | | |
| 4 aunes 7/8, futaine 9/8, première qualité, à | 6 | 75 | 32 | 95 | | |
| 40 livres, crin ordinaire, à | 1 | 75 | 70 | « | | |
| Echarpissage du crin, à | « | 10 | 4 | « | 112 | 85 |
| 6 aunes ruban de Hollande, à | « | 15 | « | 90 | | |
| Façon et bordé | | | 5 | « | | |
| **MATELAS.** | | | | | | |
| 4 aunes 7/8, futaine 9/8, première qualité, à | 6 | 75 | 32 | 95 | | |
| 40 livres laine seconde qualité, à | 1 | 75 | 70 | « | | |
| Cardage de la laine, à | « | 15 | 6 | « | 114 | 85 |
| 6 aunes ruban de Hollande, à | « | 15 | « | 90 | | |
| Façon et bordé | | | 5 | « | | |
| **MATELAS** (*un second*) | | | | | 114 | 85 |
| **LIT DE PLUME.** | | | | | | |
| 3 aunes 1/2 coutil blanc, 3 plombs, à 10 | | « | 35 | « | | |
| 30 livres plume d'Alençon, première qualité, à | 4 | « | 120 | « | 161 | 40 |
| 6 aunes rubans de Hollande, à | « | 15 | « | 90 | | |
| Façon et gomme | | | 5 | 50 | | |
| **TRAVERSIN.** | | | | | | |
| 5/6 coutil blanc, 3 plombs, à | 10 | « | 9 | 15 | | |
| 6 livres plume d'Alençon, première qualité, à | 4 | « | 24 | « | 36 | 40 |
| Façon et gomme | | | 3 | 25 | | |
| **OREILLER** *de 30 pouces.* | | | | | | |
| 2/3 coutil blanc 11/8, à | 10 | « | 6 | 67 | | |
| 4 livres plume d'Alençon, à | 4 | « | 16 | « | 25 | 17 |
| Façon et gomme | | | 2 | 50 | | |
| **COUVERTURES.** | | | | | | |
| Une en laine mérinos | | | 46 | « | 76 | « |
| Une en coton | | | 30 | « | | |

TOTAL *d'un coucher de 5 pieds, 2ᵉ classe* . . . 641 52

# COUCHER DE 4 PIEDS 1/2,

## 2ᵉ CLASSE,

### Sans être à plate-bandes, mais bordé seulement.

| | fr. | c. | fr. | c. | fr. | c. |
|---|---|---|---|---|---|---|
| **SOMMIER.** | | | | | | |
| 4 aunes 5/8, futaine 9/8, première qualité, à . . . . . . . . . . . | 6 | 75 | 31 | 26 | | |
| 36 livres crin ordinaire, à . . . . . | 1 | 75 | 63 | « | | |
| Echarpissage du crin, à . . . . . . | « | 10 | 3 | 60 | 103 | 18 |
| 5 aunes 1/2 ruban de Hollande, à . | « | 15 | « | 83 | | |
| Façon, couture et montage . . . . . . . . | | | 4 | 50 | | |
| **MATELAS.** | | | | | | |
| 4 aunes 5/8, futaine 9/8, première qualité, à . . . . . . . . . | 6 | 75 | 31 | 25 | | |
| 36 livres laine première qualité, à. . | 1 | 75 | 63 | « | | |
| Cardage de la laine, à . . . . . . | « | 15 | 5 | 40 | 104 | 98 |
| 5 aunes 1/2 ruban de Hollande, à . | « | 15 | « | 83 | | |
| Façon, couture et montage. . . . . . . . | | | 4 | 50 | | |
| **MATELAS** ( *un second* ) . . . . . . . . . . . | | | | | 104 | 98 |
| **LIT DE PLUME.** | | | | | | |
| 5 aunes 1/2 coutil blanc, 3 plombs 11/8, à . . . . . . . . . . | 10 | « | 35 | « | | |
| 28 livres plume d'Alençon, à . . . | 4 | « | 112 | « | 152 | 33 |
| 5 aunes 1/2 ruban de Hollande, à . | « | 15 | « | 83 | | |
| Façon et gomme. . . . . . . . . . . . . . | | | 4 | 50 | | |
| **TRAVERSIN.** | | | | | | |
| 5/6 coutil blanc, à . . . . . . . . | 10 | « | 8 | 35 | | |
| 6 livres plume d'Alençon, à. . . . | 4 | « | 24 | « | 54 | 85 |
| Façon et gomme. . . . . . . . . . . . | | | 2 | 50 | | |
| **OREILLER** *de 27 pouces.* | | | | | | |
| 7/12 coutil blanc, à . . . . . . . . . | 9 | « | 5 | 25 | | |
| 4 livres plume d'Alençon, à . . . . | 4 | « | 16 | « | 23 | 50 |
| Façon et gomme. . . . . . . . . . . . . | | | 2 | 25 | | |
| **COUVERTURES.** | | | | | | |
| Une en laine mérinos . . . . . . . . . | | | 43 | « | | |
| Une en coton. . . . . . . . . . . . . . | | | 26 | « | 69 | « |
| TOTAL *d'un coucher de 4 pieds 1/2, 2ᵉ classe* . . | | | | | 592 | 82 |

# COUCHER DE 4 PIEDS,

## 2° CLASSE,

### *Sans être à plate-bandes, mais bordé seulement.*

| | fr. | c. | fr. | c. | fr. | c. |
|---|---|---|---|---|---|---|
| **SOMMIER.** | | | | | | |
| 4 aunes 3/8, futaine 9/8, première qualité, à . . . . . . . . . | 6 | 75 | 29 | 55 | | |
| 22 livres crin ordinaire, à . . . . . | 1 | 75 | 56 | « | | |
| Echarpissage du crin, à . . . . . | « | 10 | 3 | 20 | 93 | 25 |
| 5 aunes ruban de Hollande, à . . . | « | 15 | « | 75 | | |
| Façon, couture et montage . . . . . . . . | | | 3 | 75 | | |
| **MATELAS.** | | | | | | |
| 4 aunes 3/8, futaine 9/8, première qualité, à. . . . . . . . . . | 6 | 75 | 29 | 55 | | |
| 32 livres laine, première qualité, à . | 1 | 75 | 56 | « | | |
| Cardage de la laine, à . . . . . . | « | 15 | 4 | 80 | 94 | 85 |
| 5 aunes ruban de Hollande, à . . . | « | 15 | « | 75 | | |
| Façon, couture et montage . . . . . . . | | | 3 | 75 | | |
| MATELAS ( *un second* ) . . . . . . . . . . . . . | | | . . . . | | 94 | 85 |
| **LIT DE PLUME.** | | | | | | |
| 3 aunes 1/3 coutil blanc, 3 plombs, à | 9 | « | 30 | « | | |
| 24 livres plume d'Alençon, à. . . . | 4 | « | 96 | « | 130 | 75 |
| 5 aunes ruban de Hollande, à . . . | « | 15 | « | 75 | | |
| Façon et gomme. . . . . . . . . . . . . | | | 4 | « | | |
| **TRAVERSIN.** | | | | | | |
| 5/6 coutil blanc, à . . . . . . . . . | 9 | « | 7 | 30 | | |
| 5 livres 1/2 plume d'Alençon, à . . | 4 | « | 22 | « | 31 | 75 |
| Façon et gomme. . . . . . . . . . . | | | 2 | 25 | | |
| **OREILLER** *de 27 pouces.* | | | | | | |
| 7/12 coutil blanc, à . . . . . . . | 9 | « | 5 | 25 | | |
| 4 livres plume d'Alençon, à . . . . | 4 | « | 16 | « | 23 | 50 |
| Façon et gomme . . . . . . . . . . | | | 2 | 25 | | |
| **COUVERTURES.** | | | | | | |
| Une en laine mérinos. . . . . . . . . . . | | | 35 | « | 58 | « |
| Une en coton . . . . . . . . . . . . . . . | | | 23 | « | | |

TOTAL *d'un coucher de 4 pieds, 2ᵉ classe* . . . .526 95

# COUCHER DE 3 PIEDS 1/2 ,

## 2ᵉ CLASSE ,

*Sans étre à plate-bandes , mais bordé seulement.*

| | fr. | c. | fr. | c. | fr. | c. |
|---|---|---|---|---|---|---|
| SOMMIER. | | | | | | |
| 4 aunes 1/8 , futaine , première qualité 9/8 , à . . . . . . . . . | 6 | 75 | 27 | 85 | | |
| 28 livres crin ordinaire , à . . . . . | 1 | 75 | 49 | « | | |
| Echarpissage du crin , à . . . . . . | « | 10 | 2 | 80 | 83 | 62 |
| 4 aunes 3/4 ruban à border , à . . . | « | 15 | « | 72 | | |
| Façon , couture et montage . . . . . . . . | | | 3 | 25 | | |
| MATELAS. | | | | | | |
| 4 aunes 1/8 , futaine , 9/8 première qualité , à . . . . . . . . . | 6 | 75 | 27 | 85 | | |
| 28 livres , laine première qualité , à . | 1 | 75 | 49 | « | | |
| Cardage de la laine , à . . . . . . | « | 15 | 4 | 20 | 85 | 02 |
| 4 aunes 3/4 ruban à border , à . . . | « | 15 | « | 72 | | |
| Façon , couture et montage . . . . . . . . | | | 3 | 25 | | |
| MATELAS ( *un second* ) . . . . . . . . . . . | | | . . . . | | 85 | 02 |
| LIT DE PLUME. | | | | | | |
| 3 aunes 1/3 coutil blanc , 3 plombs , à | 8 | 50 | 23 | 34 | | |
| 23 livres plume d'Alençon , à . . . . | 4 | « | 92 | « | 124 | 56 |
| 4 aunes 3/4 ruban à border , à . . . | « | 15 | « | 72 | | |
| Façon et gomme . . . . . . . . . . . | | | 3 | 50 | | |
| TRAVERSIN. | | | | | | |
| 5/6 coutil blanc , 3 plombs , à . . . | 8 | 50 | 7 | 10 | | |
| 5 livres plume d'Alençon , à . . . . | 4 | « | 20 | « | 29 | 10 |
| Façon et gomme . . . . . . . . . . . . | | | 2 | « | | |
| OREILLER *de 24 pouces.* | | | | | | |
| 1/2 aune coutil blanc , à . . . . . | 8 | 50 | 4 | 25 | | |
| 4 livres plume d'Alençon , à . . . . | 4 | « | 16 | « | 22 | 25 |
| Façon et gomme . . . . . . . . . . . , | | | 2 | « | | |
| COUVERTURES. | | | | | | |
| Une de laine mérinos . . . . . . . . . . | | | 33 | « | 55 | « |
| Une de coton . . . . . . . . . . . . . | | | 22 | « | | |
| TOTAL *d'un coucher de* 3 *pieds* 1/2 ; 2ᵉ *classe* . . 484 | | | | | 484 | 57 |

# COUCHER DE 3 PIEDS,

## 2ᵉ CLASSE,

### *Sans être à plate-bandes, mais bordé seulement.*

| | fr. | c. | fr. | c. | fr. | c. |
|---|---|---|---|---|---|---|
| **SOMMIER.** | | | | | | |
| 3 aunes 7/8, futaine, 9/8 première qualité, à. . . . . . . . . . . | 6 | 75 | 26 | 20 | | |
| 24 livres crin ordinaire, à. . . . . | 1 | 75 | 42 | « | | |
| Echarpissage du crin, à. . . . . . | « | 10 | 2 | 40 | 74 | o3 |
| 4 aunes 1/2 ruban à border, à. . . | « | 15 | « | 68 | | |
| Façon, couture et montage . . . . . . . . | | | 2 | 75 | | |
| **MATELAS.** | | | | | | |
| 3 aunes 7/8, futaine, 9/8 première qualité, à. . . . . . . . . . | 6 | 75 | 26 | 20 | | |
| 24 livres laine, première qualité, à. | 1 | 75 | 42 | « | | |
| Cardage de la laine, à. . . . . . . | « | 15 | 3 | 60 | 75 | 23 |
| 4 aunes 1/2 ruban à border, à. . . | « | 15 | « | 68 | | |
| Façon, couture et montage . . . . . . . . | | | 2 | 75 | | |
| **MATELAS** (*un second*) . . . . . . . . . . . . . | | | . . . . . | | 75 | 23 |
| **LIT de PLUME.** | | | | | | |
| 3 aunes 1/3 coutil blanc, 3 plombs, à | 7 | 5o | 25 | « | | |
| 19 livres plume d'Alençon, à. . . . | 4 | « | 76 | « | 1o4 | 93 |
| 4 aunes 1/2 ruban à border, à. . . | « | 15 | « | 68 | | |
| Façon et gomme. . . . . . . . . . . . | | | 3 | 25 | | |
| **TRAVERSIN.** | | | | | | |
| 5/6 coutil blanc, à . . . . . . . . | 7 | 5o | 6 | 25 | | |
| 4 livres plume d'Alençon, à. . . . | 4 | « | 16 | « | 24 | « |
| Façon et gomme. . . . . . . . . . . | | | 1 | 75 | | |
| **OREILLER** *de 24 pouces.* | | | | | | |
| 1/2 coutil blanc, à . . . . . . . . | 7 | 5o | 3 | 75 | | |
| 3 livres plume d'Alençon, à . . . . | 4 | « | 12 | « | 17 | 25 |
| Façon et gomme. . . . . . . . . . . | | | 1 | 5o | | |
| **COUVERTURES.** | | | | | | |
| Une de laine mérinos. . . . . . . . . . . | | | 25 | « | 42 | « |
| Une de coton . . . . . . . . . . . . . . | | | 17 | « | | |
| **TOTAL** *d'un coucher de 3 pieds,* 2ᵉ *classe* . . . .412 | | | | | 412 | 67 |

# COUCHER DE 5 PIEDS,

## 5ᵉ CLASSE.

| | fr. | c. | fr. | c. | fr. | c. |
|---|---|---|---|---|---|---|
| **SOMMIER.** | | | | | | |
| 5 aunes 5/6 toile de Bruges, 4/4, bon teint, à. . . . . . . . . . | 2 | « | 11 | 65 | | |
| 40 livres crin ordinaire, à. . . . . | 1 | 60 | 64 | « | | |
| Écharpissage du crin, à. . . . . . | « | 10 | 4 | « | 82 | 15 |
| Façon, couture et montage . . . . . . . . | | | 2 | 5o | | |
| **MATELAS.** | | | | | | |
| 5 aunes 5/6 toile de Bruges, 4/4, à. | 2 | « | 11 | 65 | | |
| 40 livres laine, seconde qualité, à . | 1 | 6o | 64 | « | | |
| Cardage de la laine, à . . . . . . | « | 15 | 6 | « | 84 | 15 |
| Façon, couture et montage . . . . . . . . | | | 2 | 5o | | |
| **MATELAS** (*un second*) . . . . . . . . . . | | | . . . . | | 84 | 15 |
| **LIT DE PLUME.** | | | | | | |
| 3 aunes 1/3 coutil rayé, 3 plombs, à | 9 | « | 3o | « | | |
| 3o livres plume d'Alençon, à. . . . | 3 | 5o | 1o5 | « | 139 | 5o |
| Façon et gommage. . . . . . . . . . . . | | | 4 | 5o | | |
| **TRAVERSIN.** | | | | | | |
| 5/6 coutil rayé, 3 plombs, à . . . | 9 | « | 7 | 5o | | |
| 6 livres plume d'Alençon, à . . . . | 3 | 5o | 21 | « | 3o | 75 |
| Façon et gommage. . . . . . . . . | | | 2 | 25 | | |
| **OREILLER** *de 3o pouces.* | | | | | | |
| 2/3 coutil rayé, 3 plombs, à . . . | 8 | « | 5. | 33 | | |
| 4 livres plume d'Alençon, à . . . . | 3 | 5o | 14 | « | 21 | 83 |
| Façon et gommage. . . . . . . . . . | | | 2 | 5o | | |
| **COUVERTURES.** | | | | | | |
| Une de laine fine . . . . . . . . . . . | | | 33 | « | 59 | « |
| Une de coton . . . . . . . . . . . . | | | 26 | « | | |
| TOTAL *d'un coucher de 5 pieds, 3ᵉ classe* . . . | | | | | 5o1 | 55 |

5

# COUCHER DE 4 PIEDS 1/2 ,

## 3ᵉ CLASSE.

| SOMMIER. | fr. | c. | fr. | c. | fr. | c. |
|---|---|---|---|---|---|---|
| 5 aunes 1/6 toile de Bruges , 4/4, à . | 2 | « | 10 | 33 | | |
| 36 livres crin ordinaire , à . . . . | 1 | 60 | 57 | 60 | 73 | 78 |
| Echarpissage du crin, à . . . . . . | « | 10 | 3 | 60 | | |
| Façon , couture et montage . . . . . . . | | | 2 | 25 | | |
| **MATELAS.** | | | | | | |
| 5 aunes 1/6 toile de Bruges , 4/4, à . | 2 | « | 10 | 33 | | |
| 36 livres laine , seconde qualité , à . | 1 | 60 | 57 | 60 | 75 | 38 |
| Cardage de la laine , à . . . . . . . | « | 15 | 5 | 20 | | |
| Façon, couture et montage . . . . . . . | | | 2 | 25 | | |
| MATELAS ( *un second* ) . . . . . . . . . . | | | | | 75 | 38 |
| **LIT DE PLUME.** | | | | | | |
| 3 aunes 1/3 coutil rayé , 3 plombs , à | 9 | « | 30 | « | | |
| 28 livres plume d'Alençon , à . . . . | 3 | 50 | 98 | « | 131 | 25 |
| Façon et gommage. . . . . . . . . . | | | 3 | 25 | | |
| **TRAVERSIN.** | | | | | | |
| 5/6 coutil rayé , 3 plombs , à . . . . | 9 | « | 7 | 50 | | |
| 5 livres 1/2 plume d'Alençon , à . . | 3 | 50 | 19 | 25 | 29 | « |
| Façon et gommage . . . . . . . . . . | | | 2 | 25 | | |
| **OREILLER** *de 27 pouces.* | | | | | | |
| 7/12 coutil rayé , à . . . . . . . | 8 | « | 4 | 70 | | |
| 4 livres plume d'Alençon , à . . . . | 3 | 50 | 14 | « | 20 | 70 |
| Façon et gommage. . . . . . . . . . | | | 2 | « | | |
| **COUVERTURES.** | | | | | | |
| Une de laine fine. . . . . . . . . . . . | | | 30 | « | 54 | « |
| Une de coton . . . . . . . . . . . . . | | | 24 | « | | |

TOTAL *d'un coucher de 4 pieds 1/2, 3ᵉ classe* . . . 459   49

# COUCHER DE 4 PIEDS,

## 3ᵉ CLASSE.

| | fr. | c. | fr. | c. | fr. | c. |
|---|---|---|---|---|---|---|
| **SOMMIER.** | | | | | | |
| 4 aunes 1/2 toile de Bruges, 4/4, bon teint, à | 2 | « | 9 | « | | |
| 52 livres crin ordinaire, à | 1 | 60 | 51 | 20 | 65 | 50 |
| Echarpissage du crin, à | « | 10 | 3 | 10 | | |
| Façon, couture et montage | | | 2 | « | | |
| **MATELAS.** | | | | | | |
| 4 aunes 1/2 toile de Bruges, 4/4, à | 2 | « | 9 | « | | |
| 32 livres laine, seconde qualité, à | 1 | 60 | 51 | 20 | 67 | « |
| Cardage de la laine, à | « | 15 | 4 | 80 | | |
| Façon, couture et montage | | | 2 | « | | |
| **MATELAS** (*un second*) | | | | | 67 | « |
| **LIT DE PLUME.** | | | | | | |
| 3 aunes 1/4 coutil, grand plomb, à | 8 | 50 | 27 | 62 | | |
| 24 livres plume d'Alençon, à | 3 | 50 | 84 | « | 114 | 87 |
| Façon, et gommage | | | 3 | 25 | | |
| **TRAVERSIN.** | | | | | | |
| 5/6 coutil rayé, à | 8 | 50 | 7 | 10 | | |
| 5 livres plume d'Alençon, à | 3 | 50 | 17 | 50 | 26 | 85 |
| Façon et gommage | | | 2 | 25 | | |
| **OREILLER** *de 24 pouces.* | | | | | | |
| 1/2 aune coutil rayé, à | 8 | « | 4 | « | | |
| 3 livres 1/2 plume d'Alençon, à | 3 | 50 | 12 | 25 | 18 | 25 |
| Façon et gommage | | | 2 | « | | |
| **COUVERTURES.** | | | | | | |
| Une de laine fine | | | 28 | « | 50 | « |
| Une de coton | | | 22 | « | | |

TOTAL *d'un coucher de 4 pieds, 3ᵉ classe* . . . 411 07

# COUCHER DE 3 PIEDS 1/2,

## 3ᵉ CLASSE.

| SOMMIER. | | fr. | c. | fr. | c. | fr. | c. |
|---|---|---|---|---|---|---|---|
| 4 aunes 1/4 toile de Bruges, 4/4, bon teint, à | | 2 | « | 8 | 5o | | |
| 28 livres crin ordinaire, à | | 1 | 6o | 44 | 8o | 58 | 10 |
| Echarpissage du crin, à | | « | 15 | 2 | 8o | | |
| Façon et montage | | | | 2 | « | | |
| | | | | | | | |
| MATELAS. | | | | | | | |
| 4 aunes 1/4 toile de Bruges, 4/4, à | | 2 | « | 8 | 5o | | |
| 28 livres laine, seconde qualité, à | | 1 | 75 | 49 | « | 63 | 7o |
| Cardage de la laine, à | | « | 15 | 4 | 20 | | |
| Façon et montage | | | | 2 | « | | |
| | | | | | | | |
| MATELAS ( *un second* ) | | | | | | 63 | 7o |
| | | | | | | | |
| LIT DE PLUME. | | | | | | | |
| 3 aunes 1/2 coutil rayé, grand plomb, à | | 7 | 5o | 26 | 25 | | |
| 21 livres plume d'Alençon, à | | 3 | 5o | 73 | 5o | 1o3 | « |
| Façon et gommage | | | | 3 | 25 | | |
| | | | | | | | |
| TRAVERSIN. | | | | | | | |
| 3/4 coutil rayé, à | | 7 | 5o | 5 | 63 | | |
| 4 livres 1/4 plume d'Alençon, à | | 3 | 5o | 14 | 87 | 22 | 75 |
| Façon et gommage | | | | 2 | 25 | | |
| | | | | | | | |
| OREILLER *de 24 pouces.* | | | | | | | |
| 2/3 coutil rayé, à | | 7 | 5o | 5 | « | | |
| 3 livres 1/4 plume d'Alençon, à | | 3 | 5o | 11 | 37 | 18 | 37 |
| Façon et gommage | | | | 2 | « | | |
| | | | | | | | |
| COUVERTURES. | | | | | | | |
| Une de laine fine | | | | 24 | « | 54 | « |
| Une de coton | | | | 20 | « | | |

**TOTAL** *d'un coucher de 3 pieds 1/2,* 3ᵉ *classe* . . . . 383   62

# COUCHER DE 5 PIEDS,

## 5ᵉ CLASSE.

| | fr. | c. | fr. | c. | fr. | c. |
|---|---|---|---|---|---|---|
| **SOMMIER.** | | | | | | |
| 5 aunes 1/2 toile de Bruges, 4/4, bon teint, à | 2 | « | 7 | « | | |
| 24 livres crin ordinaire, à | 1 | 60 | 38 | 40 | | |
| Echarpissage du crin, à | « | 10 | 2 | 40 | 49 | 55 |
| Façon et montage | | | 1 | 75 | | |
| **MATELAS.** | | | | | | |
| 5 aunes 1/2 toile de Bruges, 4/4, à | 2 | « | 7 | « | | |
| 24 livres laine, seconde qualité, à | 1 | 60 | 38 | 40 | | |
| Cardage de la laine, à | « | 15 | 3 | 60 | 50 | 75 |
| Façon et montage | | | 1 | 75 | | |
| **MATELAS** ( *un second* ) | | | | | 50 | 75 |
| **LIT DE PLUME.** | | | | | | |
| 5 aunes 1/3 coutil rayé, 3 plombs, à | 7 | « | 23 | 31 | | |
| 18 livres plume d'Alençon, à | 3 | 50 | 63 | « | 89 | 31 |
| Façon et gommage | | | 3 | « | | |
| **TRAVERSIN.** | | | | | | |
| 5/6 coutil, 3 plombs, à | 7 | « | 5 | 80 | | |
| 4 livres plume d'Alençon, à | 3 | 50 | 14 | « | 22 | 05 |
| Façon et gommage | | | 2 | 25 | | |
| **OREILLER** *de 24 pouces.* | | | | | | |
| 1/2 aune coutil, 3 plombs, à | 7 | « | 5 | 50 | | |
| 3 livres 1/4 plume d'Alençon, à | 5 | 50 | 11 | 37 | 16 | 87 |
| Façon et gommage | | | 2 | « | | |
| **COUVERTURES.** | | | | | | |
| Une de laine | | | 24 | « | | |
| Une de coton | | | 20 | « | 44 | « |
| **TOTAL** *d'un coucher de 5 pieds, 5ᵉ classe* | | | | | 525 | 28 |

# COUCHER DE 4 PIEDS,

## 4ᵉ CLASSE.

| PAILLASSE. | | fr. | c. | fr. | c. | fr. | c. |
|---|---|---|---|---|---|---|---|
| 4 aunes 7/12 toile de Flandre, 4/4, à | 1 | 90 | | 8 | 72 | | |
| Façon, piqûre et paille, . . . . . . . . . | 5 | 5o | | 5 | 5o | 14 | 22 |
| **MATELAS.** | | | | | | | |
| 4 aunes 1/2 de toile de Bruges, 4/4, à | 1 | 90 | | 8 | 6o | | |
| 32 livres laine, troisième qualité, à | 1 | 5o | | 48 | « | | |
| Cardage de la laine, à . . . . . . . | « | 15 | | 4 | 20 | 62 | 8o |
| Façon et montage . . . . . . . . . . . | | | | 2 | « | | |
| **MATELAS** ( *un second* ) . . . . . . . . . . . | | | | . . . . | | 62 | 8o |
| **TRAVERSIN.** | | | | | | | |
| 5/6 coutil rayé, de 4 pieds, à . . . | 7 | « | | 5 | 8o | | |
| 4 livres 1/2 plume, troisième qua-lité, à . . . . . . . . . . . | 2 | 8o | | 12 | 6o | 20 | 65 |
| Façon et gommage . . . . . . . . . . . | | | | 2 | 25 | | |
| **OREILLER** *de 24 pouces.* | | | | | | | |
| 1/2 aune coutil, 3 plombs, à . . . . | 7 | « | | 3 | 5o | | |
| 3 livres 1/4 plume, troisième qua-lité, à . . . . . . . . . . . | 2 | 8o | | 9 | 10 | 14 | 6o |
| Façon et gommage . . . . . . . . . . . | | | | 2 | « | | |
| **COUVERTURES.** | | | | | | | |
| Une de laine, qualité moyenne . . . . . . | | | | 26 | « | | |
| Une de laine commune . . . . . . . . . . | | | | 19 | « | 45 | « |

TOTAL *d'un coucher de 4 pieds, 4ᵉ classe* . . . 220 07

# COUCHER DE 3 PIEDS 1/2,

## 4ᵉ CLASSE.

|  | fr. c. | fr. c. | fr. c. |
|---|---|---|---|
| **PAILLASSE.** | | | |
| 4 aunes 1/6 toile écrue, 4/4, à . . . | 1 60 | 6 67 | |
| Façon, piqûre et paille . . . . . . . . . . | | 4 50 | } 11 1 |
| **MATELAS.** | | | |
| 4 aunes 1/6 toile de Bruges, 4/4, à . | 1 90 | 7 52 | |
| 28 livres laine, troisième qualité, à | 1 50 | 42 « | |
| Cordage de la laine, à . . . . . . . « | 15 | 4 20 | } 55 72 |
| Façon et montage. . . . . . . . . . . | | 2 « | |
| **MATELAS** ( *un second* ) . . . . . . . . . . | | . . . . | 55 72 |
| **TRAVERSIN.** | | | |
| 5/6 coutil rayé, 4 pieds, à . . . . . | 7 « | 5 80 | |
| 4 livres 1/4 plume, troisième qualité, à . . . . . . . . . . | 2 80 | 11 90 | } 19 70 |
| Façon et gommage. . . . . . . . . . | | 2 « | |
| **OREILLER** *de 24 pouces.* | | | |
| 1/2 aune coutil, 5 plombs, à. . . . , | 7 « | 5 50 | |
| 3 livres 1/4 plume, troisième qualité, à . . . . . . . . . . . | 2 80 | 9 10 | } 14 60 |
| Façon et gommage. . . . . . . . . . | | 2 « | |
| **COUVERTURES.** | | | |
| Une de laine, qualité moyenne . . . . . . . | | 21 « | |
| Une de laine commune. . . . . . . . . . | | 17 « | } 58 « |
| **TOTAL** *d'un coucher de 3 pieds 1/2, 4ᵉ classe* . . . . | | | 194 91 |

# COUCHER ORDINAIRE DE 3 PIEDS,

## 4ᵉ CLASSE.

| | fr. c. | fr. c. | fr. c. |
|---|---|---|---|
| **PAILLASSE.** | | | |
| 3 aunes 3/4 , toile écrue, 1/4 , à . . | 1 60 | 6 « | } 10 50 |
| Façon , piqûre et paille. . . . . . . . . . | | 4 50 | |
| **MATELAS.** | | | |
| 3 aunes 1/2 toile de Bruges, 4/4, à . | 1 90 | 6 65 | |
| 24 livres laine, troisième qualité , à . | 1 50 | 36 « | } 48 05 |
| Cardage de la laine , à. . . . . . . | « 15 | 3 60 | |
| Façon et montage . . . . . . . . . . . | | 1 80 | |
| **MATELAS** ( *un second* ) . . . . . . . . . . | | . . . . | 48 05 |
| **TRAVERSIN.** | | | |
| 5/6 coutil rayé, 3 pieds 1/2 , à . . . | 6 50 | 5 45 | |
| 4 livres plume , troisième qualité , à | 2 80 | 11 20 | } 18 45 |
| Façon et gommage. . . . . . . . . . . | | 1 80 | |
| **COUVERTURES.** | | | |
| Une de laine, qualité inférieure . . . . . . | | 15 « | } 28 « |
| Une de coton, qualité commune. . . . . . | | 13 « | |

TOTAL *d'un coucher de 3 pieds , 4ᵉ classe* . . . 153 05

# COUCHER SUR LIT DE SANGLE,

## DE 3 PIEDS.

| MATELAS. | | fr. | c. | fr. | c. | fr. | c. |
|---|---|---|---|---|---|---|---|
| 3 aunes 1/2 toile de Flandre , 4 4 , à | | 1 | 90 | 6 | 65 | | |
| 24 livres laine , troisième qualité , à | | 1 | 5o | 36 | « | | 48 o5 |
| Cardage de la laine , à . . . . . . . | | « | 15 | 3 | 6o | | |
| Façon et montage . . . . . . . . . . . . | | | | 1 | 80 | | |
| **TRAVERSIN.** | | | | | | | |
| 5/6 coutil rayé , de 3 pieds 1/2 , à . . | 6 | 5o | | | 5 | 45 | |
| 4 livres plume de déchets , à . . . | 1 | 5o | | | 8 | « | 14 o5 |
| Façon et gommage . . . . . . . . . . | | | | | 1 | « | |
| **COUVERTURES.** | | | | | | | |
| Une de laine , qualité inférieure . . . . . . . | | | | 17 | « | | 28 « |
| Une de coton , *idem* . . . . . . . . . . . . | | | | 11 | « | | |
| TOTAL *d'un coucher de lit de sangle de 3 pieds* . . | | | | | | 91 | oo |

# RÉCAPITULATION

## DU PRIX DES COUCHERS,

### PAR CLASSE,

*Tous composés d'un Sommier, de deux Matelas,
d'un Lit de Plume, d'un Traversin, d'un
Oreiller et de deux Couvertures, à l'exception
du Coucher sur Lit de sangle et des Couchers
communs, où la Paillasse supplée au Sommier.*

---

**PREMIÈRE CLASSE.**

|  | fr. | c. |
|---|---|---|
| De 5 pieds . . . . . . . . . . . . . . . | 936 | 55 |
| De 5 pieds 1/2 . . . . . . . . . . . . . | 841 | 65 |
| De 4 pieds . . . . . . . . . . . . . . . | 751 | 10 |
| De 3 pieds 1/2 . . . . . . . . . . . . . | 656 | 55 |
| De 3 pieds . . . . . . . . . . . . . . . | 584 | 75 |

**SECONDE CLASSE.**

| De 5 pieds . . . . . . . . . . . . . . . | 641 | 52 |
|---|---|---|
| De 4 pieds 1/2 . . . . . . . . . . . . . | 592 | 82 |
| De 4 pieds . . . . . . . . . . . . . . . | 526 | 95 |
| De 3 pieds 1/2 . . . . . . . . . . . . . | 484 | 57 |
| De 3 pieds . . . . . . . . . . . . . . . | 412 | 67 |

**TROISIÈME CLASSE.**

| De 5 pieds . . . . . . . . . . . . . . . | 501 | 55 |
|---|---|---|
| De 4 pieds 1/2 . . . . . . . . . . . . . | 459 | 49 |
| De 4 pieds . . . . . . . . . . . . . . . | 411 | 07 |
| De 3 pieds 1/2 . . . . . . . . . . . . . | 385 | 62 |
| De 3 pieds . . . . . . . . . . . . . . . | 323 | 28 |

QUATRIÈME CLASSE.

|  | fr. c. |
| --- | --- |
| De 4 pieds . . . . . . . . . . . . . | 220 07 |
| De 3 pieds 1/2 . . . . . . . . . . . | 194 91 |
| De 3 pieds . . . . . . . . . . . . . | 155 05 |

SUR LIT DE SANGLE.

| De 3 pieds . . . . . . . . . . . . . | 91 « |

---

# OBSERVATION

## SUR LA FORMATION DES COUCHERS.

Tout sommier et matelas peut être calculé à raison de huit livres de crin ou de laine par pied; tout lit de plume à raison de six livres; le traversin à raison d'une livre un quart à peu près par pied; et tout oreiller de première classe doit être au moins de quatre livres, et les autres de trois livres et demie environ.

Un lit de duvet se calcule à raison de cinq livres au moins par pieds; un traversin, à raison d'une livre; et l'oreiller doit être du poids de trois livres et demie à peu près.

# CHAPITRE VI.

## DE LA DORURE, BRONZES, MARBRES ET CRISTAUX.

La belle dorure aura toujours un grand avantage sur toute espèce de Bronze, non seulement pour l'œil qu'elle flatte plus agréablement, mais encore pour la durée, et s'il faut, pour qu'elle produise tout l'effet qu'on a droit d'en attendre, que l'ouvrier sache bien employer la matière qui lui est confiée, il dépend encore plus du fabricant d'assurer la bonne qualité, en ne lésinant point sur la dose de matière à employer. Une application trop légère occasionnerait bientôt une défectuosité sensible, de même qu'il ne serait pas convenable de trop charger une pièce en matière d'or, parce que le travail de l'ouvrier doreur ne pourrait pas recevoir ce qu'on appelle le *beau fini*, surtout dans les parties ciselées.

La Dorure, qui ne laisse rien à désirer, est toujours chère. On ne peut établir aucun calcul sur ce que coûterait telle ou telle pièce dorée, parce que cela dépend de ses dimensions et du travail de toutes les parties qui la compose.

Le bronze ne s'emploie guère que dans les *compo-*

*Suite de la* DORURE, etc.

*sitions sevères* et pour les statues. Il y a des *applica-tions* faites sur le cuivre qui imitent assez bien le bronze ; mais les objets qui en sont formés se tachent promptement, et le temps éclaire bientôt sur leur véritable essence.

---

# PRIX COURANS

( POUR RENSEIGNEMENS SEULEMENT )

## *D'objets d'ameublement en Dorure et en Bronze.*

---

## LUSTRES.

**PREMIÈRE CLASSE.**

|  | fr. | | fr. |
|---|---|---|---|
| Pour salon. . . . . . . . . . | 1000 | à | 4000 |
| Pour chambre à coucher. · · · | 750 | à | 1800 |
| Pour boudoir. . . . . . . . . | 500 | à | 1000 |

**SECONDE CLASSE.**

| Pour salon. . . . . . · . . . . | 400 | à | 900 |
|---|---|---|---|
| Pour chambre à coucher. . . . | 580 | à | 650 |
| Pour boudoir. . . . . . . . . | 240 | à | 450 |

**TROISIÈME CLASSE.**

| Pour salon. . . . . . . . . . | 200 | à | 400 |
|---|---|---|---|
| Pour chambre à coucher. . . . | 150 | à | 350 |
| Pour boudoir . . . . . . . . | 140 | à | 250 |

*Suite des* PRIX COURANS *de la Dorure et du Bronze.*

# PENDULES.

### PREMIÈRE CLASSE.

|  | fr. | | fr. |
|---|---|---|---|
| Pour salon . . . . . . . . . . . | 800 | à | 2400 |
| Pour chambre à coucher . . . . | 600 | à | 1500 |
| Pour boudoir. . . . . . . . . . | 450 | à | 800 |
| Pour cabinet . . . . . . . . . | 600 | à | 1000 |

### SECONDE CLASSE.

| Pour salon. . . . . . . . . . . | 450 | à | 1000 |
|---|---|---|---|
| Pour chambre à coucher . . . . | 300 | à | 600 |
| Pour boudoir. . . . . . . . . | 220 | à | 450 |
| Pour cabinet . . . . . . . . . | 350 | à | 600 |

### TROISIÈME CLASSE.

| Pour salon. . . . . . . . . . | 250 | à | 500 |
|---|---|---|---|
| Pour chambre à coucher. . . . | 150 | à | 300 |
| Pour boudoir. . . . . . . . . . | 120 | à | 250 |
| Pour cabinet. . . . . . . . . | 160 | à | 320 |

# CANDELABRES.

### PREMIÈRE CLASSE.

| Pour salon. . . . . . . . . . | 1000 | à | 4000 |
|---|---|---|---|
| Pour chambre à coucher . . . . | 600 | à | 1000 |
| Pour boudoir. . . . . . . . . | 550 | à | 750 |
| Pour cabinet. . . . . . . . . | 450 | à | 850 |

### SECONDE CLASSE.

| Pour salon . . . . . . . . . | 450 | à | 1000 |
|---|---|---|---|
| Pour chambre à coucher. . . . | 250 | à | 500 |
| Pour boudoir. . . . . . . . . | 200 | à | 400 |
| Pour cabinet. . . . . . . . . | 200 | à | 400 |

*Suite des* PRIX COURANS *de la Dorure et du Bronze.*

## CANDELABRES.

TROISIÈME CLASSE.

|  | fr. |  | fr. |
|---|---|---|---|
| Pour salon. . . . . . . . . . | 150 | à | 400 |
| Pour chambre à coucher. . . . | 120 | à | 500 |
| Pour boudoir. . . . . . . . . | 110 | à | 200 |
| Pour cabinet. . . . . . . . . | 80 | à | 200 |

## FAUX DORÉS.

PREMIÈRE CLASSE.

| Pour salon. . . . . . . . . . | 600 | à | 1000 |
|---|---|---|---|
| Pour chambre à coucher . . . . | 500 | à | 700 |
| Pour boudoir. . . . . . . . . | 200 | à | 450 |
| Pour cabinet. . . . . . . . . | 200 | à | 550 |

SECONDE CLASSE.

| Pour salon. . . . . . . . . . | 350 | à | 600 |
|---|---|---|---|
| Pour chambre à coucher. . . . | 200 | à | 550 |
| Pour boudoir. . . . . . . . . | 140 | à | 200 |
| Pour cabinet. . . . . . . . . | 150 | à | 200 |

TROISIÈME CLASSE.

| Pour salon. . . . . . . . . . | 70 | à | 250 |
|---|---|---|---|
| Pour chambre à coucher. . . . | 50 | à | 150 |
| Pour boudoir. . . . . . . . . | 40 | à | 150 |
| Pour cabinet. . . . . . . . . | 50 | à | 140 |

## BRAS DE CHEMINÉES OU GIRANDOLES *(la paire)*, *depuis 2 jusqu'à 7 lumières.*

|  | fr. |  | fr. |
|---|---|---|---|
| Première classe. . . . . . . . | 200 | à | 1200 |
| Seconde classe. . . . . . . . | 80 | à | 800 |
| Troisième classe, . . . . . . | 35 | à | 500 |

*Suite des* PRIX COURANS *de la Dorure et du Bronze.*

## FLAMBEAUX DORÉS D'APPARTEMENS (*la paire*), *en tout genre, depuis 5 pouces jusqu'à 12.*

|  | fr. |  | fr. |
|---|---|---|---|
| Première classe . . . . . . . . . | 60 | à | 200 |
| Seconde classe . . . . . . . . | 40 | à | 150 |
| Troisième classe. . . . . . . . | 20 | à | 60 |

## FLAMBEAUX DORÉS A BRANCHES ( *la paire* ), *de 18 à 24 pouces , et depuis 2 jusqu'à 9 lumières.*

|  | fr. |  | fr. |
|---|---|---|---|
| Première classe. . . . . . . . . | 300 | à | 500 |
| Seconde classe . . . . . . . . . | 200 | à | 350 |
| Troisième classe. . . . . . . . | 70 | à | 120 |

## FLAMBEAUX DORÉS DE JEU ET DE BUREAU, *avec garde-vue, depuis une jusqu'à 5 lumières.*

|  | fr. |  | fr. |
|---|---|---|---|
| Première classe . . . . . . . . | 100 | à | 350 |
| Seconde classe. . . . . . . . . | 80 | à | 250 |
| Troisième classe. . . . . . . . | 30 | à | 150 |

## FLAMBEAUX ARGENTÉS DE JEU ET DE BUREAU.

|  | fr. |  | fr. |
|---|---|---|---|
| Première classe . . . . . . . . | 38 | à | 40 |
| Seconde classe . . . . . . . . | 26 | à | 28 |
| Troisième classe. . . . . . . . | 23 | à | 24 |

## FLAMBEAUX ARGENTÉS D'APPARTEMENS ( *la paire*).

|  | fr. |  | fr. |
|---|---|---|---|
| Première classe . . . . . . . . | 18 | à | 20 |
| Seconde classe . . . . . . . . | 13 | à | 15 |
| Troisième classe. . . . . . . . | 9 | à | 10 |

*Suite des* PRIX COURANS *de la Dorure et du Bronze.*

## BOUGEOIRS DORÉS, *de 3 pouces jusqu'à 6.*

|  | fr. |  | fr. |
|---|---|---|---|
| Première classe. . . . . . . . . | 40 | à | 60 |
| Seconde classe. . . . . . . . . | 20 | à | 25 |
| Troisième classe. . . . . . . . | 12 | à | 18 |

## BOUGEOIRS ARGENTÉS.

|  | fr. |  | fr. |
|---|---|---|---|
| Première classe . . . . . . . . | 10 | à | 11 |
| Seconde classe. . . . . . . . . | 6 | à | 7 |
| Troisième classe. . . . . . . . | 4 | à | 5 |

## ROSETTES DORÉES.

|  | fr. |  | fr. |
|---|---|---|---|
| Première classe. . . . . . . . | 3 | à | 4 |
| Seconde classe. . . . . . . . . | 2 | à | 3 |
| Troisième classe. . . . . . . . | 1 | à | 2 |

## ROSETTES BRUNIES.

|  | fr. | c. |  | fr. | c. |
|---|---|---|---|---|---|
| Première classe. . . . . . . | 1 | « | à | 1 | 25 |
| Seconde classe . . . . . . | « | 75 | à | « | 90 |
| Troisième classe. . . . . . | « | 50 | à | « | 60 |

## PATÈRES, *divers modèles.*

DORÉES (*compris les broches*).

|  | fr. | c. |  | fr. | c. |
|---|---|---|---|---|---|
| De 5 pouces . . . . . . . . | 9 | 50 | à | 10 | « |
| De 4 pouces 1/2. . . . . . | 7 | 50 | à | 8 | « |
| De 3 pouces 1/2. . . . . . | 4 | 50 | à | 5 | « |
| De 3 pouces. . . . . . . . | 3 | 50 | à | 4 | « |
| De 2 pouces 1/2. . . . . . | 2 | 80 | à | 3 | 50 |
| De 3 pouces, fond bronzé. . | 3 | 50 | à | 4 | « |
| De 2 pouces 1/2. . . . . . | 2 | 75 | à | 3 | « |
| De 1 pouce 1/2 (*à chapeaux*). | 2 | 50 | à | 2 | 75 |
| De 1 pouce 1/4 (*idem*), tête de |  |  |  |  |  |
| bronze. . . . . . . . . | 1 | 75 | à | 2 | « |

*Suite des* PRIX COURANS *de la Dorure et du Bronze.*

## PATÈRES.

BRUNIES ( *compris les broches* ).

|  | fr. | c. | à | fr. | c. |
|---|---|---|---|---|---|
| De 4 pouces. · . • . . . | 3 | 25 | à | 3 | 5o |
| De 3 pouces 1/2 . . . . . | 2 | 5o | à | 3 | « |
| De 3 pouces. . . . . . . | 1 | 75 | à | 2 | 25 |
| De 2 pouces 1/2 . . . . . | 1 | 5o | à | 2 | « |
| De 2 pouces. . . . . . . | 1 | 25 | à | 1 | 5o |
| De 1 pouce ( *à chapeaux* ). | « | 25 | à | « | 3o |

# PRIX COURANS DES MARBRES

*Employés dans l'ameublement.*

VERT DE MER.

Ce marbre est très-rare, et on ne l'emploie que dans les ameublemens riches. Son cours aujourd'hui est de 20 à 22 fr. le pied.

Le dessus d'une commode de dimension ordinaire ( 4 pieds, sur 22 à 23 pouces ), vaut de 145 à 15o fr., et le dessus d'un secrétaire, aussi de dimension ordinaire ( 3 pieds, sur 16 à 18 pouces ), vaut de 75 à 8o fr.

PORTOR.

Ce marbre, fond noir, mêlé de veines imitant l'or, est assez rare ; il vaut de 13 à 14 fr. le pied.

Le dessus d'une commode, dimension ordinaire , vaut de 1o6 à 108 fr., et le dessus d'un secrétaire vaut de 54 à 58 fr.

*Suite des* Prix courans *des Marbres.*

GRIOTE *d'Italie.*

Ce marbre, taché de rouge et de brun, ne se trouve pas communément dans le commerce; son cours du jour est de 13 à 14 fr. le pied.

Le dessus d'une commode, dimension ordinaire, vaut de 106 à 108 fr., et le dessus d'un secrétaire vaut de 54 à 58 fr.

BLEU TURQUIN.

Ce marbre est très-recherché pour les ameublemens élégans, il vaut maintenant de 7 à 8 fr. le pied.

Le dessus d'une commode, dimension ordinaire, vaut de 54 à 58 fr., et le dessus d'un secrétaire vaut de 28 à 30 fr.

Le dessus d'un guéridon, de 3 pieds, marbre creusé, vaut de 76 à 80 fr., et non creusé, de même diamètre, il vaut de 65 à 70 fr.

Le dessus d'un guéridon, de 27 pouces à 2 pieds et 1/2, marbre creusé, vaut de 50 à 55 fr., et non creusé, de même diamètre, il vaut de 56 à 58 fr.

BLANC VEINÉ.

Ce marbre, qu'on emploierait davantage s'il était moins sujet à se tacher, vaut de 7 à 8 fr. le pied.

Le dessus d'une commode, dimension ordinaire,

*Suite des* Prix courans *des Marbres.*

**BLANC VEINÉ.**

vaut de 54 à 58 fr., et le dessus d'un secrétaire vaut de 28 à 30 fr.

Le dessus d'un guéridon de 3 pieds, marbre creusé, vaut de 76 à 80 fr., et non creusé, de même diamètre, il vaut de 65 à 70 fr.

Le dessus d'un guéridon de 27 pouces, à 2 pieds et demi, marbre creusé, vaut de 50 à 55 fr., et non creusé, de même diamètre, il vaut de 36 à 38 fr.

**MARBRE NOIR.**

Ce marbre est assez souvent employé dans toute espèce d'ameublement, et il vaut de 65 à 75 fr. le pied.

Le dessus d'une commode, dimension ordinaire, vaut de 52 à 55 fr., et le dessus d'un secrétaire vaut de 26 à 28 fr.

Le dessus d'un guéridon de 3 pieds, marbre creusé, peut valoir de 80 à 84 fr., et non creusé, de même diamètre, de 56 à 60 fr.

Le dessus d'un guéridon, de 27 pouces à 2 pieds et 1/2, marbre creusé, vaut de 73 à 76 fr., et non creusé, de même diamètre, de 50 à 52 fr.

*Le marbre noir est celui qui présente le plus de difficulté pour être creusé.*

*Suite des* Prix courans *des Marbres.*

MAL-PLAQUÉ.

Ce marbre, qu'on emploie aussi dans l'ameublement, vaut de 4 fr. 50 à 4 fr. 75 cent. le pied.

Le dessus d'une commode, dimension ordinaire, vaut de 52 à 55 fr., et le dessus d'un secrétaire vaut de 17 à 20 fr.

Le dessus d'un guéridon de 3 pieds, marbre creusé, vaut de 45 à 47 fr., et non creusé, de même diamètre, il vaut de 54 à 56 fr.

Le dessus d'un guéridon, de 27 pouces à 2 pieds et 1/2, marbre creusé, vaut de 58 à 40 fr., et non creusé, de même diamètre, il vaut de 28 à 50 fr.

SAINTE-ANNE *et* GRANIT DE FLANDRE.

Ces marbres sont ceux dont on se sert le plus généralement, ils valent de 3 fr. 50 cent. à 3 fr. 60 cent. le pied.

Le dessus d'une commode, dimension ordinaire, vaut de 24 à 26 fr., et le dessus d'un secrétaire vaut de 13 à 14 fr.

Le dessus d'un guéridon de 3 pieds, marbre creusé, vaut de 36 à 40 fr., et non creusé, de même diamètre, il vaut de 26 à 28 fr.

Le dessus d'un guéridon de 27 pouces à 2 pieds et 1/2, marbre creusé, vaut de 28 à 50 fr., et non creusé, de même diamètre, il vaut de 20 à 22 fr.

*Suite des* PRIX COURANS *des Marbres.*

Tout dessus de table de nuit en marbre ordinaire, n'excède jamais 2 fr. 80 c. à 3 fr. ; et la valeur des autres dessus de tables de nuit, ou de tablettes intérieures, peut se calculer par la connaissance du prix, par pied, de chaque espèce de marbre.

Les consoles n'ayant point, comme la commode et le secrétaire, des dimensions à peu près fixes, on n'a pu offrir la quotité de la valeur des marbres des consoles; mais en connaissant le prix par pied, de chaque sorte de marbre, on saura très-facilement à combien peut revenir le dessus en marbre de toute console.

La valeur des marbres de tout autre meuble se reconnaît de même, en calculant le nombre de pieds par le prix de chaque sorte de marbre.

----

# CRISTAUX

DE ROCHE.

Ce cristal est le plus transparent et le plus brillant de tous, mais aussi le plus cher; on l'emploie rarement dans l'ameublement, parce qu'un lustre, ou toute autre pièce de ce genre coûterait infiniment.

DU MONT-CENIS.

Ce cristal, le plus estimé après celui de roche, offre une transparence presque aussi belle que ce dernier, mais on l'emploie aussi très-rarement à cause de sa cherté.

*Suite des* Cristaux

ANGLAIS.

Ce cristal est fort beau , mais pourtant d'une qualité inférieure à celui du Mont-Cenis ; on l'emploie quelquefois dans l'ameublement.

DE BOHÊME.

Ce cristal, le moins beau, mais le plus généralement employé , lorsqu'il est bien choisi et bien monté, produit encore de beaux effets.

---

La beauté des Cristaux qui servent à établir des lustres, des girandoles et divers autres objets, se reconnaît à la couleur, à la pureté, et au brillant des pierres. Dans la partie de cet ouvrage, dite *de la vérification ,* à l'article *Lustres ,* on trouvera des renseignemens assez étendus à cet égard.

# CHAPITRE VII.

## DE LA QUINCAILLERIE ET BROSSERIE,

*Qui ont rapport à l'ameublement, avec indication des Prix.*

---

**ANNEAUX** *pour rideaux de croisées.*

|  | fr. | c. |  | fr. | c. |
|---|---|---|---|---|---|
| Dorés , grand modèle . . . . . | 3 | « | à | 3 | 5o |
| Dorés , petit modèle. . . . . . | 2 | « | à | 2 | 5o |
| Brunis , grand modèle . . . . . | « | 3o | à | « | 5o |
| De cuivre . . . . . . . . . . | « | 10 | à | « | 15 |

**ANNELETS** *pour rideaux de vitrages.*

|  | fr. | c. |  | fr. | c. |
|---|---|---|---|---|---|
| Premier choix. . . . . . . . . | « | 3 | à | « | 4 |
| Second choix. . . . . . . . . | « | 1 | à | « | 2 |

**BALAIS DE CRIN GRIS,** *pour appartemens.*

|  | fr. | c. |  | fr. | c. |
|---|---|---|---|---|---|
| 18 rangs sur 6. . . . . . . . | 3 | « | à | 4 | « |
| 2o rangs sur 6. . . . . . . . | 4 | « | à | 4 | 5o |
| 22 rangs sur 6. . . . . . . . | 4 | 75 | à | 5 | « |
| 24 rangs sur 6. . . . . . . . | 5 | « | à | 5 | 5o |
| 26 rangs sur 6. . . . . . . . | 5 | 5o | à | 6 | « |

**BALAIS DE CRIN NOIR.**

|  | fr. | c. |  | fr. | c. |
|---|---|---|---|---|---|
| 2o rangs sur 6. . . . . . . . | 4 | 5o | à | 5 | « |
| 22 rangs sur 6. . . . . . . . | 5 | 5o | à | 6 | « |
| 24 rangs sur 6. . . . . . . . | 6 | 5o | à | 7 | « |
| 26 rangs sur 6. . . . . . . . | 7 | « | à | 7 | 5o |

*Suite de la* QUINCAILLERIE *et de la* BROSSERIE.

BALAIS DE CHIEN-DENT.

|  | fr. | c. | | fr. | c. |
|---|---|---|---|---|---|
| 18 rangs sur 5. . . . . . . . | 2 | 5o | à | 3 | « |
| 20 rangs sur 5. . . . . . . . | 3 | « | à | 3 | 75 |
| 22 rangs sur 5. . . . . . . . | 4 | « | à | 4 | 25 |
| 24 rangs sur 5. . . . . . . . | 5 | « | à | 5 | 25 |

BALAIS DE ATRE.

|  | fr. | c. | | fr. | c. |
|---|---|---|---|---|---|
| En acajou. . . . . . . . . | 5 | « | à | 5 | 5o |
| En merisier verni. . . . . . . | 5 | « | à | 3 | 5o |
| En merisier ordinaire . . . . . | 1 | « | à | 1 | 20 |
| En bois ordinaire . . . . . . . | « | 6o | à | « | 75 |
| En roseau . . . . . . . . . . | « | 20 | à | « | 25 |

BALAIS *de garde-robe.*

|  | fr. | c. |
|---|---|---|
| Premier choix. . . . . . . . . . . . . | « | 20 |
| Second choix . . . . . . . . . . . . . | « | 10 |

BASSINOIRES.

|  | fr. | c. |
|---|---|---|
| Premier choix. . . . . . . . . . . . . | 15 | « |
| Second choix . . . . . . . . . . . . . | 15 | 5o |

BATONS *à cirer.*

|  | fr. | c. |
|---|---|---|
| Premier choix, à manche rond et à pince . . | 2 | « |
| Second choix, *idem* . . . . . . . . . . | 1 | 5o |

BOUGEOIRS.

|  | fr. | c. |
|---|---|---|
| Argentés, sans ornemens . . . . . . . . . | 5 | « |
| En cuivre, premier choix. . . . . . . . . | 2 | 5o |
| En cuivre, second choix . . . . . . . . . | 1 | 75 |

*Suite de la* QUINCAILLERIE *et de la* BROSSERIE.

BROSSES A LAVER, *toutes ferrées.*

|  | fr. | c. |  | fr. | c. |
|---|---|---|---|---|---|
| Première sorte, de . . . . . . . | 4 | 5o | à | 5 | 5o |
| Seconde sorte, de. . . . . . . . | 4 | « | à | 4 | 25 |
| Troisième sorte, de. . . . . . | 3 | 25 | à | 3 | 5o |

BROSSES A FROTTER.

|  | fr. | c. |  | fr. |  |
|---|---|---|---|---|---|
| Première sorte, de . . . . . . . | 2 | 25 | à | 2 | 5o |
| Seconde sorte , de. . . . . . . . | 1 | 75 | à | 2 | « |
| Troisième sorte, de . . . . . . . | 1 | 25 | à | 1 | 5o |

CAFETIÈRES , ou *bouilloires du Levant.*

|  | fr. | c. |
|---|---|---|
| D'une demi-tasse. . . . . . . . . . . . . . | 1 | 4o |
| D'une tasse. . . . . . . . . . . . . . . . | 1 | 75 |
| Deux tasses. . . . . . . . . . . . . . . . | 2 | 20 |
| Trois tasses. . . . . . . . . . . . . . . . | 2 | 4o |
| Quatre tasses. . . . . . . . . . . . . . . | 2 | 75 |
| Cinq tasses. . . . . . . . . . . . . . . . | 3 | 15 |
| Six tasses. . . . . . . . . . . . . . . . . | 3 | 75 |
| Sept tasses . . . . . . . . . . . . . . . . | 4 | « |
| Huit tasses. . . . . . . . . . . . . . . . | 4 | 25 |
| Neuf tasses. . . . . . . . . . . . . . . . | 4 | 5o |
| Dix tasses . . . . . . . . . . . . . . . . | 4 | 75 |
| Onze tasses. . . . . . . . . . . . . . . . | 5 | 15 |
| Douze tasses. . . . . . . . . . . . . . . | 6 | « |

CHANDELIERS *en cuivre* ( *la paire* ).

|  | fr. | c. |
|---|---|---|
| Premier choix. . . . . . . . . . . . . . . | 3 | 5o |
| Second choix . . . . . . . . . . . . . . . | 3 | « |

*Suite de la* QUINCAILLERIE *et de la* BROSSERIE.

**CHANDELIERS** *en fer* ( *la paire* ).

|  | fr. | c. |
|---|---|---|
| Premier choix. . . . . . . . . . . . . . | 2 | 5o |
| Second choix . . . . . . . . . . . . . | 2 | « |
| Troisième choix. . . . . . . . . . . . . | 1 | 75 |

**CHENETS** *ordinaires.*
( *A pilastres cannelés et vases vernis.* )

|  | fr. | c. |
|---|---|---|
| Premier choix. . . . . . . . . . . . . | 8 | 5o |
| Second choix . . . . . . . . . . . . . | 7 | 5o |

( *Sans pilastres et à pommes vernies.* )

|  | | |
|---|---|---|
| Premier choix. . . . . . . . . . . . . | 4 | 5o |
| Second choix . . . . . . . . . . . . . | 3 | 5o |

**CIRE** *à frotter.*

|  | fr. | c. |
|---|---|---|
| La livre. . . . . . . . . . . . . . . . | 2 | 4o |

**CLOUS DORÉS,** *pour siéges et portes battantes.*

|  | fr. | c. |
|---|---|---|
| A lentille, doré ( *le mille* ). . . . . . . . | 10 | « |
| ——— . . . surdoré , *idem.* . . . . . . . . | 15 | « |
| Demi-poids . . . . *idem.* . . . . . . . . | 15 | « |
| Perle fine . . . . . *idem.* . . . . . . . . | 15 | « |
| Petit chiffre . . . . *idem.* . . . . . . . . | 15 | « |
| Gros chiffre . . . . *idem.* . . . . . . . . | 20 | « |

**CLOUS DORÉS ,** *pour petites tringles de croisées.*

|  | fr. | c. |
|---|---|---|
| Premier choix ( *la pièce* ) . . . . . . . . . | « | 25 |
| Second choix ( *idem* ). . . . . . . . . . . | « | 15 |

**CLOUS** *à la livre.*

|  | fr. | c. |
|---|---|---|
| Semence, dite 1/4 , la livre. . . . . . . . . | 2 | 15 |
| ——— . . . . . . moyenne. . . . . . . . . | 1 | 75 |

*Suite de la* QUINCAILLERIE *et de la* BROSSERIE.

## CLOUS *à la livre.*

|  | fr. | c. |
|---|---|---|
| Clou, dit de 6 onces, la livre . . . . . . . | 1 | 55 |
| Clou, dit 1/2 livre allongée, *id.* . . . . . . | « | 95 |
| Clou, dit 3/4 fins, *id.* . . . . . . . . . . | « | 85 |
| Tête ronde, *id.* . . . . . . . . . . . . . | « | 85 |

## COULISSEAUX, *avec poignées pour sonnettes.*

|  | fr. | | fr. | c. |
|---|---|---|---|---|
| Premier choix (*la pièce*) . . . . . | 9 | à | 10 | « |
| Second choix, *idem.* . . . . . . . | 5 | à | 6 | « |
| Troisième choix, *idem* . . . . . . | 3 | à | 3 | 50 |
| Quatrième choix, *idem.* . . . . . . | 2 | à | 2 | 50 |

## CROCHETS *de montres.*

|  | fr. | | fr. | c. |
|---|---|---|---|---|
| Premier choix . . . (*la paire*) . . . | 6 | à | 7 | « |
| Second choix . . . . *idem* . . . . . | 4 | à | 5 | « |
| Troisième choix . . . *idem* . . . . . | 2 | à | 2 | 50 |
| Quatrième choix . . *idem* . . . . . | 1 | à | 1 | 50 |

## ENCOIGNURES *de cheminées.*

|  | fr. | c. |
|---|---|---|
| En cuivre . . . . . . . . . . . . . . . . . | 4 | « |
| En fer-blanc . . . . . . . . . . . . . . . | 1 | 50 |

## ÉPONGES *jaunes, de Venise.*

|  | fr. | | fr. |
|---|---|---|---|
| Première sorte . . (*à la livre*) . . . . | 13 | à | 14 |
| Seconde sorte . . . . *idem.* . . . . . . | 11 | à | 12 |

## ÉPONGES *noires, de Venise.*

|  | fr. | c. | | fr. | c. |
|---|---|---|---|---|---|
| Première sorte . . . . . . . . . | 5 | 50 | à | 6 | 50 |
| Seconde sorte . . . . . . . . . | 4 | 25 | à | 4 | 50 |

*Suite de la* QUINCAILLERIE *et de la* BROSSERIE.

ÉTOUFFOIRS *de cheminées.*

|  | fr. | c. |
|---|---|---|
| Premier choix, en tôle forte . . . . . . . | 15 | « |
| Second choix, *idem.* . . . . . . . . . . | 10 | « |
| Troisième choix, *idem.* . . . . . . . . | 5 | « |

ÉTEIGNOIRS.

|  | fr. | c |
|---|---|---|
| En plaquet-argent . . . . . . . . . . | 1 | 20 |
| En cuivre bruni . . . . . . . . . . . | « | 60 |
| En tôle vernie . . . . . . . . . . . | « | 15 |
| Commun . . . . . . . . . . . . . . | « | 10 |

FLÈCHES *de lits.*

|  | fr. | fr. |
|---|---|---|
| En fer, avec plume dorée. . . . . . . . | 7 à | 9 |
| Ordinaire, bâton et ferrure, simple pomme de pin . . . . . . . . . . . . . | 3 à | 4 |
| Plus soignée, avec ornemens, bâton et ferrure . . . . . . . . . . . . . | 4 à | 5 |

*Après cela viennent les flèches de luxe, les supports à sujets, les gros anneaux, dont les prix sont assujettis au caprice de la mode.*

FONTAINES *en fer-blanc verni.*

|  | fr. | c. | | fr. | c. |
|---|---|---|---|---|---|
| Premier choix. . . . . . . . | 50 | « | à | 35 | « |
| Second choix. . . . . . . . . | 24 | « | à | 25 | « |

GARDE-FEUX.

|  | fr. | c. | | fr. | c. |
|---|---|---|---|---|---|
| En fer-blanc ordinaire, la feuille | 2 | « | à | 2 | 25 |
| En laiton —— chaque feuille | 4 | 50 | à | 5 | « |
| En laiton mis en couleur, la feuil. | 6 | « | à | 7 | « |

*Suite de la* QUINCAILLERIE *et de la* BROSSERIE.

GARDE-FEUX.

| | fr. | c. | | fr. | c. |
|---|---|---|---|---|---|
| En toile métallique , premier choix, la feuille . . . . | 3o | « | à | 36 | « |
| En toile métallique, 2e choix . | 22 | « | à | 24 | « |
| En toile métallique , 3e choix. | 10 | « | à | 12 | « |

FONDS POLIS , *pour embrasses.* . . . . . « 10 C.

MARMOUSETS ( *la paire* ).

| | fr. | c. | | fr. | c. |
|---|---|---|---|---|---|
| Première sorte . . . . . . . | 3 | 5o | à | 3 | 25 |
| Seconde sorte. . . . . . . | 3 | « | à | 3 | 25 |

MARTINETS *en cuivre.*

| | fr. | c. | | fr. | c. |
|---|---|---|---|---|---|
| Première sorte . . . . . . . | 3 | « | à | 5 | 75 |
| Seconde sorte . . . . . . . | 2 | 5o | à | 2 | 75 |
| Troisième sorte . . . . . . | 2 | « | à | 2 | 25 |

MARTINETS *en fer-blanc, avec binets non soudés mais agraffés.*

| | fr. | c. | | fr. | c. |
|---|---|---|---|---|---|
| Premier choix. . . . . . . | « | 5o | à | « | 6o |
| Second choix. . . . . . . | « | 4o | à | « | 45 |

MOUCHETTES *ordinaires.*

| | fr. | c. | | fr. | c. |
|---|---|---|---|---|---|
| Premier choix. Porte-mouchettes moiré ou peint . . . . . | 2 | 5o | à | 2 | 75 |
| Second choix , *idem* . . . . | 2 | « | à | 2 | 25 |
| Troisième choix, *idem* à galerie. | 1 | 20 | à | 1 | 5o |
| Quatrième choix, *idem* . . . . | « | 75 | à | 1 | » |

MIROIRS *ordinaires pour toilette.*

| | fr. | c. | | fr. | c. |
|---|---|---|---|---|---|
| Premier choix , à cadre d'acajou. | 7 | « | à | 8 | « |
| Second choix , à cadre d'acajou. | 5 | « | à | 6 | « |
| Troisième choix . . . . . . | 4 | « | à | 4 | 5o |
| En noyer , à 4 équerres . . . | 2 | « | à | 2 | 5o |

# CHAPITRE VIII.

## DE LA PORCELAINE, FAÏENCE ET VERROTERIE,

### *Dépendant du Mobilier.*

BROCS *de faïence.*

|  | fr. | c. |
|---|---|---|
| Premier choix. . . . . . . . . . . . . . | 6 | « |
| Second choix . . . . . . . . . . . . . | 4 | 5o |

CARAFES.

| | | |
|---|---|---|
| En cristal taillé, premier choix, sans luxe. . | 9 | « |
| Ordinaire, en cristal, avec bouchon . . . . | 4 | 5o |
| Ordinaire, en cristal, non bouchée . . . . | 3 | 5o |
| Ordinaire, en verre. . . . . . . . . . | 1 | 20 |

CRUCHES *en grès.*

| | | |
|---|---|---|
| Première grandeur. . . . . . . . . . . | 1 | 25 |
| Seconde grandeur . . . . . . . . . . . | 1 | « |
| Troisième grandeur . . . . . . . . . . | « | 75 |

CUVETTES *de bidets, en faïence.*

| | | |
|---|---|---|
| Premier choix. . . . . . . . . . . . . | 4 | 5o |
| Second choix . . . . . . . . . . . . . | 3 | « |

ÉCRITOIRES.

| | | |
|---|---|---|
| En porcelaine blanche, filet en or, avec éponge. | 6 | « |
| En porcelaine blanche, avec éponge. . . . | 4 | « |
| En faïence, avec éponge . . . . . . . . | 1 | 5o |

*Suite de la* PORCELAINE, etc.

FLACONS *en cristal.*

|  | fr. | c. |
|---|---|---|
| Premier choix , sans luxe . . . . . . . . . . | 6 | « |
| Second choix . . . . . . . . . . . . . . | 4 | « |
| Troisième choix, ordinaire . . . . . . . . | 2 | « |

FONTAINE FILTRANTE , *en marbre de Boulogne , robinets en plomb , cuvette en marbre.*

|  | fr. | c. |
|---|---|---|
| De 4 voies . . . . . . . . . . . . . . . . | 120 | « |
| De 2 voies . . . . . . . . . . . . . . . . | 90 | « |

*Les robinets en cuivre, forme de cou de cygne , augmente de* 10 *à* 12 *fr. le prix de la fontaine.*

FONTAINES *filtrantes en pierre , avec un pied en bois.*

|  | fr. |  | fr. |
|---|---|---|---|
| De 2 voies . . . . . . . . . . . . . | 23 | à | 26 |
| De 3 voies . . . . . . . . . . . . . | 26 | à | 28 |
| De 4 voies . . . . . . . . . . . . . | 32 | à | 34 |
| De 5 voies . . . . . . . . . . . . . | 40 | à | 42 |

FONTAINES , *en terre cuite , couvertes en osier , sans filtre , pied en bois.*

|  | fr. |  | fr. |
|---|---|---|---|
| De 2 voies. . . . . . . . . . . . . . | 11 | à | 12 |
| De 3 voies. . . . . . . . . . . . . | 16 | à | 18 |
| De 4 à 5 voies . . . . . . . . . . | 24 | à | 26 |

FONTAINES , *en terre cuite , couvertes en osier , avec filtre , pieds en bois.*

|  | fr. |  | fr. |
|---|---|---|---|
| De 2 voies. . . . . . . . . . . . . . | 18 | à | 20 |
| De 3 voies. . . . . . . . . . . . . | 25 | à | 28 |
| De 4 voies. . . . . . . . . . . . | 38 | à | 40 |

*Suite de la* PORCELAINE, etc.

GOBELETS *d'appartement et de salle à manger.*

|  | fr. | c. |
|---|---|---|
| En cristal taillé, 1ᵉʳ choix, sans luxe . . . | 2 | 5o |
| En cristal ordinaire, 1ʳᵉ grandeur . . . . | « | 8o |
| En cristal uni . . . . . . . . . . . . . | « | 5o |
| En verre poli. . . . . . . . . . . . . | « | 5o |
| En verre ordinaire, non poli. . . . . . . | « | 25 |

POTS A EAU *et* CUVETTES.

| En porcelaine blanche, filet or . . . . . | 5o | « |
| En porcelaine blanche. . . . . . . . . | 2o | « |
| En faïence de Sceaux . . . . . . . . . | 5 | « |
| En faïence de Rouen, avec couvercle. . . | 1 | 6o |

SEAUX *à laver les pieds.*

| En faïence de Rouen, premier choix . . . | 12 | « |
| En faïence de Rouen, second choix. . . . | 10 | « |

VASES *de nuit.*

| Rond, en porcelaine, filet or. . . . . . | 10 | « |
| Ovale, en porcelaine, filet or. . . . . . | 7 | « |
| Rond, en porcelaine blanche . . . . . . | 5 | 5o |
| Ovale, en porcelaine blanche . . . . . . | 4 | « |
| Rond, en faïence de Sceaux. . . . . . . | 1 | 5o |
| Ovale, en faïence de Sceaux . . . . . . | 1 | 5o |
| Rond, en faïence de Rouen. . . . . . . | 1 | 5o |
| Ovale, en faïence de Rouen. . . . . . . | 1 | 5o |
| Ordinaire . . . . . . . . . . . . . . | « | 9o |

PELLES *et* PINCETTES.

|  | fr. | c. |  | fr. | c. |
|---|---|---|---|---|---|
| Ordinaire, boutons en fer. . . | 2 | « | à | 2 | 25 |
| Boutons en cuivre. . . . . . | 3 | « | à | 3 | 5o |

*Suite de la* PORCELAINE, etc.

PELLES *et* PINCETTES.

|  | fr. | c. | | fr. | c. |
|---|---|---|---|---|---|
| Polies , un peu renflées au mi-lieu, boutons en vases vernis. | 5 | « | à | 6 | 5o |
| Dorées , renflées au milieu . . | 16 | « | à | 18 | « |
| Pour le poêle. . . . . . . . . | 1 | 5o | à | 2 | « |
| A braise, en tôle forte. . . . | 2 | 5o | à | 2 | 75 |

PLUMEAUX *d'appartemens.*

| Première qualité, 16 , 17, 18 | | | | | |
|---|---|---|---|---|---|
| pouces. . . . . . . . . . . | 9 | « | à | 11 | « |
| Seconde qualité. . . . . . . | 6 | « | à | 8 | « |
| Troisième qualité. . . . . . | 5 | « | à | 7 | « |
| En vautour, première sorte. . | 3 | 5o | à | 4 | 25 |
| —— . . . seconde sorte. . | 3 | « | à | 3 | 25 |

POULIES *pour croisées.*

| Première grandeur. . . . . . . | 5 | 5o | à | 6 | « |
|---|---|---|---|---|---|
| Seconde grandeur. . . . . . | 3 | 5o | à | 4 | « |
| Troisième grandeur. . . . . | 2 | 25 | à | 2 | 5o |

ROULETTES *de lits ( la garniture ).*

| A équerres , boules en gayac, | | | | | |
|---|---|---|---|---|---|
| premier choix . . . . . . . | 12 | « | à | 15 | « |
| Second choix . . . . . . . . | 10 | « | à | 12 | « |
| A pivots, boules en gayac . . | 2 | 25 | à | 3 | « |

SEAUX *en fer-blanc, pour bains de pieds.*

|  | fr. | c. |
|---|---|---|
| Grand modèle , 15 pouces sur 13 de pro-fondeur, verni en blanc intérieurement, et peint extérieurement en couleur, or et sujets. . . . . . . . . . . . | 35 | à 58 |

*Suite de la* PORCELAINE, etc.

SEAUX *en fer-blanc, pour bains de pieds.*

| | fr. | fr. |
|---|---|---|
| Moiré, ou simple couleur, même dimension que dessus, verni en blanc intérieurement. . . . . . . . . . | 18 à | 20 |
| Moiré, ou simple couleur, 10 pouces sur 9, verni en blanc intérieurement . | 9 à | 10 |

SOUFFLETS *d'appartemens.*

| | fr. | c. |
|---|---|---|
| En acajou, à 2 vents. . . . . . . . . . | 12 | « |
| En acajou, à un vent. . . . . . . . . . | 9 | « |
| En merisier, à 2 vents, couleur acajou. . . | 6 | « |
| En merisier, à un vent, couleur acajou . . | 4 | 50 |
| En noyer, à 2 vents . . . . . . . . . . | 4 | 50 |
| En noyer, à un vent . . . . . . . . . . | 2 | 80 |
| En bois ordinaire, à 2 vents. . . . . . . | 2 | 80 |
| En bois ordinaire, à un vent. . . . . . . | 1 | 50 |

SONNETTES *d'appartemens.*

| | fr. | c. |
|---|---|---|
| Dorées, pour bureau. . . . . . . . . . | 10 | » |
| Argentées . . . . . . . . . . . . . . | 4 | 50 |
| Vernies . . . . . . . . . . . . . . . | 2 | 50 |

TÊTES DE LOUP *à 2 côtés, pour épouster les appartemens.*

| | fr. | c. |
|---|---|---|
| Première sorte . . . . . . . . . . . . | 8 | « |
| Seconde sorte. . . . . . . . . . . . . | 6 | « |

TRINGLES *de croisées ( le pied ).*

| | fr. | c. |
|---|---|---|
| Premier modèle . . . . . . . . . . . . | « | 90 |
| Second modèle . . . . . . . . . . . . | « | 75 |
| Troisième modèle . . . . . . . . . . . | « | 60 |

Nota. — Dans l'énoncé des articles détaillés d'autre part, ne pouvaient figurer les Aiguillères, les belles Carafes, et les beaux Verres en cristal richement taillés, qui sont plutôt des objets de luxe et de caprice que des pièces d'utilité courante. Au surplus, ces objets qui appartiennent à la mode du jour, sont fort chers, et pourraient, d'un instant à l'autre, descendre à des prix modérés, tandis que ceux désignés dans le Chapitre précédent, étant toujours d'une utilité indispensable, resteront long-temps au taux où ils sont cotés. Quoi qu'il en soit, dans les Devis, on trouvera les prix auxquels se vendent aujourd'hui ces pièces en Cristal de luxe.

# CHAPITRE IX.

## OBJETS

*Qui n'ont pu étre compris dans les Chapitres précédens.*

---

BAIGNOIRES.

Une Baignoire en cuivre, dite à cylindre, de 4 pieds de long, sur 21 pouces d'épaulement, roulettes en cuivre, peut valoir de 140 à 150 fr.

Le cylindre, lorsqu'il est bien étamé, vaut seul de 38 à 40 fr.

Une baignoire en cuivre, dite à fourneau, de 4 pieds de long, sur 21 pouces d'épaulement, double fond, roulettes en cuivre, vaut de 215 à 225 fr.

Une demi-baignoire en cuivre, vaut de 35 à 40 fr., y compris le siége en canne.

Une baignoire en bois blanc (bois à cuvier), trois cercles en fer, trois roulettes en cuivre, et deux poignées en fer sur les côtés, vaut de 28 à 50 fr.

BILLARDS.

| | fr. | c. |
|---|---|---|
| Un billard en acajou , sans aucuns ornemens , ni incrustations , de 11 pieds sur 5 pieds 8 pouces , couvert en beau drap d'Elbeuf ; porte-queue en faisceau , quatre tables de règles , et une planche à marquer en acajou , supports en cuivre sur les côtés , vaut de 750 à 800 fr. . . . . . . . . . . . . . . | 800 | « |
| Cinq billes , du poids de chacune 4 onces 1/4 à peu près formant ensemble environ 21 onces , à 2 fr. 50 l'once . . . . . . . . . . . . . | 52 | 50 |
| Douze queues assorties en bois de frêne , avec incrustation en ivoire , à 2 fr. 50 . . . | 30 | « |
| Une grande queue en frêne , de 8 à 9 pieds . . | 5 | 50 |
| Une moyenne queue en frêne , de 6 pieds . . | 5 | « |
| Une houlette en frêne , de 6 pieds. . . . . | 5 | « |
| Une couverture en toile verte , mesurant 7 aunes et 1/2 , avec galon . . . . . . . | 25 | » |
| TOTAL . . . . . . . | 922 | 50 |

*Indépendamment d'une lampe, astrale à 4 becs , du prix de 85 à 90 fr.*

———

Un billard en chêne , de même dimension que celui en acajou , et avec tous les accessoires de son espèce , doit coûter , s'il est couvert d'un beau drap , de 550 à 600 fr., indépendamment de la lampe, ou de tout autre genre d'éclairage.

Il y a encore des billards de luxe , soit par les ornemens ou la nature du bois , soit par la main-

*Suite des* BILLARDS.

d'œuvre ; ces billards sont fort chers, puisqu'il y en a qui coûtent de 1,800 à 2,400 fr. et même 5,000 fr.

Il existe trois sortes de draps assez ordinairement employés pour les billards, draps fabriqués exprès, portant 7/4. Ceux d'Elbeuf sont d'un meilleur usage que ceux de Louviers, qui sont trop fins pour ce genre de service, et ceux de Berry sont trop grossiers. Parmi ceux d'Elbeuf, il y a encore un choix à faire. Les plus recherchés sont ceux du prix de 48 à 50 fr. l'aune, et il en faut 5 aunes pour un grand billard ; en qualité inférieure, il en faut 5 aunes 1/8, à raison de 28 à 50 fr. l'aune.

L'emballage d'un billard, expédié par terre, doit coûter de 42 à 45 fr., et si le transport a lieu par eau, l'emballage ne peut point excéder 28 à 50 fr.

---

BOURLETS *pour les portes et fenétres.*

|  | fr. | c. |
|---|---|---|
| En toile blanche et en laine, première grosseur, l'aune, tout posé . . . . . . . . . . . | « | 90 |
| En même toile, seconde grosseur, l'aune, tout posé. . . . . . . . . . . . . . | « | 70 |
| En toile verte et en laine, première grosseur. | « | 70 |
| En même toile, seconde grosseur . . . . . | « | 60 |
| En toile très-commune et en crin ordinaire ou en bourre, première grosseur . . . | « | 50 |
| En même toile, seconde grosseur . . . . . | « | 40 |

*Il y a aussi, pour masquer des jours extraordinaires, des bourlets plus forts, mais dont on ne peut indiquer les prix, attendu qu'il sortent de la grosseur en usage courant.*

BATONS *dorés ou peints, pour croisées.*

<table>
<tr><td></td><td colspan="2">LE PIED.</td></tr>
<tr><td></td><td>fr.</td><td>c.</td></tr>
<tr><td>Le bâton doré, cannelé, vaut . . . . . . . .</td><td>3</td><td>«</td></tr>
<tr><td>Le bâton doré, uni, vaut . . . . . . . . .</td><td>2</td><td>«</td></tr>
<tr><td>Le bâton peint, vaut . . . . . . . . . . .</td><td>«</td><td>3o</td></tr>
</table>

## J E U X.

<table>
<tr><td></td><td>fr.</td><td></td><td>fr.</td></tr>
<tr><td>*Trictrac* en acajou, fond d'ébène, dames en ivoire, cornets choisis . . . . .</td><td>115</td><td>à</td><td>120</td></tr>
<tr><td>*Trictrac* en noyer, fond en bois teint en noir, dames en ébène et bois des îles, cornets assortis. . . . . . . . . . . . .</td><td>46</td><td>à</td><td>5o</td></tr>
<tr><td>*Echecs* en acajou, pièces tournées et en ivoire. . . . . . . . . . . . . . .</td><td>68</td><td>à</td><td>70</td></tr>
<tr><td>*Echecs* en noyer, pièces en ébène, ou amaranthe, et bois des îles . . . . . .</td><td>28</td><td>à</td><td>5o</td></tr>
<tr><td>*Damier* en acajou, carreaux en bois de Houx, dames blanches et noires en ivoire.</td><td>34</td><td>à</td><td>36</td></tr>
<tr><td>*Damier* en noyer, carreaux en bois de charme, dames en bois de Cayenne, ébène ou buis . . . . . . . . . . .</td><td>10</td><td>à</td><td>12</td></tr>
<tr><td>*Loto dauphin* en acajou, huit tableaux avec toutes les pièces accessoires . . .</td><td>8o</td><td>à</td><td>85</td></tr>
<tr><td>*Loto dauphin* en merisier, huit tableaux, avec toutes les pièces accessoires.</td><td>45</td><td>à</td><td>48</td></tr>
<tr><td>*Loto dauphin* en bois blanc, huit tableaux, et pièces accessoires . . . . .</td><td>22</td><td>à</td><td>23</td></tr>
<tr><td>*Loto ordinaire*, vingt cartons, et accessoires analogues. . . . . . . . .</td><td>5</td><td>à</td><td>6</td></tr>
<tr><td>*Dominos* en premier choix . . . . .</td><td>4</td><td>à</td><td>5</td></tr>
<tr><td>*Dominos* ordinaires. . . . . . . . .</td><td>2</td><td>à</td><td>3</td></tr>
</table>

LAMPES.

Le mobilier de l'éclairage, depuis quelques années, a tellement été multiplié, et on a mis tant de luxe dans la fabrication des lampes, qu'il serait impossible de donner le prix de toute espèce de lampes; mais on peut donner le prix de celles dont on se sert le plus généralement.

| | fr. | | fr. |
|---|---|---|---|
| Lampe à colonne, vernie ou moirée en toute couleur, de 15 à 16 pouces d'élévation, à partir de la base jusqu'au bandeau de la galerie . . . . . . . . . . . . . . . . | 15 | à | 16 |
| Lampe à colonne, vernie ou moirée, de 18 à 20 pouces d'élévation, de la base au bandeau, *réflecteur en gaze* . . . . . . | 22 | à | 25 |
| Lampe à colonne, vernie ou moirée, de 18 à 20 pouces d'élévation de la base au bandeau, *demi-globe en verre dépoli*. . . . | 30 | à | 32 |
| Lampe à colonne, 18 à 20 pouces d'élévation, *chapiteau doré, globe en cristal,* et réflecteur en gaze . . . . . . . . . . . | 46 | à | 48 |
| Lampe à colonne, *imitation de bronze,* de 24 à 26 pouces d'élévation, de la base au bandeau, embase et chapiteaux dorés, globe en cristal . . . . . . . . . . . . . . | 75 | à | 80 |
| Lampe, *grand modèle,* forme de candelabre, figure ailée en bronze, ornemens dorés, globe en cristal . . . . . . . . | 140 | à | 145 |
| Lampe, *grand modèle,* colonne et stylobate en marbre griote, ornemens dorés, globe en cristal . . . . . . . . . . . | 175 | à | 180 |
| Lampe astrale, à 4 lumières, pour salles à manger et de billard . . . . . . . . | 80 | à | 90 |

*Suite des* LAMPES.

|  | fr. | fr. |
|---|---|---|
| Lampe astrale, à 3 lumières, pour le même usage.................. | 65 à | 70 |
| Lampe à pied, le plus petit modèle... | 5 à | 6 |
| Veilleuse, premier choix......... | 5 à | 6 |
| Veilleuse, second choix........, | 2 à | 3 |
| Veilleuse, troisième choix ..,...., | 1 à | 75 c. |

QUINQUETS.

| | | |
|---|---|---|
| Une paire de quinquets peints, forme ordinaire............... | 10 à | 12 |
| Une paire, *idem*, forme de vase .... | 18 à | 20 |
| Une paire, *idem*, forme d'œuf..... | 27 à | 30 |
| Une paire, *idem*, forme élégante.... | 38 à | 40 |
| Un quinquet peint, à 4 becs, sans ornemens de cristaux.......... | 22 à | 24 |
| Un *idem*, à 3 becs............ | 16 à | 18 |
| Un *idem*, à 2 becs........... | 12 à | 14 |

*On n'a désigné que quelques sortes de Quinquets, et ce sont les plus généralement en usage ; toutes les autres espèces, de quelque forme qu'elles soient, à moins que la fantaisie ne s'en mêle, se rattachent toujours aux prix ci-dessus cotés.*

HOLLANDAISES.

| | | |
|---|---|---|
| Une Hollandaise à 4 becs, plateau en beau verre, monture dorée *au mat*, garniture et rechute en cristaux. | 160 à | 175 |
| Une semblable, mais à 3 becs.... | 150 à | 160 |
| Une semblable, à 4 becs, mais dorée *or moulu*........,.... | 140 à | 150 |
| Une semblable, mais à 3 becs... | 130 à | 135 |

*Suite des* HOLLANDAISES.

Une Hollandsise, à 4 becs, plateau en
verre ordinaire, monture vernie,
simple garniture de cristaux, pre-    fr.      fr.
mier choix. . . . . . . . . . . 100   à   110
Une *idem*, à 4 becs, second choix .   75   à   80
Une *idem*, à 4 becs, troisième choix.   55   à   60
Une *idem*, à 3 becs, premier choix .   85   à   90
Une *idem*, à 3 becs, second choix .   60   à   70
Une *idem*, à 3 becs, troisième choix.   45   à   50

LITS EN FER.

Ces Lits sont particulièrement destinés aux personnes riches qui voyagent. Depuis 12 à 15 ans,
on les a beaucoup perfectionnés. Ils étaient devenus
fort chers, tant par la main-d'œuvre que par l'usage
fréquent qu'on en faisait. Il y en avait depuis 4 à
500 fr. dans les modèles ordinaires, et depuis 15
à 1800 fr. dans le premier choix. Aujourd'hui les
prix en sont beaucoup diminués; car, pour 600 fr.,
on peut avoir ce que précédemment on payait
1,000 à 1,200 fr.

LITS DE SANGLES.

Un lit de sangle, de 5 pieds 1/2 à 6 pieds,
en bon treillis, doit valoir de 8 à 9 francs; il y
en a qui ne coutent que 7 francs, mais qui sont
faibles, sans à-plomb, et qui font un mauvais
usage.

# LOCATION

*De Meubles , Siéges et Lustres.*

| | PAR JOUR. |
|---|---|
| | fr.   c. |
| Pour un canapé . . . . . . . . . . . . . . | 4   50 |
| Pour une bergère . . . . . . . . . . . . | 1   25 |
| Pour un fauteuil. . . . . . . . . . . . . . | «   75 |
| Pour une chaise . . . . . . . . . . . . . | «   50 |
| Pour une banquette ( la toise ) . . . . . . | 2   50 |
| Pour un tabouret-siége . . . . . . . . . . | «   30 |
| Pour une douzaine de chaises en merisier et paille . . . . . . . . . . . . . . . | 3   « |
| Pour un lustre de 25 à 35 lumières . . . . | 12 à 20 fr. |
| Pour un lustre de 15 à 20 lumières. . . . . | 9 à 14 fr. |

*Dans ces prix sont compris les frais de trans-*
*ports , et ils sont cotés dans les suppositions où*
*les meubles loués sont propres et en bon état.*

PANIERS A BOIS, *en osier.*

Un panier de 2 pieds 1/2 de long sur un pied
de large et 30 pouces de profondeur, vaut de 8 à
10 fr.

Un panier de 3 pieds 1/2 de long sur 15 pouces
de large et 30 pouces de profondeur, vaut de 10
à 12 fr.

Un panier de 4 pieds de long, sur 18 pouces de
large et 30 pouces de profondeur, vaut de 14
à 16 fr.

Un panier à main , ouvert par les deux bouts,
de 20 pouces de long , sur 14 pouces de large, et
sur un pied de hauteur , vaut de 4 à 5 fr.

PAPIERS *de tentures et collage.*

Quoique cet article ait toujours été dans les attributions *des Bâtimens*, on peut néanmoins le considérer comme dépendant de l'ameublement; car il est bien constant que la plupart des appartemens sont garnis de papiers de tentures par les locataires qui les occupent successivement.

Comme l'usage des papiers peints s'est étonnamment accru depuis douze à quinze ans, il serait impossible de donner un tableau des prix de tous les papiers de tentures; aussi se borne-t-on à ne présenter ici que quelques exemples pris dans les papiers le plus généralement employés.

Les papiers de tentures se vendent au rouleau, et le rouleau est composé de 24 feuilles. Celui en papier *carré* porte, tout ébarbé, 27 pieds 1,2 ou 7 aunes 1/2 sur 18 pouces de large; lorsqu'il est posé, il couvre environ 40 pieds de superficie.

Le rouleau en papier *grand-raisin*, porte, tout ébarbé, 52 pieds ou 8 aunes 3/4 sur 20 pouces de large; en place, il couvre 54 pieds environ de superficie.

*Pour antichambre.*

Papier carré ordinaire, divers dessins, petite largeur (27 pieds sur 18 pouces), vaut le rouleau de 75 c., 90 c. à 1 fr.

Papier moins commun, divers dessins, même dimension, vaut le rouleau de 1 fr. à 1 fr. 25 c.

*Suite des* PAPIERS *de tentures et collage.*

*Pour salle à manger.*

Papier marbre de continu, moellons et autres dessins modernes, grande largeur ( 32 pieds sur 20 pouces ) ; le rouleau vaut de 2 à 3 fr.

Papier, dessins ordinaires, petite largeur ; le rouleau vaut de 1 fr. 50 c. à 2 fr.

*Pour chambre à coucher.*

Papier velouté, dessins modernes, grande largeur ; le rouleau vaut de 5 à 6 fr.

Papier fond uni ou dessins modernes, grande largeur ; le rouleau vaut de 2 fr. 50 c. à 3 fr.

Papier dans le même genre, petite largeur ; le rouleau vaut de 1 fr. 50 c. à 2 fr.

Le rouleau de bordure, pour le papier de 5 à 6 fr., porte de 60, 90 à 100 pieds, suivant le nombre de bandes. Cette bordure vaut, le rouleau, de 12, 13 à 15 fr.

Le rouleau de bordure, pour le papier de 2 fr. 50 c. à 3 fr., porte aussi de 60, 90 à 100 pieds, et il vaut de 8 fr. 50 c. à 9 fr. et même 10 fr., suivant le dessin de la bordure et la nouveauté.

Le rouleau de bordure pour le papier de 1 fr. 50 c. à 2 fr., dont l'étendue est aussi en raison du nombre de bandes, vaut de 4 fr. 50 c. à 5 fr.

Le rouleau de bordure, pour le papier de 90 c. à 1 fr., vaut de

*Suite des* PAPIERS *de tentures et collage.*

*Pour salon.*

Papier velouté, grande largeur, dessins modernes, vaut de 5 à 6 fr. le rouleau, avec une bordure assortie du prix de 12, 13 et 15 fr. le rouleau.

Papier fond uni, ou dessins modernes, grande largeur, vaut, le rouleau, de 3 fr. à 5 fr. 50 c., avec une bordure assortie, de 8 fr. 50 à 9 et 10 fr.

Le *papier gris,* qui sert ordinairement *de dessous,* vaut, la main, de 40 à 45 c., et la main est de 25 feuilles. Lorsque cette main est rognée pour le collage, elle couvre 58 pieds superficiels. Il y a de ce papier de dessous en qualité supérieure, mais on l'emploie rarement.

---

Le *papier bleu-pâle,* pour le dedans des armoires et pour les tablettes, vaut à peu près 40 à 50 c. la main.

Pour préserver les papiers de l'humidité, on emploie assez souvent le moyen d'une tenture en grosse toile attachée sur des tringles de bois. Ce genre de toile, qui porte 50 pouces de large, revient à 40 et 50 c. l'aune, et couvre 9 pieds superficiels. Chaque pièce de toile contient de 55 à 60 aunes.

COLLAGE.

Lorsque les colleurs travaillent à la tâche, ils sont chargés de fournir la colle, les brosses et le

*Suite des* PAPIERS *de tentures et collage.*

baquet, d'ébarber les papiers, de découper les bordures, et, pour attacher les toiles, ils fournissent
le clou ; ce clou vaut de 1 fr. 20 c. à 1 fr. 30 c. la
livre, et il en entre à peu près pour 5 à 6 cent.
par aune.

Lorsque les colleurs travaillent à la journée, on
leur fournit tout. La journée est ordinairement de
dix heures, indépendamment de celles des repas.
Cette journée bien employée vaut de 2 fr. 75 c.
à 3 fr., et quand les tentures sont faites à la tâche,
on les paie aux prix ci-après :

*Prix de la pose.*

|  | fr. | c. |
|---|---|---|
| D'un rouleau de papier ordinaire . . . . . . | « | 50 |
| De trois rouleaux, pour chambre à coucher | | |
|     où salon, à raison de 60 à . . . . . . | « | 70 |
| D'un rouleau de bordures, de 4 à 8 bandes . | 1 | 25 |
| D'un pied linéaire pour les larges et belles | | |
|     bordures.. . . . . . . . . . . . . | « | 30 |
| D'un rouleau de lambris . . . . . . . . | « | 60 |
| D'une main de papier bleu pâle . . . . . | « | 60 |
| D'une main de papier gris . . . . . . . | « | 40 |
| D'une aune de toile pour plafond. . . . . | « | 40 |
| D'une aune de toile, pour toute autre tenture | « | 20 |

PARAVENS.

Les paravens d'appartemens sont pour la plupart de 5 à 6 pieds de hauteur, et assez ordinairement formés de cinq feuilles, de 18 à 20 pouces

*Suite des* PARAVENS.

de large chacune. Il y a maintenant très-peu de paravens couverts en étoffe : ils le sont presque tous
en papiers de fantaisie.

Les paravens de bureaux , établis comme ceux
d'appartemens , n'ont que 5o pouces d'élévation,
et rarement 5 pieds.

Un paravent de 5 pieds et 1/2 , hauteur courante , en beau papier uni , ou a dessin , et même
satiné , bordure haute et basse, garni par derrière
d'un papier ordinaire, soit à bouquets, soit à petites
rosaces, vaut, la feuille, de 5 fr. à 5 fr. 5o c.

Un autre paravent , de même hauteur, mais
couvert en papier moins beau, vaut, la feuille , de
4 f. à 4 fr 5o c.

Un paravent de bureau, de 2 pieds et 1/2 , hauteur courante, couvert en papier à petits dessins ,
ou en papier granit , vaut , la feuille, de 2 fr. 25
à 2 fr. 5o c.


PORTES BATTANTES.

Les portes battantes n'ont point de dimensions
fixes. Leurs châssis doivent s'établir en bois de
hêtre. Il y en a qui sont couvertes en toile d'un
côté, et en étoffe de l'autre. Cette étoffe est le plus
souvent une moquette verte, espèce de panne, et
quelquefois on emploie un drap vert ordinaire. Il
y en a aussi de couvertes tout en toile verte
d'Alençon , et en toile cirée. Ces portes sont pour

*Suite des* PORTES BATTANTES.

la plupart encadrées de cloux dorés ordinaires, appuyés sur galon, or faux. Celles le plus ordinairement en usage, ont de 7 à 8 pieds de hauteur, sur 40 à 42 pouces de large, lorsqu'elles ne sont qu'à un seul ventail. Celles à deux ventaux, beaucoup plus larges, sont d'une façon plus compliquée.

Une simple porte battante, à un ventail tout en toile et foin, peut revenir de 38 à 40 fr.

Une simple porte battante, à un ventail, couverte des deux côtés en panne, ou en drap vert, avec clous dorés, peut revenir de 76 fr. à 80 fr.

Une porte battante, à deux ventaux, couverte tout en toile, foin, et clous dorés, peut revenir de 90 à 95 fr.

Une porte battante, à deux ventaux, tout en panne, moquette ou drap, avec clous dorés, peut revenir de 140 à 148.

---

## PRIX DE LA DORURE

### *De bois de siéges.*

|  | fr. |  | fr. |
|---|---|---|---|
| Pour un canapé sculpté, premier choix, de | 180 | à | 200 |
| Pour un canapé sculpté, second choix, de | 140 | à | 150 |
| Pour une bergère sculptée, premier choix, de . . . . . . . . . . . . . . . | 90 | à | 105 |
| Pour une bergère sculptée, second choix de . . . . . . . . . . . . . . . | 75 | à | 85 |

*Suite du prix de la* DORURE.

|  | fr. |  | fr. |
|---|---|---|---|
| Pour un fauteuil sculpté, prem. choix, de . | 70 | à | 80 |
| Pour un fauteuil sculpté, second choix, de | 60 | à | 65 |
| Pour une chaise sculptée, prem. choix, de | 60 | à | 70 |
| Pour une chaise sculptée, second choix, de | 40 | à | 45 |
| Pour un tabouret sculpté, prem. choix, de | 8 | à | 10 |
| Pour un tabouret sculpté, second choix, de | 6 | à | 8 |
| Pour un écran sculpté, premier choix, de | 90 | à | 100 |
| Pour un écran sculpté, second choix, de | 70 | à | 80 |

## PRIX DE LA PEINTURE

*De bois de siéges, fond gris-blanc verni, avec rechampi.*

|  | fr. | c. | | fr. | c. |
|---|---|---|---|---|---|
| Pour un canapé, de . . . . . . . | 8 | « | à | 10 | « |
| Pour une bergère, de . . . . . . | 2 | 50 | à | 5 | « |
| Pour un fauteuil, de. . . . . . . | 2 | « | à | 2 | 50 |
| Pour une chaise, de . . . . . . . | 1 | 75 | à | 2 | « |
| Pour un tabouret de pieds, de. . | 1 | « | à | 1 | 20 |

## PRIX COURANS DES FAÇONS

DE PLUSIEURS PIÈCES DE L'AMEUBLEMENT,

*Dont la forme et l'étendue sont à peu près fixes.*

CANAPÉS *en soie et en drap.*

|  | fr. |  | fr. |
|---|---|---|---|
| A dossier plat, crêté, cloué, un chant de galon . . . . . . . . . . . . . . . | 60 | à | 66 |
| A dossier d'épaisseur, carreau, un chant de galon. . . . . . . . . . . . . . . | 70 | à | 75 |

8.

*Suite des* PRIX COURANS *de Façons ,* etc.

|  | fr. | fr. |
|---|---|---|
| A dossier plat , double chant de galon , et carreau . . . . . . . . . . . . . . | 60 à | 62 |
| A dossier d'épaisseur , et double chant de galon . . . . . . . . . . . . . . | 72 à | 80 |

CANAPÉS *en velours ordinaire.*

| A dossier plat . . . . . . . . . . . . | 45 à | 48 |
|---|---|---|
| A dossier d'épaisseur , et à carreau . . . | 50 à | 52 |

BERGÈRES *en soie et en drap.*

| A dossier plat et simple , encadrement . . | 20 à | 22 |
|---|---|---|
| A dossier d'épaisseur , ou à tableau . . . | 26 à | 28 |
| A dossier plat , double galon . . . . . | 22 à | 23 |
| A forme gondole . . . . . . . . . . . | 24 à | 26 |

BERGÈRES *en velours ordinaire.*

| A dossier d'épaisseur . . . . . . . . . | 17 à | 20 |
|---|---|---|
| A dossier plat . . . . . . . . . . . . | 14 à | 17 |
| A forme gondole . . . . . . . . . . . | 21 à | 23 |

FAUTEUILS *en soie et en drap.*

| A dossier plat . . . . . . . . . . . . | 13 à | 17 |
|---|---|---|
| A dossier d'épaisseur . . . . . . . . . | 18 à | 20 |
| A dossier d'épaisseur , et double chant de galon . . . . . . . . . . . . . . | 19 à | 21 |
| A forme gondole . . . . . . . . . . . | 20 à | 22 |

FAUTEUILS *en velours ordinaire.*

| A dossier plat . . . . . . . . . . . . | 10 à | 13 |
|---|---|---|
| A dossier d'épaisseur . . . . . . . . . | 12 à | 15 |
| A forme gondole . . . . . . . . . . . | 13 à | 16 |

*Suite des* PRIX COURANS *de Façons,* etc.

**FAUTEUILS** *de bureau.*

|  | fr. |  | fr. |
|---|---|---|---|
| Première sorte . . . . . . . . . . . | 10 | à | 11 |
| Deuxième sorte. . . . . . . . . . . | 8 | à | 9 |

**CHAISES** *en soie et en drap.*

| | | | |
|---|---|---|---|
| A simple galon, sans dossier . . . . . | 6 | à | 7 |
| A double galon, sans dossier. . . . . . | 7 | à | 8 |
| A simple galon, avec dossier d'épaisseur . | 9 | à | 10 |
| A double galon, avec dossier d'épaisseur . | 10 | à | 11 |
| A forme gondole. . . . . . . . . . . | 10 | à | 12 |

**CHAISES** *en velours ordinaire.*

| | | | |
|---|---|---|---|
| Sans dossier . . . . . . . . . . . . | 4 | à | 5 |
| Avec dossier . . . . . . . . . . . . | 6 | à | 7 |
| A forme gondole . . . . . . . . . . | 8 | à | 9 |

**CHAISES** *de bain.*

| | | | |
|---|---|---|---|
| En bois cru, compris la housse . . . . | 7 | à | 8 |

**TABOURETS** *en* X *, en soie et drap.*

| | | | |
|---|---|---|---|
| Avec un galon . . . . . . . . . . . | 6 | à | 7 |
| Avec deux galons . . . . . . . . . . | 8 | à | 9 |

**TABOURETS** *en* X *, en velours.*

| | | | |
|---|---|---|---|
| Avec et sans galons . . . . . . . . . | 6 | à | 7 |

**TABOURETS** *de pieds.*

| | | | |
|---|---|---|---|
| En soie . . . . . . . . . . . . . . | 5 | à | 6 |
| En velours. . . . . . . . . . . . . | 3 | à | 4 |

*Suite des* PRIX COURANS *de Façons,* etc.

ÉCRANS.

|  | fr. | | fr. |
|---|---|---|---|
| En soie et drap. . . . . . . . . . . . | 9 | à | 11 |
| En velours et taffetas ordinaire. . . . , | 5 | à | 6 |

RIDEAUX *de lits.*

| A impériale . . . . . . . . . . . . | 60 | à | 65 |
|---|---|---|---|
| A couronne . . . . . . . . . . . . | 32 | à | 44 |
| A flèche, première classe. . . . . . . | 20 | à | 22 |
| A flèche, seconde classe, . . . . . . . | 15 | à | 18 |

RIDEAUX *d'alcóve.*

| En soie . . . . . . . , . . . . . . | 40 | à | 45 |
|---|---|---|---|
| En mousseline ou calicot, première classe. | 20 | à | 22 |
| En mousseline ou calicot, seconde classe . | 12 | à | 13 |

RIDEAUX DE CROISÉES *en soie et mousseline brodée* ( *la paire* ).

|  | fr. | | fr. |
|---|---|---|---|
| De grande chambre à coucher, avec dra-perie . . . . . . . . . . . . . | 32 | à | 35 |
| De grand salon, avec draperie . . . . | 34 | à | 36 |
| De chambre à coucher, de seconde classe | 20 | à | 25 |
| De salon, de deuxième classe, avec draperie | 25 | à | 30 |

RIDEAUX DE CROISÉES *en mousseline ordinaire, ou en calicot* (*la paire*).

|  | fr. | | fr. |
|---|---|---|---|
| De grande chambre à coucher, avec dra-perie. . . . . . . . . . . . . | 20 | à | 21 |
| De chambre à coucher, de seconde classe | 14 | à | 16 |
| De chambre ordinaire . . . . . . . . | 10 | à | 11 |

*Suite des* PRIX COURANS *de Façons,* etc.

RIDEAUX DE VITRAGES (*la paire*).

|  | fr. |  | fr. |
|---|---|---|---|
| De première classe. . . . . . . . . . | 4 | à | 5 |
| De seconde classe. . . . . . . . . . | 3 | à | 4 |
| De troisième classe . . . . . . . . . | 2 | à | 3 |
| De quatrième classe . . . . . . . . . | 1 | à | 2 |

TENTURES *d'appartemens.*

|  | fr. |  | fr. |
|---|---|---|---|
| Pour un grand salon, en soie ou velours. | 90 | à | 95 |
| Pour une chambre à coucher, et pour boudoir . . . . . . . . . . . . | 60 | à | 65 |
| Pour une salle de bain . . . . . . . | 50 | à | 55 |

*Le prix des façons des tentures, ci-dessus désignés, et qui sont pour des dimensions ordinaires, sont en* ÉTOFFES UNIES, *et on fait observer que les tentures, en* ÉTOFFES A DESSINS, *exigeant plus de soins, le prix de leurs façons est plus élevé que celui des tentures en* ETOFFES UNIES.

HOUSSES DE MEUBLES.

|  | fr. |  | fr. |
|---|---|---|---|
| Pour un canapé, avec deux oreillers . . | 6 | à | 7 |
| Pour une bergère . . . . . . . . . . | 4 | à | 5 |
| Pour un fauteuil . . . . . . . . . . | 3 | à | 4 |
| Pour une chaise avec dossier. . . . . . | 2 | à | 3 |
| Pour une chaise avec un fond seulement | 1 | à | 2 |
| Pour un écran . . . . . . . . . . . . | 2 | à | 3 |
| Pour un lustre ordinaire . . . . . . . | 4 | à | 5 |
| Pour un tabouret en X . . . 1 fr. 50 c. | à | 1 fr. 75 c. | |
| Pour un tabouret de pieds . . 1 fr. « c. | à | 1 fr. 50 c. | |

*Suite des* PRIX COURANS *de Façons ,* etc.

SOMMIER ET MATELAS , *indépendamment du car-*
*dage et de l'écharpissage.*

|  | fr. |  | fr. |
|---|---|---|---|
| De 5 pieds , à plate-bandes , galonné en soie | 5 | à | 6 |
| De 4 pieds et 1/2 . . *idem* . . . . . . . . | 5 | à | 6 |
| De 4 pieds . . . . . *idem* . . . . . . . | 4 | à | 5 |
| De 3 pieds et 1/2 . . . *idem* . . . . . . . . | 4 | à | 5 |
| De 3 pieds . . . . . *idem* . . . . . . . | 3 | à | 4 |
| De 5 pieds , façon ordinaire . . . . . . . | 2 | à | 3 |
| De 4 pieds et 1/2 . . . *idem* . . . . . . . | 2 | à | 3 |
| De 4 pieds . . . . . *idem* . . . . . . . . | 2 | à | 3 |
| De 3 pieds et 1/2 . . . *idem* . . . . . . . | 2 | à | « |
| De 3 pieds . . . . . *idem* . . . . . . . | 1 | à | 2 |

LITS *de plumes.*

|  | fr. |  | fr. |
|---|---|---|---|
| De 5 pieds , à plate-bandes , ciré et galoné. | 6 | à | 7 |
| De 4 pieds et 1/2 . . . *idem* . . . . . . . | 6 | à | 7 |
| De 4 pieds . . . . . *idem* . . . . . . . | 5 | à | 6 |
| De 3 pieds et 1/2 . . *idem* . . . . . . . | 4 | à | 5 |
| De 3 pieds . . . . . *idem* . . . . . . . | 4 | à | 5 |
| De 5 pieds , façon ordinaire . . . . . . . | 4 | à | 5 |
| De 4 pieds et 1/2 . . *idem* . . . . . . . | 4 | à | 5 |
| De 4 pieds . . . . . *idem* . . . . . . . | 3 | à | 4 |
| De 3 pieds et 1/2 . . *idem* . . . . . . . | 3 | à | 4 |
| De 3 pieds . . . . . *idem* . . . . . . . | 3 | à | « |

TRAVERSINS.

|  | fr. |  | fr. |
|---|---|---|---|
| De 5 pieds , galonné et gommé . . . . . | 2 | à | 3 |
| De 4 pieds et 1/2 . . *idem* . . . . . . . | 2 | à | 3 |
| De 4 pieds . . . . . *idem* . . . . . . . | 2 | à | 3 |

*Suite des* PRIX COURANS *des Façons ,* etc.

**TRAVERSINS.**

|  | fr. | | fr. |
|---|---|---|---|
| De 5 pieds et 1/2 . . *idem* . . . . . . . | 2 | à | 5 |
| De 5 pieds . . . . . *idem* . . . . . . . | 2 | à | « |
| De 5 pieds, façon ordinaire. . . . . . | 2 | à | « |
| De 4 pieds et 1/2 . . *idem* . . . . . . | 2 | à | « |
| De 4 pieds . . . . . *idem* . . . . . . | 2 | à | « |
| De 3 pieds et 1/2 . . *idem* . . . . . . | 2 | à | « |
| De 3 pieds . . . . . *idem* . . . . . . | 1 | à | 2 |

**OREILLERS.**

| De 30 pouces . . . . . . . . . . . . | 2 | à | « |
|---|---|---|---|
| De 27 pouces. . . . . . . . . . . . | 2 | à | « |
| De 24 pouces. . . . . . . . . . . . | 2 | à | « |

**ÉDREDON.**

| De toute grandeur. . . . . . . . . . | 10 | à | 15 |
|---|---|---|---|

**PAILLASSES.**

| De 4 pieds, façon, piqûre et paille . . . | 4 | à | 5 |
|---|---|---|---|
| De 5 pieds et 1/2 . . *idem* . . . . . . | 3 | à | 4 |
| De 5 pieds . . . . . *idem* . . . . . . | 3 | à | 4 |

Les prix des façons, qui viennent d'être énoncés sur diverses parties de l'ameublement, ne doivent point être regardés comme une base invariable, puisque souvent le même objet serait établi à autant de prix différens qu'il y aurait de tapissiers appelés pour le confectionner; mais celui qui travaille le mieux est celui qu'on doit préférer, quand même ses prix seraient un peu plus élevés. Il ne faut jamais perdre de vue que la bonne main-d'œuvre, réunie au goût, offrent de grands avantages à celui qui fait établir des meubles. Les prix de façons, qui figurent dans ce tableau, doivent être considérés comme des jalons placés pour se diriger dans des commandes de siéges, de couchers et de rideaux, et l'indication de ces prix est donnée d'après le taux du jour des meilleurs tapissiers.

# PRIX COURANS

## DE LA SIMPLE ÉBÉNISTERIE.

LE TABLEAU qu'on offre des *Prix courans* de la *simple Ebénisterie*, comprend néanmoins l'énoncé de tout objet en premier choix, et cette qualification de simple ébénisterie n'est que pour apprendre que dans cet état ne figurent aucunement les meubles dits de luxe. Cela aurait occasionné de grandes erreurs, car on sent bien qu'il était impossible d'offrir des données positives sur la valeur d'objets où les orne-mens, les accessoires et la main-d'œuvre, étant sus-ceptibles de tant de variations, attachent des prix très-différens à des meubles destinés au même usage.

## BIDETS.

| EN ACAJOU. | fr. | | fr. |
|---|---|---|---|
| *A dossier*, première classe. . . . . . | 40 | à | 45 |
| — *idem*, seconde classe. . . . . . | 32 | à | 35 |

*Suite des* PRIX COURANS *de l'Ebénisterie.*

## BIDETS.

EN ACAJOU.       fr.  fr.

| | fr. | | fr. |
|---|---|---|---|
| *A planche*, première classe . . . . | 3o | à | 34 |
| —*idem*, seconde classe . . . . . . . | 25 | à | 28 |
| *A seringue*, première classe . . . . | 5o | à | 55 |
| —*idem*, seconde classe . . . . . . | 42 | à | 45 |

EN NOYER.

| | | | |
|---|---|---|---|
| *A dossier*, première classe . . . . | 17 | à | 21 |
| — *idem*, seconde classe. . . . . . | 15 | à | 16 |
| *A planche*, première classe . . . . | 9 | à | 10 |
| — *idem*, seconde classe. . . . . . | 7 | à | 8 |
| *A seringue*, première classe . . . . | 25 | à | 3o |
| — *idem*, seconde classe. . . . . . | 20 | à | 22 |

## BUFFETS.

EN ACAJOU *et marbre.*

| | | | |
|---|---|---|---|
| Première classe . . . . . . . . . | 16o | à | 18o |
| Seconde classe. . . . . . . . . . | 120 | à | 14o |
| Troisième classe. . . . . . . . . | 1o5 | à | 115 |

EN NOYER *et* MARBRE.

| | | | |
|---|---|---|---|
| Première classe . . . . . . . . . | 8o | à | 95 |
| Seconde classe . . . . . . . . . | 75 | à | 85 |
| Troisième classe. . . . . . . . . | 70 | à | 72 |

## BUREAUX *de 5 pieds et 4 pieds* 1/2.

A CYLINDRE, *en acajou.*

| | | | |
|---|---|---|---|
| Première classe . . . . . . . . . | 8oo | à | 9oo |
| Seconde classe. . . . . . . . . . | 4oo | à | 6oo |

A COLONNES, *en acajou, de* 4 *à* 5 *pieds.*

| | | | |
|---|---|---|---|
| Première classe . . . . . . . . . | 25o | à | 3oo |
| Seconde classe. . . . . . . . . . | 135 | à | 16o |

*Suite des* PRIX COURANS *de l'Ebénisterie.*

## BUREAUX.

SANS COLONNES, *en acajou, et à table de* 3 *pieds* 6 *à* 8
*pouces.*                          fr.          fr.

Première classe . . . . . . . . . . 100    à 110
Seconde classe. . . . . . . . . . . 80    à 90
Troisième classe. . . . . . . . . . 45    à 60

## CHAISES PERCÉES.

EN ACAJOU.

Première classe, cuvette en faïence. 40    à    45
Seconde classe, *idem*. . . . . . . . . 30    à    35

EN NOYER.

Première classe . . . . . . . . . . 18    à    20
Seconde classe. . . . . . . . . . . 14    à    15

## COMMODES *de* 4 *pieds.*

EN ACAJOU.

*Simple dorure.*

Première classe . . . . . . . . . . 180    à 190
Seconde classe. . . . . . . . . . . 140    à 150

*Simples chapiteaux.*

Première classe . . . . . . . . . . 120    à 130
Seconde classe. . . . . . . . . . . 110    à 115

EN NOYER, *de* 4 *pieds.*

*Avec marbre.*

Première classe . . . . . . . . . . 95    à 100
Seconde classe . . . . . . . . . . 70    à 80

*Sans marbre.*

Première classe . . . . . . . . . . 50    à 55
Seconde classe . . . . . . . . . . 40    à 45

*Suite des* PRIX COURANS *de l'Ebénisterie.*

# CHIFFONNIERS *de 3 pieds et demi à 4 pieds.*

### EN ACAJOU.

*Simple dorure.*        fr.      fr.

Première classe. . . . . . . . . . . 300 à 320
Seconde classe . . . . . . . . . . 240 à 260
Troisième classe . . . . . . . . . 190 à 200

### EN NOYER.

*Avec marbre.*

Première classe. . . . . . . . . . . 140 à 150
Seconde classe . . . . . . . . . . 105 à 115
Troisième classe . . . . . . . . 90 à 100

# CONSOLES *de 3 pieds et demi a 4 pieds.*

### EN ACAJOU.

*Simple dorure.*        fr.      fr.

Première classe. . . . . . . . . . . 150 à 155
Seconde classe . . . . . . . . . . 120 à 125
Troisième classe. . . . . . . . . 80 à 90

# COUCHETTES, *fonds sanglés, roulettes à équerres.*

### EN ACAJOU.

*De 4 pieds, à flasques.*      fr.      fr.

Première classe . . . . . . . . . 180 à 190
Seconde classe . . . . . . . . . 145 à 155

*De 3 pieds et 1/2, à colonnes.*

Première classe. . . . . . . . . . 135 à 140
Seconde classe . . . . . . . . . . 110 à 120

*De 5 pieds, à colonnes.*

Première classe. . . . . . . . . . 100 à 110
Seconde classe . . . . . . . . . . 95 à 100

*Suite des* PRIX COURANS *de l'Ebénisterie.*

## COUCHETTES, *fonds sanglés, roulettes à équerres.*

EN NOYER.

*De 4 pieds , à colonnes.*          fr.          fr.
  Première classe.. . . . . . . . . 95   à  110
  Seconde classe . . . . . . . . . . 90   à  95

*De 3 pieds et 1/2, à colonnes.*
  Première classe.. . . . . . . . . 80   à  85
  Seconde classe . . . . . . . . . . 70   à  75

EN MERISIER, *couleur acajou.*

*De 4 pieds , à colonnes.*
  Première classe.. . . . . . . . . 80   à  85
  Seconde classe . . . . . . . . . . 70   à  75

*De 3 pieds et 1/2 , à colonnes.*
  Première classe.. . . . . . . . . 65   à  70
  Seconde classe . . . . . . . . . . 58   à  60

PEINTES EN GRIS.

*De 4 pieds , rouleaux bronzés.*
  Première classe.. . . . . . . . . 52   à  34
  Seconde classe . . . . . . . . . . 28   à  30

*De 3 pieds et 1/2 , rouleaux bronzés.*
  Première classe.. . . . . . . . . 25   à  28
  Seconde classe . . . . . . . . . . 23   à  25

*De 3 pieds.*
  A simples panneaux, fond à barres. 18   à  20
  A piliers, sans panneaux, fond à bar. 8   à  10

*Suite des* Prix courans *de l'Ebénisterie.*

# GUÉRIDONS.

### EN ACAJOU ET MARBRE.

*De 30 pouces, marbre noir creusé, cercle doré.*

|  | fr. | | fr. |
|---|---|---|---|
| Première classe. . . . . . . . . . . | 100 | à | 110 |
| Seconde classe . . . . . . . . . | 70 | à | 80 |

*De 27 pouces, marbre noir creusé, cercle doré.*

|  | fr. | | fr. |
|---|---|---|---|
| Première classe . . . . . . . . . | 70 | à | 80 |
| Seconde classe . . . . . . . . . | 52 | à | 60 |

*De 27 pouces, marbre noir non creusé.*

|  | | | |
|---|---|---|---|
| Première classe. . . . . . . . . | 42 | à | 45 |
| Seconde classe . . . . . . . . . | 35 | à | 38 |

# LAVABOS.

*Ordinaire en acajou, cuvette et pot en porcelaine.*

|  | fr. | | fr. |
|---|---|---|---|
| Blanche, à filet d'or. . . . . . . | 65 | à | 70 |

*Idem, en acajou, cuvette et pot en porcelaine.*

|  | fr. | | fr. |
|---|---|---|---|
| Blanche . . . . . . . . . . . | 45 | à | 48 |

*Idem, en acajou, cuvette et pot en faïence.*

|  | | | |
|---|---|---|---|
| Blanche . . . . . . . . . . . | 25 | à | 30 |

# SECRÉTAIRES *de 5 pieds.*

### EN ACAJOU.

*Simple dorure.*

|  | | | |
|---|---|---|---|
| Première classe. . . . . . . . . | 190 | à | 200 |
| Seconde classe. . . . . . . . . | 145 | à | 160 |

*Simples chapiteaux.*

|  | | | |
|---|---|---|---|
| Première classe . . . . . . . . | 130 | à | 140 |
| Seconde classe . . . . . . . . | 120 | à | 125 |

*Suite des* PRIX COURANS *de l'Ebénisterie.*

## SECRÉTAIRES *de 3 pieds.*

EN NOYER.

*Avec marbre.*                           fr.      fr.

Première classe. . . . . . . . . . .100  à  110

Seconde classe. . . . . . . . . . . 80  à  90

*Sans marbre.*

Première classe. . . . . . . . . . . 60  à  65

Seconde classe . . . . . . . . . . . 50  à  55

## TABLES A MANGER.

EN ACAJOU.

*A ralonges.*

De 4 pieds et 1/2 . . . . . . . . . .150  à  160

De 4 pieds. . . . . . . . . . . . . .115  à  125

*A l'anglaise.*

De 4 pieds et 1/2 . . . . . . . . . 60  à  70

De 4 pieds . . . . . . . . . . . . . 50  à  60

De 3 pieds . . . . . . . . . . . . . 30  à  35

EN NOYER.

*A ralonges.*

De 4 pieds et 1/2 . . . . . . . . . .100  à  110

De 4 pieds . . . . . . . . . . . . . 75  à  85

*A l'anglaise.*

De 4 pieds et 1/2 . . . . . . . . . 25  à  28

De 4 pieds . . . . . . . . . . . . . 21  à  25

## TABLES DE JEUX.

EN ACAJOU.

*A quadrille.*

Première classe. . . . . . . . . . . 60  à  75

Seconde classe . . . . . . . . . . . 45  à  55

Troisième classe . . . . . . . . . . 38  à  42

*Suite des* PRIX COURANS *de l'Ébénisterie.*

# TABLES DE JEUX.

### EN ACAJOU.

*De bouillotte.*  fr.  fr.

Première classe. . . . . . . . . 100  à  13o

Seconde classe. . . . . . . . . . 6o  à  85

# TABLES DE NUIT.

### EN ACAJOU.

Première classe . . . . . . . . . 6o  à  8o

Seconde classe. . . . . . . . . . 4o  à  5o

Troisième classe.. . . . . . . . . 5o  à  55

### EN NOYER.

Première classe. . . . . . . . . . 24  à  26

Seconde classe. . . . . . . . . . 18  à  2o

Commune, sans porte.. . . . . . 5  à  6

# TABLES DE TOILETTE.

### POUR FEMMES.

Premier choix . . . . . . . . . 38o  à  4oo

Second choix.. . . . . . . . . . 25o  à  5oo

Troisième choix.. . . . . . . . . 120  à  13o

### POUR HOMMES.

*En acajou.*

Premier choix. . . . . . . . . 210  à  25o

Second choix. . . . . . . . . 13o  à  15o

Troisième choix.. . . . . . . . 11o  à  120

*En noyer.*

Premier choix . . . . . . . . 9o  à  100

Second choix.. . . . . . . . . 8o  à  9o

---

# PRIX COURANS
## DES BOIS
### DE SIÉGES ORDINAIRES.

---

Ainsi que pour la simple Ebénisterie, on ne présente ici que le Tableau des Prix courans des Bois de Siéges *ordinaires*, et qui sont les plus généralement employés. Les Prix auxquels ils sont cotés sont ceux auxquels on doit les avoir en bonne qualité. On n'a pas dû étendre ce Tableau au-delà des Siéges courans ; car on ne doit point, à l'avance, offrir des données certaines sur des objets, où plus ou moins de luxe peut occasionner une grande variété dans la valeur.

## UN BOIS DE CANAPÉ.

EN HÊTRE, *sculpté pour être doré.*

|  | fr. |  | fr. |
|---|---|---|---|
| Premier choix. . . . . . . . . . | 110 | à | 115 |
| Second choix. . . . . . . . . | 80 | à | 95 |

EN ACAJOU.

| Premier choix . . . . . . . . | 90 | à | 100 |
|---|---|---|---|
| Second choix. . . . . . . . . | 70 | à | 80 |
| Troisième choix. . . . . . . . | 55 | à | 60 |

EN BOIS , *pour être peint en gris.*

| Premier choix . . . . . . . . | 38 | à | 42 |
|---|---|---|---|
| Second choix. . . . . . . . . . | 32 | à | 35 |

*Suite des* PRIX COURANS *des Bois de Siéges ordinaires.*

## UN BOIS DE CAUSEUSE.

EN ACAJOU.        fr.  fr.

 Premier choix. . . . . . . . . 60 à 80
 Second choix. . . . . . . . . 50 à 60

EN BOIS *recouvert.*

 Premier choix. . . . . . . . . 40 à 45
 Second choix. . . . . . . . . 55 à 58

## UN BOIS DE BERGÈRE.

EN HÊTRE, *sculpté pour être doré.*

 Premier choix . . . . . . . . 50 à 55
 Second choix. . . . . . . . . 42 à 46

EN ACAJOU, *forme gondole.*

 Premier choix . . . . . . . . 48 à 50
 Second choix. . . . . . . . . 40 à 42
 Troisième choix. . . . . . . . 55 à 58

EN ACAJOU, *forme ordinaire.*

 Premier choix. . . . . . . . . 36 à 40
 Second choix. . . . . . . . . 52 à 55
 Troisième choix. . . . . . . . 26 à 50

EN BOIS, *pour être peint en gris.*

 Premier choix . . . . . . . . 12 à 14
 Second choix. . . . . . . . . 10 à 12

## UN BOIS DE FAUTEUIL.

EN HÊTRE, *sculpté pour être doré.*

 Premier choix . . . . . . . . 40 à 46
 Second choix. . . . . . . . . 55 à 55

*Suite des* PRIX COURANS *des Bois de Siéges ordinaires.*

## UN BOIS DE FAUTEUIL.

EN ACAJOU , *forme gondole.*

| | fr. | | fr. |
|---|---|---|---|
| Premier choix . . . . . . . . . | 35 | à | 38 |
| Second choix. . . . . . . . . . | 3o | à | 33 |
| Troisième choix . . . . . . . . | 25 | à | 28 |

EN ACAJOU , *forme ordinaire.*

| Premier choix . . . . . . . . . | 25 | à | 3o |
|---|---|---|---|
| Second choix. . . . . . . . . . | 22 | à | 24 |
| Troisième choix. . . . . . . . . | 20 | à | 21 |

EN ACAJOU , *pour bureau.*

| Premier choix. . . . . . . . . . | 7o | à | 75 |
|---|---|---|---|
| Second choix. . . . . . . . . . | 48 | à | 55 |

EN BOIS , *pour être peint en gris.*

| Premier choix . . . . . . . . . | 1o | à | 12 |
|---|---|---|---|
| Second choix. . . . . . . . . . | 9 | à | 10 |

EN NOYER , *forme ordinaire.*

| Premier choix . . . . . . . . . | 15 | à | 18 |
|---|---|---|---|
| Second choix. . . . . . . . . . | 12 | à | 14 |
| Troisième choix. . . . . . . . . | 9 | à | 10 |

EN NOYER , *pour bureau.*

| Premier choix . . . . . . . . . | 3o | à | 36 |
|---|---|---|---|
| Second choix. . . . . . . . . . | 28 | à | 3o |

*Suite des* PRIX COURANS *des Bois de Siéges ordinaires.*

# UN BOIS DE CHAISE.

EN HÊTRE , *sculpté pour être doré.*

|  | fr. |  | fr. |
|---|---|---|---|
| Premier choix . . . . . . . . . | 55 | à | 55 |
| Second choix. . . . . . . . . . | 28 | à | 50 |

EN ACAJOU , *forme gondole.*

| Premier choix . . . . . . . . . | 26 | à | 50 |
|---|---|---|---|
| Second choix. . . . . . . . . . | 22 | à | 25 |
| Troisième choix . . . . . . . . | 20 | à | 21 |

EN ACAJOU , *forme ordinaire.*

| Premier choix . . . . . . . . . | 18 | à | 20 |
|---|---|---|---|
| Second choix. . . . . . . . . . | 14 | à | 16 |
| Troisième choix. . . . . . . . . | 12 | à | 15 |

EN BOIS , *pour être peint en gris.*

| Premier choix. . . . . . . . . . | 8 | à | 10 |
|---|---|---|---|
| Second choix. . . . . . . . . . | 7 | à | 9 |

EN NOYER.

| Premier choix . . . . . . . . . | 10 | à | 12 |
|---|---|---|---|
| Second choix. . . . . . . . . . | 8 | à | 9 |
| Troisième choix. . . . . . . . . | 6 | à | 7 |

EN BOIS *cru , pour le bain.*

| Premier choix . . . . . . . . . | 6 | à | 7 |
|---|---|---|---|
| Second choix. . . . . . . . . . | 5 | à | 4 |

*Suite des* Prix courans *des Bois de Siéges ordinaires.*

## UN BOIS DE TABOURET.

|  | fr. |  | fr. |
|---|---|---|---|
| En acajou. . . . . . . . . . . . . . | 4 | à | 5 |
| En bois, pour être peint en gris . . . . | 2 | à | 3 |
| En merisier . . . . . . . . . . . . . | 2 | à | 3 |
| En bois cru, pour le bain, pieds plombés. | 4 | à | 5 |

## UN BOIS D'ÉCRAN.

EN HÊTRE, *pour être doré.*

| Premier choix. . . . . . . . . . . | 45 | à | 50 |
|---|---|---|---|
| Second choix. . . . . . . . . . . | 35 | à | 40 |

EN ACAJOU.

| Premier choix . . . . . . . . . . | 45 | à | 55 |
|---|---|---|---|
| Second choix. . . . . . . . . . . | 20 | à | 25 |
| Troisième choix. . . . . . . . . . | 10 | à | 12 |

# CHAPITRE X.

## DE L'ENTRETIEN DU MOBILIER.

---

Il est bien constant que rien ne conserve les meubles comme les soins qu'on peut leur donner, et dans une maison importante où le mobilier est considérable, ces soins devraient être confiés à des mains expérimentées, à des personnes de confiance, qui, entreprenant les travaux d'entretien à l'année, s'en chargeraient presque toujours à des prix modérés, par la certitude d'un bénéfice assuré.

Indépendamment des soins journaliers qui doivent être donnés à toute espèce de meubles, il est encore nécessaire, pour leur conservation, de les faire visiter au moins une fois l'an par un ouvrier tapissier, par un ouvrier ébéniste et par un ouvrier doreur, pour les bronzes et dorures. Ces ouvriers, par de légères réparations, préviennent souvent de grands dommages, par un nétoyage à fond, par des blanchissages, et par toute espèce de réparations faites à propos ; on ravive les bois et les dorures en leur donnant un nouvel éclat, on conserve les étoffes, on arrête à temps la dégradation d'une frange encore très-bonne ; et des meubles ainsi entretenus se flétrissent bien difficilement ; ils font au contraire avec avantage, avec agrément, un très-long service.

*Suite de l'entretien du Mobilier.*

## HOUSSES DE MEUBLES (*quantité d'étoffe pour les établir*).

### POUR UN CANAPÉ.

| | AUNES. | |
|---|---|---|
| En basin . . . . . . . . . . . . . . | 15 | u |
| En toile de coton . . . . . . . . . . | 9 | 1/2 |
| En toile de lin . . . . . . . . . . . | 9 | 1/2 |
| En calicot . . . . . . . . . . . . . | 9 | 1/2 |

### POUR UNE BERGÈRE.

| | | |
|---|---|---|
| En basin . . . . . . . . . . . . . . | 5 | 1/2 |
| En toile de coton . . . . . . . . . . | 4 | 1/4 |
| En toile de lin . . . . . . . . . . . | 4 | 1/4 |
| En calicot . . . . . . . . . . . . . | 4 | 1/4 |

### POUR UN FAUTEUIL.

| | | |
|---|---|---|
| En basin . . . . . . . . . . . . . . | 4 | 1/2 |
| En toile de coton . . . . . . . . . . | 3 | 3/4 |
| En toile de lin . . . . . . . . . . . | 3 | 3/4 |
| En calicot . . . . . . . . . . . . . | 3 | 3/4 |

### POUR UNE CHAISE, *avec un fond seulement.*

| | | |
|---|---|---|
| En basin . . . . . . . . . . . . . . | 1 | 1/2 |
| En toile de coton . . . . . . . . . . | 1 | 1/4 |
| En toile de lin . . . . . . . . . . . | 1 | 1/4 |
| En calicot . . . . . . . . . . . . . | 1 | 1/4 |

### POUR UNE CHAISE *entière.*

| | | |
|---|---|---|
| En basin . . . . . . . . . . . . . . | 3 | 1/4 |
| En toile de coton . . . . . . . . . . | 2 | 1/2 |
| En toile de lin . . . . . . . . . . . | 2 | 1/2 |
| En calicot . . . . . . . . . . . . . | 2 | 1/2 |

*Suite de* HOUSSES DE MEUBLES, etc.

## POUR UN TABOURET *en* X.

|  | AUNES. |
|---|---|
| En basin. . . . . . . . . . . . . . . | 1  1/2 |
| En toile de coton . . . . . . . . . . | 1  1/4 |
| En toile de lin. . . . . . . . . . . . | 1  1/4 |
| En calicot. . . . . . . . . . . . . . | 1  1/4 |

## POUR UN TABOURET *de pieds*.

| En basin. . . . . . . . . . . . . . | «  5/8 |
|---|---|
| En toile de coton . . . . . . . . . | «  1/2 |
| En toile de lin . . . . . . . . . . | «  1/2 |
| En calicot . . . . . . . . . . . . | «  1/2 |

## POUR UN ÉCRAN.

| En basin. . . . . . . . . . . . . . | 2  3/4 |
|---|---|
| En toile de coton . . . . . . . . . | 1  7/8 |
| En toile de lin . . . . . . . . . . | 1  7/8 |
| En calicot . . . . . . . . . . . . | 1  7/8 |

## POUR UN LUSTRE *moyen*.

| En gaze . . . . . . . . . . . . . . | 7  1/2 |
|---|---|
| En calicot . . . . . . . . . . . . | 5  « |
| En toile de lin. . . . . . . . . . | 5  « |

## POUR UN PLUS GRAND LUSTRE.

| En gaze . . . . . . . . . . . . . . | 10  « |
|---|---|
| En calicot. . . . . . . . . . . . . | 8  « |
| En toile de lin. . . . . . . . . . . | 8  « |

# PRIX DU BLANCHISSAGE

## DE TENTURES D'APPARTEMENS,

*Et de toute espèce de Rideaux en mousseline et en nankin, de Housses de meubles et de Couvertures de Lits.*

---

**POUR UNE TENTURE** *d'appartement.*

|  | fr. | c. |
|---|---|---|
| En mousseline (*à l'aune carrée*). . . . . . . | « | 40 |
| En nankin . . . . *idem* . . . . . . . . . . | « | 40 |

**POUR UN RIDEAU** *de lit, de 1ʳᵉ grandeur.*

| | fr. | c. |
|---|---|---|
| Garni de galon, ou de franges ou d'effilé . . | 6 | 50 |
| Non garni. . . . . . . . . . . . . . . . . | 4 | 75 |

**POUR UN RIDEAU** *de lit, de 2ᵉ grandeur.*

| | fr. | c. |
|---|---|---|
| Garni de galon, ou de franges ou d'effilé . . | 4 | 50 |
| Non garni. . . . . . . . . . . . . . . . . | 3 | « |

**POUR LES RIDEAUX** *d'une alcóve, en 1ʳᵉ grandeur.*

| | fr. | c. |
|---|---|---|
| Garni de galon, on de franges ou d'effilé . . . | 5 | 50 |
| Non garni. . . . . . . . . . . . . . . . . | 3 | 75 |

**POUR LES RIDEAUX** *d'une alcóve, en 2ᵉ grandeur.*

| | fr. | c. |
|---|---|---|
| Garni de galon, ou de franges ou d'effilé . . | 4 | 50 |
| Non garni. . . . . . . . . . . . . . . . . | 3 | « |

*Suite des* Prix de Blanchissage *de Tentures,* etc.

**POUR UN RIDEAU** *de dossier, ou fond de lit.*

|  | fr. | c. |
|---|---|---|
| Garni. . . . . . . . . . . . . . . . . . . | 2 | « |
| Non garni. . . . . . . . . . . . . . . . | 1 | 5o |

**POUR UNE COURTE-POINTE,** *en mousseline.*

| Garnie . . . . . . . . . . . . . . . . . | 3 | « |
| Non garnie . . . . . . . . . . . . . . . | 2 | « |

**POUR UNE PENTE** *de baldaquin.*

| Garnie . . . . . . . . . . . . . . . . | 1 | 5o |
| Non garnie. . . . . . . . . . . . . . . | 1 | « |

**POUR UN RIDEAU** *de croisée, en* 1^re *grandeur.*

|  | fr. | c. |
|---|---|---|
| A revers ou à draperie, et garni. . . . . . . | 2 | 5o |
| Non garni. . . . . . . . . . . . . . . . | 1 | 5o |

**POUR UN RIDEAU** *de croisée, en* 2^e *grandeur.*

|  | fr. | c. |
|---|---|---|
| A revers ou à draperie, et garni. . . . . . . | 2 | « |
| Non garni. . . . . . . . . . . . . . . . | 1 | 25 |

**POUR UN RIDEAU** *de vitrage, en* 1^re *grandeur.*

|  | fr. | c. |
|---|---|---|
| Garni d'effilé. . . . . . . . . . . . . . | « | 75 |
| Non garni . . . . . . . . . . . . . . . | « | 6o |

**POUR UN RIDEAU** *de vitrage, en* 2^e *grandeur.*

|  | fr. | c. |
|---|---|---|
| Garni d'effilé . . . . . . . . . . . . . | « | 5o |
| Non garni . . . . . . . . . . . . . . . | « | 4o |

*Suite des* PRIX DE BLANCHISSAGE *de Tentures*, etc.

POUR UNE DRAPERIE *isolée, de croisée ou d'alcôve, avec garniture.*            fr.    c.

 Première grandeur . . . . . . . . . . . . 2    75

 Seconde grandeur. . . . . . . . . . . . . 1    8o

POUR UN BANDEAU *de croisée ou de lit, avec garniture.*

           fr.   c.

 Première grandeur . . . . . . . . . . . . «    75

 Seconde grandeur. . . . . . . . . . . . . «    5o

POUR UN PAQUET *de cordons de tirage.*

 Première hauteur de croisée. . . • . . . . . «    25

 Seconde hauteur de croisée. . . . . . . • . . «    15

POUR UNE EMBRASSE *de croisée.*

 Premier modèle. . . . . . . . . . . . . . «    20

 Second modèle . . . . . . . . . . . . . . «    15

POUR UNE EMBRASSE *de vitrage.*

 De tout modèle. . . . . . . . . . . . . . «    10

POUR UN CHOUX, *cravate ou gland.*

 Première sorte . . . . . . . . . . . . . . «    25

 Seconde sorte . . . . . . . . . . . . . . «    15

POUR UNE COUVERTURE ( *ou toile à matelas* ), *en futaine.*            fr.    c.

 Première grandeur . . . . . . . . . . . . 1    75

 Seconde grandeur. . . . . . . . . . . . . 1    20

 Troisième grandeur. . . . . . . . . . . . «    8o

*Suite des* PRIX DE BLANCHISSAGE *de Tentures*, etc.

## POUR UNE COUVERTURE (*ou toile à matelas*), *en toute sorte de toile.*

fr.   c.

Première grandeur . . . . . . . . . . 1   «
Seconde grandeur . . . . . . . . . . «   60
Troisième grandeur . . . . . . . . . . «   50

## POUR UNE COUVERTURE *de lit, en coton.*

Première grandeur . . . . . . . . . . 5   5o
Seconde grandeur . . . . . . . . . . 2   «
Troisième grandeur . . . . . . . . . . 1   50

## POUR UNE COUVERTURE *de lit, en laine.*

Première grandeur . . . . . . . . . . 5   «
Seconde grandeur . . . . . . . . . . 1   75
Troisième grandeur . . . . . . . . . . 2   25

## POUR HOUSSES.

D'un canapé. . . . . . . . . . . . 2   5o
D'une causeuse. . . . . . . . . . . 1   8o
D'une bergère . . . . . . . . . . . «   75
D'un fauteuil. . . . . . . . . . . . «   6o
D'une chaise sans dossier. . . . . . . «   5o
D'une chaise avec dossier. . . . . . . «   4o
D'un tabouret en X . . . . . . . . . «   4o
D'un tabouret de pieds. . . . . . . . «   25
D'un écran. . . . . . . . . . . . . «   4o
D'une garde-robe. . . . . . . . . . «   20

# CONSERVATION
## ET GARDE DES TAPIS,
### A L'ANNÉE.

Après l'hiver, assez ordinairement à l'époque du premier avril, on lève les tapis dans les appartemens, et ces tapis, pour leur conservation, doivent être bien battus et examinés avec grand soin pour en faire disparaître les taches, pour y faire les rentraitures, toutes les reprises nécessaires, et être ensuite déposés chez des fabricans ou des marchands de tapis, qui seuls entendent bien ce genre de travail. Encore bien que l'on dépose ses tapis dans une maison de confiance, il est de la prudence de faire une convention écrite, exprimant les conditions de la *conservation* et de la garde des tapis, ce qui, à tout événement, constate le droit de propriété.

Mais de la manière dont un tapis est *battu et conservé* dépend singulièrement sa durée, et l'on remarque souvent des tapis neufs, du genre Savonnerie comme d'Aubusson velouté, avoir des déchirures, des cassures qui les dégradent, et qui ne proviennent que de la négligence ou de l'incurie de celui qui a été chargé de la garde et de l'entretien des tapis, d'où l'on peut juger combien il est important de les confier à des maisons en réputation pour ce genre de travaux.

# PRIX DE LA CONSERVATION DES TAPIS,

## PAR ESPÉCE,

*Non compris les réparations extraordinaires.*

POUR UN TAPIS *genre de la Savonnerie.*

|  | fr. | | fr. |
|---|---|---|---|
| De 5o à 4o pieds. . . . . . . . . . . | 55 | à | 6o |
| De 20 à 5o pieds. . . . . . . . . . | 4o | à | 45 |
| De 20 à 25 pieds. . . . . . . . . . | 5o | à | 55 |
| De 15 à 20 pieds. . . . . . . . . . | 25 | à | 3o |

POUR UN TAPIS *d'Aubusson velouté.*

| De 5o à 4o pieds. . . . . . . . . . | 48 | à | 55 |
|---|---|---|---|
| De 20 à 5o pieds. . . . . . . . . . | 56 | à | 4o |
| De 20 à 25 pieds. . . . . . . . . . | 25 | à | 5o |
| De 15 à 20 pieds. . . . . . . . . . | 20 | à | 25 |

POUR TOUS TAPIS *doubles broches, moquette et ras d'Aubusson.*

|  | fr. | | fr. |
|---|---|---|---|
| De 3o à 55 pieds. . . . . . . . . . | 25 | à | 3o |
| De 20 à 25 pieds. . . . . . . . . . | 20 | à | 25 |
| De 13 à 20 pieds. . . . . . . . . . | 15 | à | 20 |

POUR TOUS TAPIS *de jaspés.*

| De 3o à 55 pieds. . . . . . . . . . | 18 | à | 20 |
|---|---|---|---|
| De 20 à 25 pieds. . . . . . . . . . | 14 | à | 18 |
| De 15 à 20 pieds. . . . . . . . . . | 12 | à | 15 |
| De 10 à 12 pieds. . . . . . . . . . | 8 | à | 10 |

Tous les tapis de foyers et de devant le lit, doivent être secoués tous les jours, et battus à fond au moins deux fois par semaine. Ce travail a lieu chez soi, et ces petits tapis, qui sont d'un usage constant, ne sont envoyés chez le *rentrayeur* qu'en cas d'accident.

---

## MONTAGE DES PENDULES.

Les pendules, encore plus que beaucoup d'objets dépendant du mobilier, ne doivent être confiées qu'à des gens du métier, qui, au moyen d'un abonnement, s'obligent à les monter régulièrement et d'y faire les réparations ordinaires, de même qu'ils prennent à leur charge tous les accidens arrivés par leur faute. Par cet abonnement on est assuré que les pendules seront régulièrement montées et qu'elles le seront avec précaution, puisque toutes les réparations sont à la charge de l'horloger, auquel on aura dû d'abord les remettre en bon état.

PRIX *du montage des Pendules, à l'année.*

|  | fr. | | fr. |
|---|---|---|---|
| Pour une Pendule, grand modèle. . . | 10 | à | 12 |
| Pour une Pendule, modèle intermédiaire | 8 | à | 10 |
| Pour une Pendule, modèle au-dessous . | 6 | à | 7 |
| Pour une Pendule, dernier modèle. . . | 5 | à | 6 |

Lorsqu'on a plus de deux pendules, l'abonnement se fait à un quart au-dessous du prix qu'on donnerait pour une seule, ainsi de suite si le nombre de pendules était considérable.

CARDAGE *de matelas.*

Dans tout remontage de matelas, si la laine est encore neuve, elle doit être cardée trois fois sur la carde, mais la vieille laine se carde seulement à deux reprises et ne se retourne qu'une fois. Tout cardage de matelas, y compris la monture, peut être payé à raison de 50 c. par pied, pour les lits ordinaires, et de 75 à 80 cent. pour les couchers refaits à plate-bandes et galonnés.

Tout matelas destiné à ne servir que pour une seule personne, doit être plus fort au milieu que s'il devait servir pour deux.

---

BATTAGES DES LITS *de plumes, traversins et oreillers.*

Le battage d'un lit , le gommer de nouveau, après en avoir lavé le coutil, et le refaire , se paie ordinairement :

|  | fr. | c. | | fr. | c. |
|---|---|---|---|---|---|
| Pour un lit de 1re classe, de. . . | 5 | 50 | à | 6 | « |
| Pour un lit de 2e classe, de. . . | 5 | 50 | à | 6 | « |
| Pour un lit de 3e classe, de. . . | 4 | « | à | 4 | 50 |
| Pour un lit de 4e classe, de. . . | 5 | « | à | 5 | 25 |
| Pour un traversin de 1re classe, de | 1 | 75 | à | 2 | « |
| Pour un traversin de 2e classe, de | 1 | 75 | à | 2 | « |
| Pour un traversin de 3e classe, de | 1 | 20 | à | 1 | 50 |
| Pour un traversin de 4e classe, de | 1 | 20 | à | 1 | 50 |

*Suite des* BATTAGES *des lits de plumes.*

|  | fr. | c. | | fr. | c. |
|---|---|---|---|---|---|
| Pour un oreiller, 1ᵉʳ modèle, de . | 1 | 50 | à | 1 | 75 |
| Pour un oreiller, 2ᵉ modèle, de . | 1 | 50 | à | 1 | 75 |
| Pour un oreiller, 3ᵉ modèle, de . | 1 | » | à | 1 | 25 |

----

## POSE DES POÊLES.

La pose d'un poêle ordinaire, rond ou carré, terre et fil-fer compris, vaut de 1 fr. 50 c. à 2 fr.

La pose d'un poêle à colonne, terre et fil-fer compris, vaut de 2 fr. 50 à 2 fr. 75 c.

PRIX *des tuyaux les plus généralement employés.*

De 3 pouces et 1/2, à 4 pouces de diamètre, sur 13 pouces de long, 70 à 75 c. le bout.

De 4 pouces et 1/2, sur 11 pouces, de 80 à 85 c. le bout.

De 5 pouces, sur 10 pouces et 1/2, de 90 à 1 f. le bout.

----

## PRIX DU REMPAILLAGE *des chaises.*

|  | fr. | c. |
|---|---|---|
| Rempaillage en satiné. . . . . . . . . . . . | 1 | 50 |
| Rempaillage ordinaire. . . . . . . . . . . | « | 80 |
| Rempaillage commun . . . . . . . . . . . | « | 60 |

## PRIX DU SABLAGE *des fontaines.*

|                              | fr. | c. |
|------------------------------|-----|----|
| Pour une grande fontaine . . . . . . . . . . | 1 | 20 |
| Pour une moyenne . . . . . . . . . . . . | 1 | « |
| Pour une petite . . . . . . . . . . . . | « | 75 |

## DESTRUCTION DES RATS *et des souris.*

Les rats et les souris parviennent quelquefois à s'introduire dans les appartemens où ils endommagent les meubles, et tout le monde ne voulant pas avoir des chats pour s'en débarrasser, on doit dans ce cas, faire usage d'une pâte empoisonnée, et la placer l'hiver dans le voisinage de la cheminée, où la chaleur attire les rats et les souris, et si c'est l'été, la placer toujours au midi de l'appartement.

---

Les ouvriers ébénistes, tapissiers et doreurs, qu'on emploie pour les travaux de réparation et d'entretien de meubles, sont ordinairement payés par jour de 4 à 5 francs, indépendamment des fournitures qu'ils peuvent faire.

Pour le nétoyage et le raccommodage de beaucoup de meubles, on emploie :

La prêle, espèce de jonc dont la botte se paie 2 fr. à 2 fr. 50.

L'essence de térébenthine, qui vaut 1 fr. 20 la livre.

La colle forte, qui vaut 1 fr. la livre.

10.

La cire jaune, qui vaut 2 fr. 40 c. la livre.

Le savon noir, qui vaut 80 à 90 c. la livre.

La peau d'agneau, qui vaut 1 fr. 75 c. à 2 fr.

Le bois d'ébène, qui vaut 1 fr. 25 à 1 fr. 50 c. la livre.

Le bois de rose, qui vaut 3 à 4 fr. la livre.

## GLACES *à remettre au tain.*

Les tapissiers et les miroitiers se chargent de la mise au tain des glaces, moyennant 7 fr. 50 c. à 8 pour cent de la valeur du volume de la glace au prix du tarif, et ils répondent de l'objet, soit en le déposant ou en le reposant, et les frais de transport sont à leur charge.

# ÉCLAIRAGE.

## TABLEAU ÉTABLISSANT LE CALCUL,

### POUR TOUTE L'ANNÉE,

*De la consommation d'huile pour chaque bec de lampe,*

( LE COURS DE L'HUILE ÉTANT DE 75 A 80 C. LA LIVRE. )

| MOIS. | PROGRESSION DES NUITS, Suivant le cours et le lever du soleil. | | | CONSOMMATION PAR HEURE et par bec. | | PRIX DE LA DÉPENSE PAR HEURE. | |
| --- | --- | --- | --- | --- | --- | --- | --- |
| | Allumage. | Extinction. | NOMBRE d'heures par jour. | Lampe ou quinquet. | Réverbère. | par bec de réverbère, à raison de 6 cent. par heure. | par bec de lampe, à raison de 4 cent. par heure. |
| | heures. | heures. | | on. gros. | on. gros. | fr. c. | fr. c. |
| JANVIER. | 4 1/2 | 7 1/4 | 14 3/4 | 1 .. | .. 3 | .. 89 | .. 59 |
| FÉVRIER. | 5 .. | 6 1/2 | 13 1/2 | 1 .. | .. 3 | .. 81 | .. 52 |
| MARS. | 6 .. | 5 3/4 | 11 3/4 | 1 .. | .. 3 | .. 71 | .. 47 |
| AVRIL. | 7 .. | 5 .. | 10 .. | 1 .. | .. 3 | .. 60 | .. 40 |
| MAI. | 7 1/2 | 4 1/2 | 9 .. | 1 .. | .. 3 | .. 54 | .. 36 |
| JUIN. | 8 1/4 | 3 1/2 | 7 1/4 | 1 .. | .. 3 | .. 44 | .. 29 |
| JUILLET. | 8 .. | 4 .. | 8 .. | 1 .. | .. 3 | .. 48 | .. 32 |
| AOÛT. | 7 1/2 | 4 1/2 | 9 .. | 1 .. | .. 3 | .. 54 | .. 36 |
| SEPTEMB. | 6 .. | 5 1/2 | 11 1/2 | 1 .. | .. 3 | .. 69 | .. 46 |
| OCTOBRE. | 5 1/2 | 6 1/4 | 12 3/4 | 1 .. | .. 3 | .. 77 | .. 51 |
| NOVEMB. | 5 .. | 7 1/4 | 14 1/4 | 1 .. | .. 3 | .. 86 | .. 57 |
| DÉCEMB. | 4 1/2 | 7 3/4 | 15 1/4 | 1 .. | .. 3 | .. 92 | .. 61 |

Ce Tableau est disposé d'abord pour calculer la consommation d'huile que fait chaque bec, pendant la durée des nuits, pour l'éclairage hors de l'appartement (corridors, couloirs, escaliers, cours), et il peut également servir pour connaître combien chaque lampe d'appartement consomme d'huile par nuit.

# INTRODUCTION

## AUX DEVIS.

Cette partie de l'ouvrage offre d'abord la mise *en œuvre* d'une foule d'objets qui, dans la première partie, n'y figurent, pour ainsi dire, que comme dans un magasin, d'où ils ont été extraits, pour reparaître ensuite sous diverses formes et avec une utilité réelle.

D'un autre côté, cette même partie de l'ouvrage peut être encore considérée comme une sorte de répertoire, où chaque objet, dont il a déjà été question, se trouve rangé, après sa confection, dans le lieu que son service réclame sur divers points, et avec les modifications qu'exige le classement des dépenses à faire.

Avant de commander les meubles dont on peut avoir besoin pour garnir un appartement, on est presque toujours assez embarrassé pour se rendre compte de la dépense dans laquelle on projette de s'engager, et sans le secours d'un devis, on doit craindre d'excéder les fonds que l'on destinait à son ameublement ; c'est donc pour prévenir un inconvénient toujours assez grave, qu'on offre ici des *modèles de devis,* présentant, par classe, la nomenclature de tout ce qui est d'une utilité indispensable et d'un emploi consacré par l'usage.

On conçoit qu'il était impossible d'établir autant de Devis qu'il peut y avoir de genres d'ameublemens, et il était inutile de supposer autant de pièces à meubler qu'on pourrait le désirer ; mais cinq modèles de devis suffiront pour que chacun trouve le genre qui lui conviendra, et ces modèles sont tellement combinés entre eux, qu'on pourra, par exemple, prendre dans le devis de seconde classe, le détail de la première chambre à coucher, pour en meubler une pièce de second ordre dans l'ameublement de première classe ; de même que la seconde classe peut puiser dans la troisième pour ajouter à ses besoins, et ainsi de suite des autres.

Chaque maison, et même chaque étage, offrant des hauteurs différentes, il a fallu, pour établir les Devis en question, pour tout ce qui regarde les étoffes de rideaux de toute espèce et celles de toute tenture, prendre une élévation moyenne, qui, au surplus, ne présente aucun inconvénient et puisque c'est en définitive et lors de la livraison que l'on s'assure, par le mesurage des étoffes, de la quantité qui a réellement été employée. Quoi qu'il en soit de cette élévation supposée, la hauteur comme l'ampleur des rideaux détaillés dans les Devis, sont bien celles qui conviennent à des appartemens destinés à être garnis par des meubles du genre de ceux énoncés dans les Devis. Il existe aussi, dans chaque modèle de Devis, un accord parfait de valeur et de genre, non seulement entre tous les objets qui meublent une pièce quelconque, mais encore entre la totalité de l'ameublement.

Comme la valeur des meubles en acajou, dans les grands ameublemens surtout , n'est souvent déterminée que par la richesse des ornemens, on n'a présenté dans cet ouvrage qu'un tableau des prix de la simple ébénisterie ; mais dans les Devis on a indiqué de quelle valeur doit être, par exemple, une commode et un secrétaire, une pendule et une glace, un tapis, etc., lorsqu'ils font partie de tel ou tel ameublement.

On a pensé que ces modèles de Devis, divisés par classe, pourraient être d'une utilité générale, parce que tout particulier, quelle que soit la dépense qu'il ait à faire en ameublement, la trouvera toute énoncée, et avec le plus grand détail, dans la classe qu'il aura choisie ; en sorte que dans un instant il pourra arrêter son genre d'ameublement, voir ce qu'il aura, et régler de suite sa dépense.

Ils pourront être utiles encore à une foule de tapissiers qui n'ont point l'habitude de la formation de ces Devis, surtout lorsqu'il s'agit de fournir un mobilier considérable.

Leur utilité convient aux personnes chargées de vérifier des mémoires d'ameublemens ; travail assez difficile par la foule des détails dont ces mémoires sont remplis.

Les architectes, qui ordonnent assez souvent les grands ameublemens, trouveront dans ces Devis, des détails et des renseignemens exacts, qui abrégeront beaucoup leur travail.

La difficulté d'envisager de suite tous les objets dont on peut avoir besoin, et la crainte d'outre-passer la dépense qu'on a l'intention de faire, empêche souvent les étrangers de commander un ameublement ; mais en trouvant dans ces Devis, bien évidemment énoncés, tout ce qui peut leur être utile, et le prix des objets, ils pourront se décider.

Les fonctionnaires publics chargés de faire des inventaires, ne pouvant pas toujours être très-familiarisés avec la valeur d'une multitude d'objets qu'ils doivent estimer, recontreront dans tout le corps de cet ouvrage, des renseignemens qui pourront aider leurs opérations, en les mettant à même de faire la juste estimation de vieux meubles en les évaluant proportionnellement aux prix des neufs.

En thèse générale, lors d'un projet d'ameublement, la prudence exige qu'on accorde toujours à peu près un vingtième au-dessus de la dépense projetée, pour subvenir aux choses imprévues ; et d'un autre côté, comme tous les prix énoncés dans les Devis, tant sous le rapport de la valeur des objets, que sous celui des façons, sont toujours pour des objets envisagés comme de première qualité ; on prévient qu'il est possible de se les procurer à meilleur marché, si on ne tenait point à n'avoir que des choses bien établies et de qualité supérieure, ou si on voulait se meubler avec des objets de hasard.

# DEVIS DE PREMIÈRE CLASSE.

## *PALIER.*

| | fr. | c. |
|---|---|---|
| **PAILLASSON** *en grosse natte.* | | |
| 7 pieds 4 pouces sur 7 pieds 4 pouces, à 15 c. le pied . | 8 | o3 |
| **PORTE-BATTANTE.** | | |
| A deux ventaux , couverte en paune verte,  avec clous dorés , châssis et dormaut . . . . . . . . . . | 135 | .. |
| TOTAL *du prix du mobillier du Palier* . . . | 143 | 3 |

## *ANTICHAMBRE.*

| | f. | c. |
|---|---|---|
| **BANQUETTE.** | | |
| De 7 pieds, en bois de hêtre, foncée en crin ordinaire, et couverte en velours d'Utrecht cramoisi, ou en panne. | 6o | .. |
| **FAUTEUIL DE VEILLE.** | | |
| En bois ordinaire , garni en peau de veau écrue , foncé en crin commun , clous et façon . . . . . . . | 85 | .. |

**CHAISES** *en noyer , couvertes en étoffe de crin.*

| | f. | c. | | |
|---|---|---|---|---|
| 1 bois ordinaire , dossier plein. . . . . . | 8 | .. | | |
| 5/12 d'étoffe de crin , à 4 f. 5o c. . . . . . | 1 | 9o | | |
| 7/12 de toile d'embourure , à 6o c. . . . | .. | 20 | | |
| 1/6 de toile de lin , à 1 f. 5o c. . . . . . . | .. | 25 | | |
| 3 aunes 1/4 de sangle , à 3o c.. . . . . . . | .. | 98 | | |
| 1 aune 7/12 de galon faux , à 25 c. . . . . | .. | 4o | | |
| 140 clous dorés à lentille , à 1o f. le mille . | 1 | 4o | | |
| 5 livres de crin , à 1 f. 5o c.. . . . . . . . | 4 | 5o | | |
| Façon. . . . . . . . . . . . . . . | 4 | .. | | |
| TOTAL *du prix d'une Chaise* . . . 21 | 63 | | 259 | 56 |
| Pour onze autres *Chaises* , à 21 f. 6o c.. 237 | 93 | | | |

404f. 56 c.

|  | f. | c. |
|---|---|---|
| *D'autre part . . .* | 404 | 56 |

### ARMOIRE *ordinaire.*
A 2 ventaux en bois blanc, peint en gris, 6 pommes de porte-manteaux, simple fermeture . . . . . . **45 ..**

DANS L'ARMOIRE.

### BALAI *de crin noir.*
22 rangs sur 6 . . . . . . . **6 ..**

### PLUMEAU *de première sorte.*
18 pouces. . . . . . . . . . **9 ..**

### BOUGEOIR *en cuivre.*
4 pouces 1/2 . . . . . . . . . . **2 50**

### VERGETTE *en crin noir.*
34 rangs sur 9 . . . . . . . . . . **4 50**

### ÉTOUFFOIR *en tôle.*
Première sorte . . . . . . . . . . **15 ..**

### PANIER *à bois.*
De 4 pieds de long, sur 18 pouces de large et 30 pouces de profondeur . . . . . . . . . . **16 ..**

### RIDEAUX *de croisées ( deux ).*

| | f. | c. | | f. | c. |
|---|---|---|---|---|---|
| 11 aunes calicot 3/4, à 2 f. . . . . . . | 22 | .. | | | |
| 3 aunes ruban, pour les têtes, à 15 c. . . | .. | 45 | | | |
| 26 anneaux de cuivre, à 15 c. . . . . . . | 3 | 90 | | | |
| Une tringle en fer, de 5 pieds, à 60 c. le pied . . . . . . . . . . . . | 3 | .. | | 43 | 25 |
| 2 patères brunies, de 3 pouces, à 2 f. 50 c. . | 5 | .. | | | |
| 2 crochets en fer, à 20 c. . . . . . . . . | .. | 40 | | | |
| Façon des 2 rideaux . . . . . . . . . | 8 | 50 | | | |

### RIDEAUX *de vitrages ( deux ).*

| | f. | c. | | f. | c. |
|---|---|---|---|---|---|
| 4 aunes mousseline 3/4, à 2 f. . . . . . | 8 | .. | | | |
| 1 aune 1/2 ruban, pour les têtes, à 15 c. . . | .. | 23 | | | |
| 26 annelets, à 3 c. . . . . . . . . . . | .. | 78 | | | |
| 2 petites tringles, à 40 c. . . . . . . . | .. | 80 | | 12 | 51 |
| 4 pitons en fer, à 5 c. , . . . . . . . . | .. | 20 | | | |
| Façon des 2 rideaux . . . . . . . . . | 2 | 50 | | | |

### ARMOIRE, *formant lit.*

| | f. | c. | | f. | c. |
|---|---|---|---|---|---|
| En bois de chêne, à deux ventaux, fond sanglé, simple fermeture. . . . . . | 110 | .. | | | |
| DANS L'ARMOIRE. | | | | 253 | .. |
| 2 matelas de 3 pieds, de 4e classe, à 48 f. . | 96 | .. | | | |
| 1 traversin ordinaire, de 4e classe . . . . | 19 | .. | | | |
| 2 couvertures de laine, à 14 f. . . . . . | 28 | .. | | | |

|  | f. | c. |
|---|---|---|
| | 811 | 32 |

|  | f. | c. |
|---|---|---|
| *D'autre part* . . . | 8:1 | 32 |

DANS UN PLACARD.

|  | f. | c. |
|---|---|---|
| Une cuvette et pot , en faïence commune . . . . . . . | 1 | 60 |
| 1 verre ordinaire . . . . . . . . . . . . . . . . . . | .. | 25 |
| 1 vase de nuit , ordinaire . . . . . . . . . . . . . | .. | 90 |
| 1 éteignoir commun. . . . . . . . . . . . . . . . . | .. | 10 |
| Une petite veilleuse. . . . . . . . . . . . . . . . . | .. | 75 |
| 1 miroir ordinaire , à 4 équerres. . . . . . . . . . . | 2 | 5o |
| Une cruche en grès . . . . . . . . . . . . . . . . | 1 | .. |
| QUINQUET *en applique* . . . . . . . . . . . . . . | 10 | .. |
| POÊLE *bâti ( article bâtiment ; pour mémoire )* . . . . | .. | .. |
| PINCETTE *forte , pour le poêle.* . . . . . . . . . . | 2 | .. |
| PELLE *à braise , en tôle* . . . . . . . . . . . . . | 2 | 5o |
| SOUFFLET *ordinaire.* . . . . . . . . . . . . . . | 1 | 5o |
| FONTAINE *filtrante.* | | |
| De 4 voies . . . . . . . . . . . . . . . . . . . | 32 | .. |
| HOLLANDAISE ou LAMPE *suspendue.* | | |
| A 3 becs . . . . . . . . . . . . . . . . . . . . | 70 | .. |
| TOTAL *du prix du mobilier de l'Antichambre.* . . . | 936 | 42 |

## SALLE A MANGER.

**TABLE A MANGER**, *en acajou choisi.*
De 4 pieds et 1/2, cinq ralonges en sapin, emboitées en chêne, sabots et roulettes en cuivre (*pour 18 personnes*). . . . . . . . . . . . . . . . . . . . . 160 ..

**BUFFET** *en acajou.*
De 4 pieds et 1/2, sur 3 pieds, marbre noir, deux tiroirs à la devanture, boutons dorés et entrées de serrures à sujets, trois tablettes en chêne à l'intérieur, fermeture du haut en bas . . . . . . . 175 ..

**CHAISES**, *en acajou et crin.*

|  | f. | c. |
|---|---|---|
| 1 bois de chaise, dossier à palmettes . . . | 18 | .. |
| 5/12 étoffe de crin, à 6 f.. . . . . . . . | 2 | 50 |
| 7/12 toile d'embourure, à 60 c. . . . . . | .. | 20 |
| 1/6 toile de lin, à 1 f. 50 c. . . . . . . . | .. | 25 |
| 3 aunes 1/4 sangle, à 30 c. . . . . . . . | .. | 98 |
| 1 aune 7/12 galon faux, à 25 c. . . . . . | .. | 40 |
| 140 cloux dorés tiercelin, à 11 f. . . . . | 1 | 50 |
| 3 livres de crin, à 1 f. 50 c. . . . . . . | 4 | 50 |
| Façon d'une chaise. . . . . . . . . . . | 4 | .. |

TOTAL *du prix d'une chaise*. . . . 32 33 ⎫ 387 96
Pour onze autres *chaises*. . . . . 355 63 ⎭

**PENDULE.**
Modèle rond, appliquée au mur, gros anneau en cuivre doré . . . . . . . . . . . . . . . . . . . . 130 ..

**TAPIS.**

|  | f. | c. |
|---|---|---|
| 17 aunes jaspé vert et noir, à 9 f. . . . . | 153 | .. |
| 21 aunes bordure assortie, à 2 f. 50 c. . . . | 52 | 50 |
| 17 aunes thibaude pour doublure, à 1 f. 70 c. | 34 | .. |
| Pose et façon. . . . . . . . . . . . . | 18 | .. |

⎫ 257 50

**RIDEAUX** *de croisées* (deux).

|  | f. | c. |
|---|---|---|
| 11 aunes mousseline 5/4, à 3 f. . . . . . | 33 | .. |
| 3 aunes frange retorse, de 3 pouces, à 2 f.. | 6 | .. |
| 2 aunes 1/2 ruban pour les têtes, à 15 c. . | // | 38 |
| 26 anneaux de cuivre, à 15 c. . . . . . . | 3 | 90 |
| 1 tringle en fer, de 5 pieds, à 60 c. le pied . | 3 | .. |
| 2 patères dorées, de 3 pouces, à 3 f. 50 c. . | 7 | .. |
| 1 paire de poulies . . . . . . . . . . | 3 | 75 |
| 9 aunes cordon de tirage, à 30 c.. . . . . | 2 | 70 |
| 2 embrasses en coton, à 2 f. . . . . . . | 4 | .. |
| Façon de deux rideaux. . . . . . . . . | 11 | .. |
| Pour une seconde *croisée* (*pour mémoire*) . . . . | .. | .. |

⎫ 74 73

1185 19

|  | | f. | c. |
|---|---|---|---|
| *D'autre part* . . . | | 1135 | 19 |

**RIDEAUX** *de vitrages* ( deux ).

|  | f. | c. | | |
|---|---|---|---|---|
| 4 aunes mousseline claire 3/4, à 2 f. . . . . | 8 | .. | | |
| 7 aunes 1/2 effilé de 16 ligues, à 70 c. . . . | 5 | 25 | | |
| 1 aune 1/2 ruban pour les tètes , à 15 c. . | .. | 25 | | |
| 26 annelets , à 3 c. . . . . . . . . . . . . . | .. | 78 | | |
| 2 petites tringles en fer , à 40 c. . . . . . . | .. | 80 | 20 | 86 |
| 4 pitons , à 5 c. . . . . . . . . . . . . . . | .. | 20 | | |
| 2 embrasses en coton , à 70 c. . . . . . . . | 1 | 40 | | |
| 2 gonds polis pour les embrasses , à 10 c. . | .. | 20 | | |
| Façon des deux rideaux . . . . . . . . . | 4 | .. | | |
| Pour une seconde *paire* ( *pour mémoire* ). . . . | | | .. | .. |

**POÈLE** *bâti* ( *article bâtimens , pour mémoire* ). . . . .   ..   ..

**PINCETTE** *forte pour le poêle* . . . . . . . . . . .   2   ..

**PELLE** *à braise , en tôle*. . . . . . . . . . . . . .   2   50

**LAMPE ASTRALE** , *suspendue , à 3 lumières*. . . . . .   70   ..

**FONTAINE** *en tôle vernie , appliquée au mur , avec une
cuvette pareille*. . . . . . . . . . . . . . . . .   30   ..

**GLACE** et **PARQUET.**
Entre-deux de croisées , assortis à l'ameublement. . .   200   ..

**TOTAL** *du prix du mobilier de la Salle à manger* . . .   1510   55

## CHAMBRE A COUCHER.

**RIDEAUX DE CROISÉES** (4, *dont 2 en soie et deux en mousseline* ).

|  | f. | c. |
|---|---|---|
| 19 aunes taffetas fort 5/8, à 7 f. | 133 | .. |
| 9 aunes 1/2 *idem*, pour la draperie, à 7 f. | 66 | 50 |
| 13 aunes mousseline brodée 5/4, à 6 f. | 78 | .. |
| 4 aunes 1/2 frange en soie, de 3 pouces, pour les rideaux, à 8 f. | 36 | .. |
| 3 aunes frange de coton, de 3 pouces, pour rideaux, à 3 f. | 9 | .. |
| 7 aunes 1/2 frange en soie, de 4 pouces, pour la draperie, à 12 f. | 90 | .. |
| 2 bâtons dorés unis, de 5 pouces 1/2 chacun, à 2 f. le pied. | 22 | .. |
| 4 crochets en fer, à 80 c. | 3 | 20 |
| 4 palmettes dorées, ou autres motifs, à 4 f. | 16 | .. |
| 4 patères dorées, de 4 pouces, à 5 f. | 20 | .. |
| 2 embrasses en soie, à 9 f. | 18 | .. |
| 2 embrasses en coton, à 2 f. 50 c. | 5 | .. |
| 4 gonds polis, pour les embrasses, à 10 c. | .. | 40 |
| 2 paires de poulies, à 4 f. | 8 | .. |
| 11 aunes cordon de tirage, à 30 c. | 3 | 30 |
| 52 anneaux de cuivre, à 15 c. | 7 | 80 |
| 2 tringles de fer, de 5 pieds chacune, à 60 c. le pied. | 6 | 50 |
| 3 aunes de ruban, pour les têtes de rideaux, à 15 c. | .. | 45 |
| Façon pour les 4 rideaux et la draperie | 60 | .. |

f.  c.
585  25

## RIDEAUX DE VITRAGES.

|  | f. | c. |
|---|---|---|
| 3 aunes mousseline brodée, à 5 f. | 15 | .. |
| 8 aunes effilé, de 12 lignes, à 60 c. | 4 | 80 |
| 26 annelets en cuivre, à 5 c. | 1 | 30 |
| 2 petites tringles en laiton, à 60 c. | 1 | 20 |
| 1 aune 1/2 de ruban pour les têtes, à 15 c. | .. | 23 |
| 2 petites embrasses, en coton, à 70 c. | 1 | 40 |
| 2 gonds polis, à 10 c. | .. | 20 |
| 4 pitons ou clous dorés, à 25 c. | 1 | .. |
| Façon des 2 rideaux | 3 | 50 |

| | f. | c. |
|---|---|---|
| Total du prix d'une paire de *Rideaux*. | 28 | 63 |
| Pour une seconde paire | 28 | 63 |

57  26

640  51

|  | f. | c. |
|---|---|---|
| *D'autre part* . . . | 642 | 5o |

**COMMODE** *en acajou, et marbre blanc.*
De 4 pieds, en acajou, avec ornemens dorés . . . . | 400 | ..

**SECRÉTAIRE** *en acajou, et marbre blanc.*
Assorti à la commode . . . . . . . . . . . . . . | 440 | ..

**CHIFFONNIER** *en acajou, et marbre blanc.*
Assorti au secrétaire et à la commode . . . . . . . | 58o | ..

**TABLE DE TRAVAIL**, *pour femme.*
Bois ronceux, glace à l'intérieur, ornemens dorés . . | 140 | ..

**JARDINIÈRE.**
Bois en acajou, cuvette en plomb, galerie et ornemens . | 110 | ..

**BERGÈRE-GONDOLE**, *acajou et gourgouran.*

|  | f. | c. |
|---|---|---|
| 1 bois en acajou. . . . . . . . . . . . . | 40 | .. |
| 3 aunes 1/4 gourgourau, à 15 f. . . . . . | 48 | 75 |
| 8 aunes galon assorti, à 1 f. . . . . . . . | 8 | .. |
| 7/8 taffetas, à 6 f. 5o c.. . . . . . . . . | 5 | 74 |
| 7 aunes biais, à 1 f. . . . . . . . . . | 7 | .. |
| 1 aune 1/2 toile forte, à 1 f. 5o c.. . . . . | 2 | 25 |
| 1 aune 1/2 toile blondine, à 2 f. . . . . . | 3 | .. |
| 2 aunes 1/2 toile de lin, à 1 f. 5o c.. . . . | 5 | 75 |
| 1 aune 1/3 toile d'embourure, à 6o c.. . . . | .. | 9o |
| 5 aunes sangle, à 3o c. . . . . . . . . . | 1 | 5o |
| 2 peaux blanches pour le carreau, à 2 f. 5o c. | 5 | .. |
| 5 livres de plumes, à 4 f. . . . . . . . . | 2o | .. |
| 3 livres de crin, à 1 f. 6o c. . . . . . . . | 4 | 8o |
| 1 feuille 1/2 de carton, à 70 c.. . . . . . | 1 | o5 |
| Façon . . . . . . . . . . . . . . . . | 24 | .. |

Total : 175 | 74

**FAUTEUILS - GONDOLE**, *acajou et gour-gouran.*

|  | f. | c. |
|---|---|---|
| 1 bois en acajou . . . . . . . . . . . | 3o | .. |
| 2 aunes gourgouran, à 15 f. . . . . . . . | 3o | .. |
| 5 aunes 5/12 galon, à 1 f. . . . . . . . . | 5 | 43 |
| 5/6 taffetas, à 6 f. 5o c.. . . . . . . . . | 5 | 42 |
| 5/6 toile forte, à 1 f. 5o c.. . . . . . . . | 1 | 25 |
| 4 aunes 2/3 biais, à 1 f. . . . . . . . . . | 5 | 42 |
| 3 aunes 3/4 sangle, à 3o c.. . . . . . . . | 1 | 13 |
| 5/6 toile d'embourure, à 6o c.. . . . . . . | o | 5o |
| 1 aune 2/3 toile de lin, à 1 f. 5o c.. . . . | 2 | 5o |
| 5 livres crin, à 1 f. 6o c.. . . . . . . . . | 8 | .. |
| Façon . . . . . . . . . . . . . . . . | 18 | .. |
| Total du prix d'un *fauteuil* . . . . | 107 | 65 |
| Pour un second *fauteuil* . . . . | 107 | 65 |

215 | 3o

2503 | 54

f.   c.

|  |  |  |  |  |
|---|---|---:|---:|---:|
| *D'autre part* . . . |  |  | 2503 | 54 |

**CHAISES-GONDOLE**, *acajou et gourgouran.*

| | | |
|---|---:|---:|
| 1 bois en acajou . . . . . . . . . . . . . | 23 | .. |
| 1 aune 2/3 gourgouran , à 15 f.. . . . . . . | 25 | .. |
| 5 aunes galon assorti , à 1 f. . . . . . . . | 5 | .. |
| 2/3 taffetas , à 6 f. 5o c. . . . . . . . . . | 4 | 35 |
| 2 aunes 1/3 biais , à 1 f.. . . . . . . . . | 2 | 5o |
| 2/3 toile forte , à 1 f. 5o c.. . . . . . . | .. | 5o |
| 3/4 toile d'embourure , à 6o c.. . . . . . | .. | 45 |
| 1 aune 1/4 de toile de lin , à 1 f. 5o c. . . . | 1 | 88 |
| 3 aunes sangle , à 3o c. . . . . . . . . . . | .. | 9o |
| 4 livres crin , à 1 f. 6o c. . . . . . . . . | 6 | 4o |
| 1 feuille de carton . . . . . . . . . . | .. | 7o |
| Façon . . . . . . . . . . . . . . . . . | 1o | .. |

| | | |
|---|---:|---:|
| Total du prix d'une *chaise* . . . | 8o | 68 |
| Pour une seconde *chaise* . . . | 8o | 68 |

**161 36**

**TABOURET DE PIEDS**, *acajou et soie.*

| | | |
|---|---:|---:|
| 1 bois en acajou . . . . . . . . . . . . | 4 | .. |
| 5/12 gourgouran , à 15 f. . . . . . . . . | 6 | 25 |
| 1 aune 1/3 galon assorti , à 1 f.. . . . . . | 1 | 34 |
| 1/4 toile de lin , à 1 f. 5o c. . . . . . . . | .. | 38 |
| 5/12 toile d'embourure , à 6o c.. . . . . . | .. | 25 |
| 1 aune 2/3 sangle , à 3o c. . . . . . . . | .. | 5o |
| 1 aune 1/4 biais , à 1 f. . . . . . . . . | 1 | 25 |
| 2 livres 1/2 crin , à 1 f. 6o c. . . . . . . | 4 | o |
| Façon . . . . . . . . . . . . . . . | 4 | 5o |

**22 47**

**ÉCRAN**, *acajou et soie.*

| | | |
|---|---:|---:|
| 1 bois en acajou , à colonnes , chapiteaux dorés , cordon et plomb. . . . . . . . | 55 | .. |
| 1 aune 1/2 gourgouran , à 15 f. . . . . . . | 22 | 5o |
| 5 aunes galon assorti , à 1 f.. . . . . . . | 5 | .. |
| 1 aune 1/2 toile de lin , à 1 f. 5o c. . . . . | 1 | 63 |
| Façon . . . . . . . . . . . . . . . . | 9 | .. |

**93 13**

**COUCHER.**

| | | |
|---|---:|---:|
| 1 bois de lit de 3 pieds 1/2 , en acajou , soit à l'antique , soit à pilastres ou à flasques , en beau bois , ornemens dorés , roulettes à galets. . . . . . . . . . | 45o | .. |
| 1 sommier de 1re classe , de 3 pieds 1/2. . . | 92 | .. |
| 2 matelas de 1re classe , de 3 pieds 1/2, à 96 f. . | 192 | .. |
| 1 lit de plumes , de duvet de 1re classe , 3 pieds 1/2. . . . . . . . . . . . | 2o5 | .. |
| 1 traversin assorti au lit. . . . . . . . . | 51 | .. |
| 1 second traversin en crin . . . . . . . . | 23 | .. |
| 2 oreillers assortis au lit , à 43 f. . . . . . | 86 | .. |
| 1 couverture de laine. . . . . . . . . | 55 | .. |
| 1 couverture de coton. . . . . . . . . . | 3o | .. |

**1184 ..**

**3964 5o**

|  | f. | c. |
|---|---|---|
| *D'autre part* . . . | 3964 | 5o |

## ÉDREDON.

|  | f. | c. |  |  |
|---|---|---|---|---|
| 2 livres 1/4 édredon du nord, à 27 f. . . . | 6o | 75 | | |
| 6 aunes marceline, à 6 f. . . . . . . . . . | 5o | .. | 102 | 75 |
| Façon . . . . . . . . . . . . . . . . . | 12 | .. | | |

## RIDEAUX DE LIT, *en impériale.*

| | | | | |
|---|---|---|---|---|
| 5o aunes taffetas fort, 5/8, à 7 f. . . . . . . | 210 | .. | | |
| 6 aunes 1/2 frange retorse en soie, de 3 pouces 1/2, pour le bas, à 12 f. . . . . . | 78 | .. | | |
| 11 aunes taffetas pour le fond et les pentes de l'impériale, à 7 f. . . . . . . . . | 77 | .. | | |
| 5 aunes 1/2 frange ouvragée en soie, de 4 pouces 1/2, à 22 f. . . . . . . . . . | 121 | .. | | |
| 5o aunes galon de soie, pour un seul rang d'encadrement, tant pour les rideaux que pour l'impériale, à 2 f. . . . . . | 6o | .. | 643 | 58 |
| 2 flèches en fer sur les côtés, enveloppées de pareille étoffe au lit, et destinées à soutenir les rideaux ; chaque flèche, portant chaque 3 pieds 1/2, à 6 f. pièce la flèche . | 12 | .. | | |
| 4 aunes de cablé en soie, à poser sur la tête des pentes, à 3 fr. . . . . . . . . . | 12 | .. | | |
| 2 grosses patères au bout des flèches, à 6 f. . | 12 | .. | | |
| 10 aunes 1/2 ruban pour les têtes et pentes, à 15 c. . . . . . . . . . . . . . . | 1 | 58 | | |
| Façon des rideaux en impériale. . . . . . | 6o | .. | | |

## COURTE-POINTE, *à deux traversins.*

| | | | | |
|---|---|---|---|---|
| 12 aunes 1/2 taffetas, à 7 f. . . . . . . . | 87 | 5o | | |
| 10 aunes 3/4 toile blanche, à 2 f. . . . . . | 21 | 5o | | |
| 8 aunes 1/4 bordure, de 5 pouces, à 3 f. . . | 24 | 75 | 163 | 07 |
| 6 aunes 2/3 *idem*, d'un pouce, à 1 f. 25 c. . | 8 | 52 | | |
| 4 pompons en soie, à 1 f. 5o c. . . . . . . | 6 | .. | | |
| Façon . . . . . . . . . . . . . . . . | 15 | .. | | |

## TABLE DE NUIT.

| | | |
|---|---|---|
| Somno, marbre blanc, ornemens dorés . . . . . . . | 8o | .. |

## VASES DE NUIT, *en porcelaine.*

| | | |
|---|---|---|
| Rond, filet or . . . . . . . . . . . . . . . . . . . | 10 | .. |
| Ovale, filet or . . . . . . . . . . . . . . . . . . . | 7 | .. |

## TABLE DE TOILETTE.

| | | |
|---|---|---|
| Bois choisi, en acajou. miroir ovale, marbre blanc creusé, ornemens dorés, branches sur les côtés pour deux lumières. . . . . . . . | 280 | .. |

## MIROIR A LA PSYCHE.

| | | |
|---|---|---|
| Bois choisi, en acajou, ornemens dorés, branches sur les côtés, et glace de dimension. . . . . . | 450 | .. |

|  | f. | c. |
|---|---|---|
|  | 5700 | 9o |

|  | f. | c. |
|---|---|---|
| *D'autre part* . . . | 5700 | 90 |

**CUVETTE** *et* **POT A EAU.**
En porcelaine et or. . . . . . . . . . . . . . . | 3o | .. |

**AIGUIÈRE** *et* **CUVETTE.**
En cristal taillé. . . . . . . . . . . . . . . . . | 8o | .. |

**GOBELET.**
En cristal taillé. . . . . . . . . . . . . . . . . | 9 | .. |

**PENDULE.**
Prise dans la seconde classe · . . . . . . . . . . . | 45o | .. |

**LAMPES (deux).**
Imitation de bronze , colonnes cannelées , avec dorures. | 14o | .. |

**FLAMBEAUX DORÉS.**
La paire. . . . . . . . . . . . . . . . . . . . . | 35 | .. |

**FLACONS.**
La paire, en cristal taillé. . . . . . . . . . . . . | 12 | .. |

**BOUGEOIR.**
Doré, de 4 pouces . . . . . . . . . . . . . . . . | 2o | .. |

**PORTE-MONTRES.**
La paire. . . . . . . . . . . . . . . . . . . . . | 6 | .. |

**COULISSEAUX** *et* **ANNEAUX DORÉS** *pour*
*sonnettes.*
La paire. . . . . . . . . . . . . . . . . . . . . | 6 | .. |

**CORDONS DE SONNETTES.**
3 aunes 1/2 de ruban de soie pour sonnettes, à 8o c. . . . | 2 | 8o |

**FEUX** *et* **GALERIE.**
Pris dans la seconde classe. . . . . . . . . . . . . | 18o | .. |

**PELLE** *et* **PINCETTE.**
Dorées et renflées au milieu. . . . . . . . . . . . | 18 | .. |

**SOUFFLET.**
En acajou, à 2 vents. . . . . . . . . . . . . . . . | 12 | .. |

**BALAI DE FOYER.**
En acajou et tourné. . . . . . . . . . . . . . . . | 6 | .. |

|  | 6707 | 7o |

|  | f. | c. |
|---|---|---|
| *D'autre part* . . . | 6707 | 70 |

## ENCOIGNURES EN CUIVRE.
( Près de la cheminée), à 4 f. 50 c. la pièce . . . . . . — 9 — ..

## CANDELABRES , *bronze et or, à 2 lumières.*
Pris dans la troisième classe ( la paire ) . . . . . . . — 115 — ..

## GLACES *et* PARQUETS.
Sur la cheminée, assortis à l'ameublement . . . . . . — 450 — ..
Entre les deux croisées , *idem* . . . . . . . . . . . . — 240 — ..

## TAPIS D'APPARTEMENT.
Aubusson raz, médaillon au milieu, mesu-
    rant 10 aunes carrées, à 24 f. . . . . . .240 ..
Doublure en thibaude, mesurant 18 aunes
    courantes, à 2 f. . . . . . . . . . . 36 ..    294 ..
Façon et pose. . . . . . . . . . . . . . 18 ..

## TAPIS DE FOYER.
Aubusson velouté. . . . . . . . . . . . . . . . . — 36 — ..

## GARDE-ROBE.
1 bidet à planche et à seringue, en acajou, cuvette en
    toile vernie. . . . . . . . . . . . . . . . . . — 45 — ..
1 chaise percée en acajou , vase en faïence . . . . . . — 40 — ..
1 seau en fer-blanc peint , pour les pieds . . . . . . — 18 — ..
1 broc en faïence de Sceaux. . . . . . . . . . . . . — 6 — ..
1 bassinoire . . . . . . . . . . . . . . . . . . . . — 15 — ..
1 garde-feu en laiton de couleur, à cinq feuilles. . . . — 30 — ..
1 paravent en papier , de six feuilles . . . . . . . . — 33 — ..
1 petite lampe – veilleuse . . . . . . . . . . . . . — 3 — ..
1 balai de garde-robe. . . . . . . . . . . . . . . . — .. — 15

TOTAL *du mobilier de la Chambre à coucher* . . . — 8042 — 05

# BUREAU ou CABINET DE TRAVAIL.

| | f. | c. |
|---|---|---|
| **RIDEAUX** *de croisées.* | | |
| Semblables à ceux de la salle à manger, folio 158 . . | 74 | 73 |
| **RIDEAUX** *de vitrages.* | | |
| Semblables à ceux de la salle à manger, folio 158 . . | 20 | 86 |
| **BUREAU** *en acajou.* | | |
| De 5 pieds et à colonnes, casier en acajou, quatre tiroirs, une petite caisse, ornemens dorés . . . . | 250 | .. |
| **CARTONS** (12). | | |
| Papier vert, à vignette, anneaux dorés, à 3 f. . . . . | 36 | .. |
| **PUPITRE** *de bureau, en acajou.* | | |
| Basane noire, à vignette, et fermant à clef. . . . . . | 40 | .. |

**FOURNITURE** *de bureau.*

| | f. | c. | | |
|---|---|---|---|---|
| 1 écritoire de bureau à deux gorges, avec dorure. . . . . . . . . . . . . . . . | 60 | .. | | |
| 1 cachet en ivoire . . . . . . . . . . . . | 3 | 25 | | |
| 1 canif en ivoire . . . . . . . . . . . . | 3 | 25 | | |
| 1 gratoir, *idem*. . . . . . . . . . . . | 3 | 25 | | |
| 1 crayon anglais. . . . . . . . . . . . | 1 | .. | | |
| 1 règle en ébène . . . . . . . . . . . | 2 | 50 | | |
| 1 carlet en ébène. . . . . . . . . . . | 2 | 50 | 103 | 85 |
| 1 bouteille de sandaraque. . . . . . . . . | .. | 60 | | |
| 1 compas de bureau . . . . . . . . . . | 2 | 50 | | |
| 1 poinçon . . . . . . . . . . . . . . | 4 | 50 | | |
| 1 couteau d'ivoire.. . . . . . . . . . | 3 | .. | | |
| 1 plomb en maroquin. . . . . . . . . . | 7 | 50 | | |
| 1 paquet de plumes . . . . . . . . . . | 2 | 50 | | |
| 1 souvenir . . . . . . . . . . . . . . | 1 | 50 | | |
| Une grimace, ou boîte à pains à cacheter . | 6 | .. | | |

| | f. | c. |
|---|---|---|
| **CALENDRIER** | | |
| Pour bureau . . . . . . . . . . . . . . . . . . . . . | 2 | 50 |
| | 527 | 94 |

|  | f. | c. |
|---|---|---|
| *D'autre part* . . . | 527 | 94 |

## ALMANACH ROYAL.

| | f. | c. |
|---|---|---|
| Relié en veau . . . . . . . . . . . . . . . . . . . . . | 12 | .. |

## FAUTEUIL *de bureau, en acajou.*

|  | f. | c. | | |
|---|---|---|---|---|
| 1 bois de fauteuil (premier choix) . . . . | 55 | .. | | |
| 1 peau de maroquin. . . . . . . . . . | 15 | .. | | |
| 3 aunes 3/4 sangle, à 30 c. . . . . . . . | 1 | 13 | | |
| 1 aune, toile d'embourure, à 60 c.. . . . . | .. | 60 | | |
| 1/2 aune toile douce, à 1 f. 50 c. . . . . . | .. | 75 | 92 | 56 |
| 2 aunes 1/2 galon faux, à 25 c. . . . . . . | .. | 65 | | |
| 225 cloux dorés tiercelin, à 11 f. le mille . | 2 | 48 | | |
| 5 livres de crin, à 1 f. 60 c. . . . . . . . . | 8 | .. | | |
| Façon . . . . . . . . . . . . . . . . | 9 | .. | | |

## FAUTEUILS *ordinaires, acajou et maroquin.*

|  | f. | c. | | |
|---|---|---|---|---|
| 1 bois de fauteuil . . . . . . . . . . | 28 | .. | | |
| 1 peau de maroquin . . . . . . . . . | 15 | .. | | |
| 3 aunes 1/2 de sangle , à 30 c. . . . . . . | 1 | 05 | | |
| 1/2 aune toile dauphine pour entoilage, à 2 f. 50 c.. . . . . . . . . . . . . . | 1 | 25 | | |
| 1 aune 1/2 toile d'embourure, à 60 c. . . | .. | 90 | | |
| 5/6 toile forte, à 1 f. 50 c. . . . . . . . . | 1 | 25 | | |
| 3 aunes 3/4 galon faux , à 25 c. . . . . . . | .. | 94 | | |
| 330 cloux dorés, à 11 f. . . . . . . . . . | 3 | 63 | | |
| 5 livres de crin, à 1 f. 60 c. . . . . . . . | 8 | .. | | |
| Façon . . . . . . . . . . . . . . . . | 15 | .. | | |
| Total du prix d'un *fauteuil* . . . . | 75 | 02 | 150 | 04 |
| Pour un second *fauteuil* . . . . . . | 75 | 02 | | |

## CHAISES , *acajou et maroquin.*

|  | f. | c. | | |
|---|---|---|---|---|
| 1 bois de chaise. . . . . . . . . . . . | 18 | .. | | |
| 1/2 peau de maroquin . . . . . . . . . | 7 | 50 | | |
| 7/12 toile d'embourure , à 60 c. . . . . . | .. | 35 | | |
| 1/6 toile forte , à 1 f. 50 c. . . . . . . . | .. | 25 | | |
| 3 aunes sangle, à 30 c.. . . . . . . . . | .. | 90 | | |
| 1 aune 7/12 galon faux, à 25 c. . . . . . | .. | 28 | | |
| 2/3 toile de lin , à 1 f. 50 c. . . . . . . . | 1 | .. | | |
| 140 cloux dorés, à 11 f. . . . . . . . . | 1 | 54 | | |
| 3 livres de crin, à 1 f. 60 c. . . . . . . . | 4 | 80 | | |
| Façon . . . . . . . . . . . . . . . . | 4 | 50 | | |
| Total du prix d'une *chaise*. . . . . | 39 | 12 | 73 | 24 |
| Pour une seconde *chaise* . . . . . | 39 | 12 | | |

|  | | |
|---|---|---|
| | 800 | 78 |

|  | f. | c. |
|---|---|---|
| *D'autre part* . . . | 860 | 78 |

**CHAISES** *empaillées* (quatre).

| Merisier et à palmettes, à 6 f. 50 c. . . . . . . . . . . | 26 | .. |

**TAPIS** *d'appartement.*

| | f. | c. | | |
|---|---|---|---|---|
| 15 aunes jaspé vert et noir, à 9 f. . . . . . 135 | | .. | | |
| 20 aunes bordure assortie, à 2 f. 50 c. . . . 50 | | .. | 229 | 90 |
| 15 aunes thibaude pour bordure, à 1 f. 70 c. 28 | 90 | | | |
| Pose et façon. . . . . . . . . . . . . 16 | | .. | | |

**TAPIS** *de foyer.*

| Moquette, première qualité. . . . . . . . . . . . | 25 | .. |

**PARAVENT** *de bureau.*

| En papier de fantaisie . . . . . . . . . . . . . . . | 12 | 50 |

**PENDULE.**

| Prise dans la 3e classe . . . . . . . . . . . . . . | 250 | .. |

**LAMPÉ.**

| A la Carcel, petit modèle. . . . . . . . . . . . . | 120 | .. |

**FLAMBEAUX** *dorés.*

| La paire. . . . . . . . . . . . . . . . . . . | 50 | .. |

**BOUGEOIR** *argenté.*

| De 4 pouces . . . . . . . . . . . . . . . . . . | 4 | 50 |

**COULISSEAUX** *et anneaux dorés, pour son-*
*nettes.*

| La paire . . . . . . . . . . . . . . . . . . | 5 | .. |

**CORDONS** *de sonnettes.*

| 3 aunes 1/2 de ruban de soie, à 80 c. . . . . . . . | 2 | 80 |

**CARAFE.**

| En cristal taillé . . . . . . . . . . . . . . . . | 9 | .. |

**GOBELET.**

| En cristal taillé. . . . . . . . . . . . . . . . . | 25 | 50 |

| | 1600 | 98 |

|  | f. | c. |
|---|---|---|
| *D'autre part . . .* | 1600 | 98 |

**GLACE** *et parquet.*
Sur la cheminée, assortis à l'ameublement. . . . . . | 250 | .. |

**FEUX.**
A vases dorés. . . . . . . . . . . . . . . . . . , | 35 | .. |

**PELLE** *et* PINCETTE.
Modèle ordinaire, à boutons dorés. . . . . . . . . | 6 | .. |

**SOUFLET.**
Merisier, couleur acajou, à 2 vents. . . . . . . . . | 6 | .. |

**BALAI** *de foyer.*
Acajou et tourné . . . . . . . . . . . . . . . . . | 5 | 50 |

**TOTAL** *du prix du mobilier du Cabinet de travail.* . . | 1903 | 48 |

# BOUDOIR.

## RIDEAUX DE CROISÉES ( 2 , *dont un en soie, et l'autre en mousseline* ).

|  | f. | c. |
|---|---|---|
| 9 aunes taffetas fort , 7/12 , à 6 f. 5o c. . . | 58 | 5o |
| 2 aunes de frange retorse , en soie , pour le bas , de 3 pouces , à 8 f. . . . . . . . | 16 | .. |
| 5 aunes taffetas pour la draperie , à 6 f. 5o c. | 32 | 5o |
| 4 aunes de frange , ouvragée , de 4 pouces , pour la draperie , à 12 f. . . . . . . | 48 | .. |
| 6 aunes de mousseline brodée 5/4 , à 6 f. . | 36 | .. |
| 4 aunes 1/2 de frange retorse en coton, pour le bas et le montant du rideau , à 3 f. . | 13 | 5o |
| 1 bâton doré , cannelé , de 5 pieds et 1/2, à 3 f. le pied . . . . . . . . . . . . | 16 | 5o |
| 2 crochets en fer , de 10 pouces , à 80 c.. . | 1 | 6o |
| 2 palmettes dorées , ou autre sujet à 4 f. . | 8 | .. |
| 2 patères dorées , de 3 pouces et 1/2, à 5 f. | 10 | .. |
| 1 embrasse en soie , cablée en quatre . . . | 5 | 5o |
| 1 embrasse en coton , sans ame. . . . . . | 2 | 5o |
| 2 gonds polis , à 10 c. . . . . . . . . . | .. | 20 |
| 1 paire de poulies . . . . . . . . . . . | 4 | .. |
| 11 aunes cordon de tirage , à 3o c. . . . . | 3 | 3o |
| 26 anneaux de cuivre , à 15 c. . . . . . . | 3 | 9o |
| 3 aunes de ruban pour les têtes , à 15 c. . . | .. | 45 |
| 1 tringle , de 5 pieds et demi , à 6o c. le pied. | 3 | 3o |
| Façon des deux rideaux et de la draperie . | 3o | .. |

f. c.
293  75

## RIDEAUX *de vitrages*.

Semblables à ceux de la chambre à coucher, folio 160 .   28  63

## CAUSEUSE *en bois, recouvert à 2 oreillers*.

|  | f. | c. |
|---|---|---|
| 1 bois , de 4 pieds , en acajou . . . . . . | 4o | .. |
| 6 aunes de gourgouran , à 15 f. . . . . . | 9o | .. |
| 3 aunes de taffetas assorti , à 6 f. 5o c. . . | 19 | 5o |
| 12 aunes de galon , à 1 f. . . . . . . . . | 12 | .. |
| 1 aune 1/6 taffetas pour entoilage , à 6 f. 5o c. | 7 | 57 |
| 1 aune 1/2 de toile forte , à 1 f. 5o c. . . . | 2 | 25 |

171  32    322  58

|  | f. | c. |
|---|---|---|
| *D'autre part* . . . | 322 | 38 |

| | f. | c. | | f. | c. |
|---|---|---|---|---|---|
| *Report de l'article* CAUSEUSE. . . | 171 | 52 | | | |
| 2 aunes toile d'embourure, à 60 c. . . . . . | 1 | 20 | | | |
| 2 aunes 3/4 toile de lin, pour le faux car- | | | | | |
| reau, à 1 f. 50 c. . . . . . . . . . | 4 | 2 | | | |
| 12 aunes de sangle, à 30 c. . . . . . . . | 3 | 60 | | 306 | 14 |
| 1 aune 1/8 coutil pour les oreillers, à 7 f. . | 7 | 90 | | | |
| 6 livres de plume, à 3 f. 50 c. . . . . . . | 21 | .. | | | |
| 5 aunes de toile de lin, à 1 f. 50 c. . . . . | 7 | 50 | | | |
| 26 livres de crin, à 1 f. 60 c . . . . . . | 41 | 60 | | | |
| 8 pompons d'oreillers, à 1 f. . . . . . . | 8 | .. | | | |
| Façon . . . . . . . . . . . . . . . . | 40 | .. | | | |

**BERGÈRE** *en acajou et gourgouran.*

Semblable détaillée, au folio 161 . . . . . . . . . .  175  74

**FAUTEUILS** *en acajou et gourgouran.*

2 semblables à celui détaillé, folio 161, à 107 f. 65 c. .  215  30

**CHAISES** *en acajou et gourgouran.*

2 semblables à celle détaillée, folio 162, 80 f. 68 c. . .  161  36

**TABOURET** *de pieds en acajou et gourgouran.*

Semblable à celui détaillé, folio 162 . . . . . . . .  22  47

**BONHEUR DU JOUR** *ou* **PETIT BUREAU.**

Acajou, marbre bleu turquin, glace à l'intérieur, tiroirs en bois de fantaisie, avec filets et encadremens.,  130  ..

**GUÉRIDON** *de 27 pouces.*

Acajou, marbre creusé en bleu turquin, et dorures . .  130  ..

**VIDE-POCHE.**

Acajou et dorures. . . . . . . . . . . . . .  85  ..

**PENDULE.**

Prise dans la seconde classe . . . . . . . . . . .  300  ..

**CANDELABRES** ( *la paire* ).

Bronze et or, à deux lumières, de 3ᵉ classe . . . . .  115  ..

|  | 1963 | 39 |
|---|---|---|

|  | f. | c. |
|---|---|---|
| *D'autre part* . . . | 1963 | 39 |

**FLAMBEAUX** *dorés.*
La paire. . . . . . . . . . . . . . . . . . . . . . . . . 35 ..

**FLACONS.**
La paire, en cristal taillé . . . . . . . . . . . . . . 12 ..

**CARAFE.**
En beau cristal taillé. . . . . . . . . . . . . . . . . 3o ..

**GOBELET.**
En cristal taillé.. . . . . . . . . . . . . . . . . . . 9 ..

**PORTE-MONTRES.**
La paire. . . . . . . . . . . . . . . . . . . . . . . . 6 ..

**COULISSEAUX** *et anneaux dorés pour son-*
*nettes.*
La paire. . . . . . . . . . . . . . . . . . . . . . . . 6 ..

**CORDONS** *de sonnettes.*
3 aunes 1/2 de ruban, à 80 c.. . . . . . . . . . . . . 2 80

**FEUX** *et galerie.*
Pris dans la troisième classe. . . . . . . . . . . . . 6o ..

**PELLE** *et* **PINCETTE.**
Modèle ordinaire à boutons dorés. . . . . . . . . . . 6 ..

**SOUFFLET.**
Acajou à deux vents.. . . . . . . . . . . . . . . . . . 12 ..

**BALAI** *de foyer.*
Acajou et tourné . . . . . . . . . . . . . . . . . . . 5 5o

**ENCOIGNURE.**
En cuivre, près de la cheminée. . . . . . . . . . . . 4 5o

**TAPIS** *d'appartement.*

|  | f. | c. | | f. | c. |
|---|---|---|---|---|---|
| 9 aunes carrées d'Aubusson raz, avec mé- | | | | | |
| daillon, à 24 f. . . . . . . . . . . . . | 216 | .. | | | |
| 9 aunes thibaude, pour doublure, à 2 f. . . | 18 | .. | } | 248 | .. |
| Pose et façon . . . . . . . . . . . . . | 14 | .. | | | |

|  | 2100 | 19 |
|---|---|---|

|  | f. | c. |
|---|---|---|
| *D'autre part . . . .* | 2400 | 19 |

## TAPIS *de foyer.*

Aubusson velouté . . . . . . . . . . . . . . . . . . . 36 ..

## GLACE *et* PARQUET.

Sur la cheminée, assortis à l'ameublement. . . . . . 280 ..

## ÉCRAN.

|  | f. | c. |  |
|---|---|---|---|
| 1 bois ordinaire en acajou. . . . . . . . | 25 | .. | |
| 1 aune 7/12 taffetas pareil aux rideaux, à 6 f. 5o c.. . . . . . . . . . . . . . . | 10 | 35 | 45 5o |
| 1 aune 1/2 toile, à 1 f. 5o c.. . . . . . . | 2 | 25 | |
| Façon . . . . . . . . . . . . . . . . . . | 8 | .. | |

## TENTURE PLISSÉE *du boudoir.*

|  | f. | c. |  |
|---|---|---|---|
| 3o aunes taffetas pareil aux rideaux de croisées, à 6 f. 5o c.. . . . . . . . . . . | 195 | .. | |
| 27 aunes toile de lin, pour doublure, à 1 f. 5o | 40 | 5o | |
| 24 aunes bordure, de 4 pouces, assortie à celle des siéges, à 4 f. 5o c.. . . . . . | 168 | .. | 468 5o |
| 12 aunes cablé en soie, pour les angles. à 3 f. | 36 | .. | |
| 12 rosettes dorées pour faire les bouts du cablé, à 2 f. . . . . . . . . . . . | 24 | .. | |
| Façon et pose. . . . . . . . . . . . . . | 65 | .. | |

| TOTAL *du Prix du mobilier du Boudoir* . . . | 3120 | 19 |
|---|---|---|

# SALLE DES BAINS.

## RIDEAUX DE CROISÉES (2, *dont un en soie et l'autre en mousseline* ).

| | f. | c. | | |
|---|---|---|---|---|
| 8 aunes 1/2 taffetas 7/12, à 6 f. 50 c. . . . . | 55 | 25 | | |
| 2 aunes frange retorse, en soie, de 2 pouces et 1/2, pour le bas du rideau, à 6 f. . | 12 | .. | | |
| 4 aunes taffetas pour la draperie, à 6 f. 50 . | 26 | .. | | |
| 3 aunes frange ouvragée en soie, de 3 pouces, pour la draperie, à 8 f.. . . . . | 24 | .. | | |
| 6 aunes mousseline brodée 5/4, à 6 f. . . . | 36 | .. | | |
| 1 aune 3/4 frange en coton, à 3 f. . . . . | 5 | 25 | | |
| 3 aunes ruban pour les têtes, à 15 c. . . . | .. | 45 | | |
| 1 bâton doré uni, de 5 pieds 1/2, à 2 f.. . | 11 | .. | 234 | 45 |
| 2 crochets en fer, à 50 c. . . . . . . . | 1 | .. | | |
| 2 palmettes dorées, à 3 f. . . . . . . . | 6 | .. | | |
| 2 patères dorées, de 3 pouces 1/2, à 4 f. 50 c | 9 | .. | | |
| 1 tringle en fer de 5 pieds 1/2, à 60 c. le pied. | 3 | 30 | | |
| 1 embrasse en soie, câblé en 4. . . . . . | 4 | 50 | | |
| 1 embrasse en coton, sans ame . . . . . | 2 | 50 | | |
| 1 paire de poulies . . . . . . . . . . | 3 | 75 | | |
| 8 aunes 1/2 cordon de tirage, à 50 c. . . . | 2 | 55 | | |
| 26 anneaux en cuivre, à 15 c. . . . . . . | 3 | 90 | | |
| Façon.. . . . . . . . . . . . . . . | 28 | .. | | |

## RIDEAUX *de vitrages.*

| | | |
|---|---|---|
| Semblables à ceux de la chambre à coucher, folio 160 . | 28 | 63 |

## BERGÈRE, *acajou et nankin.*

| | f. | c. | | |
|---|---|---|---|---|
| 1 bois de bergère ordinaire . . . . . . . | 30 | .. | | |
| 5 aunes 3/4 nankin des Indes, à 2 f. . . . | 7 | .. | | |
| 8 aunes galon assorti, à 1 f. . . . . . . | 8 | .. | | |
| 7/8 taffetas à 6 f. 50 c. . . . . . . . . | 5 | 74 | | |
| 7 aunes biais, à 75 c. . . . . . . . . | 5 | 25 | | |
| 1 aune 1/2 toile forte, à 1 f. 50 c. . . . . | 2 | 25 | | |
| 1 aune 1/2 toile blondine, à 2 f. . . . . . | 3 | .. | | |
| 2 aunes 1/2 toile de lin, à 1 f. 50 c.. . . . | 3 | 75 | 114 | 09 |
| 1 aune 1/3 toile d'embourrure, à 60 c. . . | .. | 80 | | |
| 5 aunes sangle, à 30 c.. . . . . . . . . | 1 | 50 | | |
| 2 peaux blanches pour le carreau, à 2 f. 50 c. | 5 | .. | | |
| 5 livres plume, à 4 f. . . . . . . . . | 20 | .. | | |
| 3 livres de crin, à 1 f. 60 c. . . . . . . | 4 | 80 | | |
| Façon. . . . . . . . . . . . . . . . | 17 | .. | | |

| | | |
|---|---|---|
| | 377 | 17 |

|  |  | f. | c. |
|---|---|---|---|
| *D'autre part* . . . | | 377 | 17 |

## FAUTEUILS, *acajou et nankin.*

|  | f. | c. |
|---|---|---|
| 1 bois ordinaire. . . . . . . . . . . . . . | 23 | .. |
| 1 aune 1/3 nankin des Indes, 2 f. . . . . | 2 | 67 |
| 5 aunes galon assorti, à 1 f. . . . . . . | 5 | .. |
| 5 aunes 3/4 sangle, à 30 c. . . . . . . . | 1 | 13 |
| 5/6 taffetas, à 6 f. 50. . . . . . . . . . | 5 | 42 |
| 1 aune 1/2 toile d'embourure, à 60 c. . . | .. | 90 |
| 5/6 toile forte, à 1 f. 50 c. . . . . . . . | 1 | 25 |
| 5/6 toile de lin, à 1 f. 50 c. . . . . . . | 1 | 25 |
| 5 livres de crin, à 1 f. 60 c. . . . . . . | 8 | .. |
| Façon . . . . . . . . . . . . . . . . | 13 | .. |
| | | |
| TOTAL du prix d'un *fauteuil* . . . . | 63 | 62 |
| Pour un second *fauteuil* . . . . . . | 63 | 62 |

**127 24**

## CHAISES, *acajou et nankin.*

|  | f. | c. |
|---|---|---|
| 1 bois à dossier pour étoffe . . . . . . . | 16 | .. |
| 1 aune 1/4 nankin des Indes, à 2 f. . . . . | 2 | 50 |
| 4 aunes 1/3 galon assorti, à 1 f. . . . . . | 4 | 34 |
| 1/3 taffetas à 6 f. 50 c. . . . . . . . . . | 2 | 17 |
| 3/4 toile d'embourure, à 60 c. . . . . . . | .. | 45 |
| 1 aune 1/4 toile de lin, à 1 f. 50 c. . . . . | 1 | 88 |
| 1/4 toile forte, à 1 f. 50 c. . . . . . . . | .. | 38 |
| 3 aunes sangle, à 30 c. . . . . . . . . . . | .. | 90 |
| 4 livres de crin, à 1 f. 60 c. . . . . . . | 6 | 40 |
| Façon . . . . . . . . . . . . . . . . | 5 | .. |

**40 02**

## TABOURET, *acajou et nankin.*

|  | f. | c. |
|---|---|---|
| 1 bois de tabouret. . . . . . . . . . | 4 | .. |
| 3/4 nankin des Indes, à 2 f. . . . . . . . | 1 | 50 |
| 1 aune 1/3 galon assorti, à 1 f. . . . . . | 1 | 34 |
| 1/4 toile de lin, à 1 f. 50 c. . . . . . . . | .. | 38 |
| 5/12 toile d'embourure, à 60 c. . . . . . | .. | 25 |
| 1 aune 2/3 sangle, à 30 c. . . . . . . . | .. | 50 |
| 2 livres 1/2 de crin, à 1 f. 60 c. . . . . . | 4 | .. |
| Façon . . . . . . . . . . . . . . . . | 4 | .. |

**15 97**

## CHAISE *de bain.*

|  | f. | c. |
|---|---|---|
| 1 bois cru . . . . . . . . . . . . . . | 7 | .. |
| 2/3 toile blanche, pour couvrir la chaise, à 2 f. 50 c. . . . . . . . . . . . . . . | 1 | 68 |
| 1/4 toile dauphine, pour entoilage, à 2 f. 50 c. . . . . . . . . . . . . . . . . | .. | 63 |
| | 9 | 51 |

| | | 560 | 40 |

|  |  | f. | c. |
|---|---|---|---|
| *D'autre part* . . . |  | 560 | 40 |

|  | f. | c. |  |
|---|---|---|---|
| *Report* . . . . . . . . . . . . . | 9 | 31 | |
| 7/12 toile d'embourure, à 60 c. . . . . . . | .. | 35 | |
| 1/6 toile forte, à 1 f. 50 c. . . . . . . . . | .. | 25 | |
| 3 aunes 1/4 sangle, à 30 c. . . . . . . . . | .. | 98 | } 30  41 |
| 2/3 toile de lin, à 1 f. 50 c. . . . . . . . | 1 | .. | |
| 4 livres de crin, à 1 f. 60 c. . . . . . . | 6 | 40 | |
| 3 aunes 1/4 basin pour la housse, à 4 50 c. . | 14 | 62 | |
| Façon de la chaise et de la housse . . . . | 7 | 50 | |

## TABOURET DE BAIN.

|  | f. | c. |  |
|---|---|---|---|
| 1 bois cru, pieds en plomb . . . . . . . | 4 | 50 | |
| 1/2 aune toile blanche, à 2 f. 50 c. . . . . | 1 | 25 | |
| 1/2 aune toile d'embourure, à 60 c. . . . | .. | 30 | |
| 1/6 toile forte, à 1 f. 50 c. . . . . . . . | .. | 25 | |
| 2 aunes 1/2 sangle, à 30 c. . . . . . . . | .. | 75 | } 25  80 |
| 1/2 aune toile de lin, à 1 f. 50 c. . . . . . | « | 75 | |
| 2 livres 1/2 crin, à 1 f. 60 c. . . . . . . | 4 | .. | |
| 2 aunes basin, pour la housse, à 4 f. 50 c. . | 9 | .. | |
| Façon du tabouret et de la housse. . . . . | 5 | .. | |

## TAPIS *d'appartement.*

|  | f. | c. |  |
|---|---|---|---|
| 10 aunes moquette, gazon à fleurs, à 12 f. | 120 | .. | |
| 10 aunes doublure thibaude, à 1 f. 75 c. . . | 17 | 50 | } 151  50 |
| Pose et façon . . . . . . . . . . . . . . | 14 | .. | |

## ESTRADE, *près de la baignoire.*

|  | f. | c. |  |
|---|---|---|---|
| 1 bois ordinaire . . . . . . . . . . . . . | 12 | .. | |
| 1 aune 1/2 moquette, gazon à fleurs, à 12 f. | 18 | .. | } 34  .. |
| Pose et façon . . . . . . . . . . . . . | 4 | .. | |

## BAIGNOIRE *en cuivre.*

|  |  |  |
|---|---|---|
| 4 pieds de long, sur 20 pouces d'épaulement, avec deux robinets, en col de cygne . . . . . . . . . . . | 180 | .. |

## DESSUS *de baignoire.*

|  |  |  |
|---|---|---|
| En étoffe ordinaire. . . . . . . . . . . . | 45 | .. |

## PANIER *à linge, avec réchaux.*

|  |  |  |
|---|---|---|
| . . . . . . . . . . . . . . . . . . . . . . . | 9 | .. |

|  | f. | c. |
|---|---|---|
|  | 1056 | 11 |

|  | f. | c. |
|---|---|---|
| *D'autre part* . . . | 1656 | 11 |

**GLACE** *et* **PARQUET.**

| Sur la cheminée , assortis à l'ameublement . . . . . | 200 | .. |

**PENDULE.**

| Prise dans la troisième classe , folio 78 . . . . . . . | 180 | .. |

**PORTE-MONTRES.**

| La paire. . . . . . . . . . . . . . . . . . . . | 3 | .. |

**CORDONS** *de sonnettes.*

| 1 en soie guipée avec gland , près de la cheminée . . . | 3 | 50 |
| 1 en ruban de soie, près de la baignoire . . . . . . . | 2 | 80 |

**FLAMBEAUX** *d'appartement* ( *la paire.* )

| Pris dans la troisième classe , folio 80. . . . . . . . | 20 | .. |

**CARAFE.**

| Cristal ordinaire. . . . . . . . . . . . . . . . . . | 4 | 50 |

**GOBELET.**

| Cristal ordinaire. . . . . . . . . . . . . . . . . . | .. | 80 |

**FEUX.**

| Petit modèle . . . . . . . . . . . . . . . . . . . | 25 | .. |

**PELLE** *et* **PINCETTE.**

| Modèle ordinaire , à olives dorées . . . . . . . . . . | 4 | 50 |

**SOUFFLET.**

| Ordinaire, à 2 vents. . . . . . . . . . . . . . . . | 3 | .. |

**BALAI** *de foyer.*

| En bois ordinaire . . . . . . . . . . . . . . . . . | 1 | .. |

**DEVANT DE CHEMINÉE.**

| En papier de fantaisie . . . . . . . . . . . . . . . | 8 | .. |

|  | 1492 | 21 |

D'autre part . . . | 1492 | 21 (f. c.)

## TENTURE PLISSÉE.

|  | f. | c. |
|---|---|---|
| 5o aunes mousseline brodée, 5/4, à 6 f. . . | 180 | .. |
| 20 aunes toile jaune, pour le dessous de la tenture, à 2 f. 5o c.. . . . . . . . . . | 5o | .. |
| 20 aunes frange en coton, en guirlande, pour le tour du haut, à 3 f. . . . . . | 60 | .. |
| 5o rosettes dorées, à 1 f. 75 c.. . . . . . | 87 | 5o |
| Façon et pose . . . . . . . . . . . . . | 55 | .. |

} 432 50

TOTAL *du Prix du mobilier de la Salle des Bains.* . . | 1924 | 71

# S A L O N.

## RIDEAUX DE CROISÉES ( 4, *dont* 2 *en soie et deux en mousseline* ).

|  | f. | c. |  |
|---|---|---|---|
| 12 aunes 15/16 pour les rideaux, à 17 f. . | 204 | .. | |
| 15 aunes taffetas fort, pour les draperies, à 7 f. . . . . . . . . . . . . . . . | 105 | .. | |
| 12 aunes mousseline brodée, 5/4, à 8 f. . | 96 | .. | |
| 25 aunes bordure de soie, de 4 pouces, pour encadrer les deux rideaux et la draperie en soie, à 5 f. . . . . . . . . . . | 175 | .. | |
| 4 aunes de frange retorse, en soie, de 3 pouces, pour le bas des rideaux, à 8 f. . . | 52 | .. | |
| 14 aunes frange en soie, pour la draperie des deux croisées, à 12 f. . . . . . . . | 168 | .. | |
| 3 aunes frange en coton, de 3 pouces, pour les deux rideaux de mousseline, à 3 f. . | 9 | .. | |
| 20 aunes galon de coton, de 15 lignes, à 80 c. . . . . . . . . . . . . . . . | 16 | .. | |
| 4 embrasses en soie, câblé en 4, à 6 f. . . | 24 | .. | |
| 4 gonds polis pour les embrasses, à 10 c. . . | .. | 40 | |
| 22 aunes cordon de tirage, à 30 c. . . . . . | 6 | 60 | |
| 6 aunes ruban pour les têtes, à 15 c. . . . | .. | 90 | |
| 2 bâtons dorés, cannelés, de 6 pieds chacun, à 3 f. le pied . . . . . . . . . . | 36 | .. | |
| 4 crochets en fer, à 50 c. . . . . . . . . | 2 | .. | |
| 8 patères dorées, de 4 pouces, à 6 f. . . . | 48 | .. | |
| 8 bouts de bois doré, pour masquer les broches des patères, à 75 c. le bout. . | 6 | .. | |
| 2 paires de poulies, à 4 f. 50 c. . . . . . | 9 | .. | |
| 2 tringles en fer, de 6 pieds chacune, à 75 c. le pied. . . . . . . . . . . . . . | 9 | .. | |
| 52 anneaux en cuivre, à 15 c. . . . . . . . | 7 | 80 | |
| Façons, tant des rideaux que de la draperie | 60 | .. | |

f. c.
1014 70

## RIDEAUX DE VITRAGES.

|  | f. | c. |  |
|---|---|---|---|
| Semblables à ceux de la chambre à coucher, folio 160. . . . . . . . . . . . . . | 28 | 63 | |
| pour une seconde paire. . . . . . . . . | 28 | 63 | |

57 26

1071 96

*D'autre part . . .*    1071 | 96

CANAPÉ *de 6 pieds, en bois doré, dossier carré, accotoires à manchettes, pieds tournés, couvert en tapisserie.*

|  | f. | c. |
|---|---|---|
| 1 bois de canapé, sculpté, en hêtre. . . . | 95 | .. |
| Dorure et rechampi en blanc . . . . . . | 145 | .. |
| Etoffe préparée, en tapisserie de Beauvais ordinaire, fond, dossier, plate-bandes et manchettes. . . . . . . . . . | 234 | .. |
| 1 aune 1/2 taffetas vert, à 6 f. 50 c. . . . . | 9 | 75 |
| 16 aunes 5/6 sangle, à 30 c. . . . . . . . | 5 | 05 |
| 6 aunes toile d'embourure, à 60 c.. . . . | 3 | 60 |
| 53 livres de crin, à 1 f. 60 c. . . . . . . | 84 | 80 |
| 1 aune 7/12 toile forte, à 1 f. 50 c. . . . . | 2 | 41 |
| 3 aunes 5/6 toile de lin, à 1 f. 50 c. . . . | 2 | 75 |
| 7 aunes 7/12 crête en soie verte, de 6 lignes, à 75 c. . . . . . . . . . . . . | 5 | 80 |
| 730 clous dorés, demi-poids, à 15 f. . . . . | 10 | 95 |
| 5 aunes 1/12 cordonnet en soie, à 80 c. . . | 4 | 08 |
| 1 aune 3/4 grosse corde en soie, à 2 f. 25 c. . | 3 | 95 |
| Façon. . . . . . . . . . . . . . . . | 80 | .. |

687 | 14

BERGÈRES *en bois doré, couvertes en tapisserie.*

|  | f. | c. |
|---|---|---|
| 1 bois de bergère, en hêtre sculpté. . . . | 40 | .. |
| Dorure et rechampi en blanc. . . . . . . | 72 | .. |
| Etoffe préparée en tapisserie de Beauvais. . | 98 | .. |
| 7/8 taffetas, à 6 f. 50 c. . . . . . . . . | 5 | 68 |
| 7 aunes crête en soie verte, 6 lignes, à 75 c. | 5 | 25 |
| 540 clous dorés, demi-poids, à 15 f. . . . | 8 | 10 |
| 3 aunes 1/6 cordonnet en soie, à 80 c. . . | .. | 92 |
| 1 aune 1/2 toile forte, à 1 f. 50 c. . . . . | 2 | 25 |
| 1 aune 1/2 toile blondine, à 2 f.. . . . . | 3 | .. |
| 2 aunes 1/2 toile de lin, à 1 f. 50 c.. . . . | 3 | 75 |
| 1 aune 1/3 toile d'embourure, à 60 c.. . . . | .. | 90 |
| 5 aunes sangle, à 50 c.. . . . . . . . . | 1 | 50 |
| 2 peaux blanches pour le carreau, à 2 f. 50 c. . . . . . . . . . . . . . | 5 | .. |
| 5 livres de plumes, à 4 f. . . . . . . . . | 20 | .. |
| 3 livres de crin, à 1 f. 60 c. . . . . . . . | 4 | 80 |
| Façon. . . . . . . . . . . . . . . . | 33 | .. |

304 | 15

Pour une seconde Bergère. . . . . . . . . . . . .    304 | 15

2367 | 40

D'autre part . . . 2367  40

f.  c.

## FAUTEUILS *en bois dorés, couverts en tapis-serie.*

|  | f. | c. |
|---|---|---|
| 1 bois en hêtre sculpté | 36 | .. |
| Dorure et rechampi en blanc | 65 | .. |
| Etoffe préparée en tapisserie de Beauvais | 78 | .. |
| 1/3 taffetas, à 6 f. 50 c. | 2 | 17 |
| 5 aunes 11/12 sangle, à 30 c. | 1 | 83 |
| 1/3 toile forte, à 1 f. 50 c. | .. | 50 |
| 1 aune 1/12 toile d'embourrure, à 60 c. | .. | 65 |
| 9 livres de crin, à 1 f. 60 c. | 14 | 40 |
| 1 aune 1/3 toile de lin, à 1 f. 50 c. | 2 | .. |
| 5 aunes 11/12 crête en soie verte, 6 lignes, à 75 c. | 4 | 45 |
| 470 clous dorés, demi-poids, à 15 f. | 7 | 05 |
| 3 onces 1/16 cordonnet en soie, à 80 f. | .. | 92 |
| Façon | 24 | .. |

TOTAL du prix d'un *fauteuil*. . . . . . 236  97

Pour cinq autres *fauteuils*, à 236 f. 97 c. 1184  85    } 1421  82.

## CHAISES *en bois doré, couvertes en tapisserie.*

|  | f. | c. |
|---|---|---|
| 1 bois de chaise sculpté, en hêtre | 30 | .. |
| Dorure et rechampi en blanc | 46 | .. |
| Etoffe préparée, en tapisserie de Beauvais | 62 | .. |
| 1/4 taffetas vert, à 6 f. 50 c. | 1 | 63 |
| 3 aunes 5/12 sangle, à 30 c. | 1 | 05 |
| 1 aune 1/2 toile d'embourrure, à 60 c. | .. | 90 |
| 6 livres de crin, à 1 f. 60 c. | 9 | 60 |
| 5 aunes 1/4 crête en soie verte, 6 lignes, à 75 c. | 2 | 80 |
| 270 clous dorés, demi-poids, à 15 f. | 4 | 05 |
| 2 aunes 2/3 cordonnet en soie, à 80 c. | 2 | 15 |
| Façon | 16 | .. |

TOTAL du prix d'une *Chaise*. . . . . 176  18

Pour cinq autres *Chaises*, à 176 f. 18 c. . 880  90    } 1057  08

## ÉCRAN *en bois doré et tapisserie.*

|  | f. | c. |
|---|---|---|
| 1 bois sculpté, en hêtre | 40 | .. |
| Dorure et rechampi en blanc | 70 | .. |
| Etoffe préparée, en tapisserie de Beauvais | 90 | .. |
| Façon | 12 | .. |

} 212  ..

5058  30

|  | f. | c. |
|---|---|---|
| *D'autre part* . . . | 5058 | 30 |

## TABOURET , *acajou et soie.*

|  | f. | c. |  |  |
|---|---|---|---|---|
| Semblable à celui de la chambre à coucher, folio 162. . . . . . . . . . . . . | 22 | 47 | } | 44 94 |
| Pour un second Tabouret, *idem* . . . . . | 22 | 47 |  |  |

## LUSTRE *de 24 lumières.*

| Pris dans la seconde classe, folio 77 . . . . . . . . | 800 | .. |
|---|---|---|

## TAPIS *d'appartement.*

| 17 aunes carrées d'Aubusson, velouté, qualité courante, à 55 f.. . . . . . . . | 935 | .. | } | 994 .. |
|---|---|---|---|---|
| 17 aunes de thibaude, pour doublure, à 2 f. | 34 | .. |  |  |
| Pose et façon . . . . . . . . . . . . | 25 | .. |  |  |

## PENDULE.

| Prise dans la première classe , folio 78 . . . . . . . | 900 | .. |
|---|---|---|

## LAMPES ( *la paire.* )

| Grand-modèle, forme de candelabres, avec figures ailées en bronze, ornemens dorés, globes en cristal . | 280 | .. |
|---|---|---|

## CANDELABRES ( *la paire* ).

| Pris dans la seconde classe , folio 78. . . . . . . . | 500 | .. |
|---|---|---|

## FLAMBEAUX DORÉS *d'appartement* (*la paire*).

| Pris dans la première classe , folio 80 . . . . . . . . | 100 | .. |
|---|---|---|

## COULISSEAUX *et* ANNEAUX *pour sonnettes.*

| La paire. . . . . . . . . . . . . . . . . . . . . | 10 | .. |
|---|---|---|

## CORDON *de sonnettes.*

| 3 aunes 1/2 de ruban de soie, à 80 c. . . . . . . . | 2 | 80 |
|---|---|---|

## FEUX *et* GALERIE.

| Pris dans la troisième classe , folio 79. . . . . . . . | 220 | .. |
|---|---|---|

|  | 8910 | 04 |
|---|---|---|

|  | f. | c. |
|---|---|---|
| *D'autre part* . . . | 8910 | 04 |

**PELLE** *et* **PINCETTE.**
Dorées et renflées au milieu. . . . . . . . . . . . . . . — 25 . .

**SOUFFLET.**
En acajou, à 2 vents. . . . . . . . . . . . . . . . . — 12 . .

**BALAI** *de foyer.*
En acajou et tourné. . . . . . . . . . . . . . . — 6 . .

**ENCOIGNURES** *en cuivre.*
Près de la cheminée, à 4 f. . . . . . . . . . . . . . . — 8 . .

**GLACES** *et* **PARQUETS** *assortis à l'ameuble-*
*ment.*

|  | f. | c. |
|---|---|---|
| Sur la cheminée . . . . . . . . . . . . . . | 550 | . . |
| Entre les deux croisées . . . . . . . . . . | 300 | . . |

} 850 . .

**CONSOLE.**
Acajou, marbre bleu turquin et dorures . . . . . . — 250 . .

**GUÉRIDON.**
Acajou, marbre creusé en bleu turquin, cercle doré . . — 140 . .

**TABLES A JOUER.**
A quadrille, beau drap . . . . . . . . . . . . . . . . . — 80 . .
A trictrac, fond d'ébène, dames en ivoire . . . . . . — 115 . .
A échecs, premier choix, pièces en ivoire . . . . . . — 70 . .
A bouillotte . . . . . . . . . . . . . . . . . . . . . . — 120 . .

**FLAMBEAU** *de bouillotte.*
Doré, à 3 lumières . . . . . . . . . . . . . . . . . . — 115 .

**GARDE-FEU.**
En toile métallique, second choix, 5 feuilles . . . . . — 120 . .

|  | f. | c. |
|---|---|---|
|  | 10801 | 04 |

|  | f. | c. |
|---|---|---|
| *D'autre part* . . . | 1081 | 04 |

**TENTURE** *de l'appartement.*

|  | f. | c. |  |  |
|---|---|---|---|---|
| 45 aunes 15/16, à 17 f. . . . . . . . . . | 765 | .. | | |
| 40 aunes toile de lin, pour doublure, à 1 f. 50 c. . . . . . . . . . . . . . . . | 60 | .. | | |
| 55 aunes de bordure, de 4 pouces, à 5 f. . | 175 | .. | 1168 | .. |
| 18 aunes corde de soie pour les angles, à 3 f. . | 54 | .. | | |
| 12 rosettes dorées pour fixer les bouts de la corde, à 2 f. . . . . . . . . . . . | 24 | .. | | |
| Façon et pose en place . . . . . . . . . | 90 | .. | | |

**TOTAL** *du Prix du mobilier du Salon* . . .    11969   04

# CHAMBRE PARTICULIERE.

| | f. | c. |
|---|---|---|
| **RIDÉAUX DE CROISÉES.** | | |
| Semblables à ceux de la salle à manger, folio 158 . . . | 74 | 75 |
| **RIDEAUX DE VITRAGES.** | | |
| Semblables à ceux de salle à manger, folio 159 . . . | 20 | 86 |

**FAUTEUILS**, *acajou et velours d'Utrecht.*

| | f. | c. | | f. | c. |
|---|---|---|---|---|---|
| 1 bois en acajou . . . . . . . . . . . . . | 22 | .. | | | |
| 1 aune velours d'Utrecht, à 10 . . . . . . . | 10 | .. | | | |
| 3 aunes 3/4 sangle, à 30 c. . . . . . . . . | 1 | 13 | | | |
| 1/3 toile dauphine, à 2 f. 50 c. . . . . . | 1 | 25 | | | |
| 1 aune 1/3 toile d'embourure, à 30 c. . . | .. | 40 | | | |
| 5/6 toile forte, à 1 f. 50 c. . . . . . . . | 1 | 25 | | 57 | 70 |
| 5/6 toile douce, à 1 f. 50 c. . . . . . . . | 1 | 25 | | | |
| 5 aunes 3/4 galon faux, à 25 c. . . . . . | .. | 82 | | | |
| 330 cloux dorés, à lentille, à 10 f. le mille . | 3 | 30 | | | |
| 5 livres de crin, à 1 f. 60 c. . . . . . . . | 6 | 30 | | | |
| Façon. . . . . . . . . . . . . . . . . | 10 | .. | | | |
| Pour un second *fauteuil*. . . . . . . . . . . . | | | | 57 | 70 |

**CHAISES**, *en acajou et velours d'Utrecht.*

| | f. | c. | | f. | c. |
|---|---|---|---|---|---|
| 1 bois de chaise en acajou, dossier en bois . . | 15 | .. | | | |
| 5/12 velours d'Utrecht, à 10 f. . . . . . | 4 | 20 | | | |
| 7/12 toile d'embourure, à 60 c. . . . . . | .. | 35 | | | |
| 1/6 toile forte, à 1 f. 50 c. . . . . . . . | .. | 25 | | | |
| 5 aunes sangle, à 30 c. . . . . . . . . . | .. | 98 | | 32 | 36 |
| 1 aune 1/2 galon faux, à 25 c. . . . . . . | .. | 38 | | | |
| 2/5 toile de lin, à 1 f. 50 c . . . . . . . | 1 | .. | | | |
| 140 cloux dorés, à 10 f. le mille . . . . . | 1 | 40 | | | |
| 5 livres de crin, à 1 f. 60 c. . . . . . . . | 4 | 80 | | | |
| Façon. . . . . . . . . . . . . . . . . | 4 | .. | | | |
| Pour une seconde *chaise* . . . . . . . . . . . | | | | 32 | 36 |
| | | | | 275 | 71 |

<table>
<tr><td></td><td></td><td>f.</td><td>c.</td></tr>
<tr><td align="right">D'autre part . . .</td><td></td><td>275</td><td>71</td></tr>
</table>

**TABOURET** *de pieds , en acajou et velours d'Utrecht.*

|  | f. | c. |  |
|---|---|---|---|
| 1 bois en acajou. . . . . . . . . . . . . | 4 | .. |  |
| 5/12 velours d'Utrecht , à 10 f. . . . . . . | 4 | 20 |  |
| 3/4 toile de lin , à 1 f. 50 c. . . . . . . . | .. | 38 |  |
| 5/12 toile d'embourure , à 60 c. . . . . . | .. | 25 |  |
| 1 aune 2/3 sangle , à 30 c. . . . . . . . | .. | 50 | 18   27 |
| 1 aune 1/3 galon faux , à 25 c. . . . . . . | .. | 34 |  |
| 110 clous dorés , à 10 f. le mille. . . . . . | 1 | 10 |  |
| 2 livres 1/2 de crin , à 1 f. 60 . . . . . . . | 4 | .. |  |
| Façon . . . . . . . . . . . . . . . . . . | 3 | 50 |  |

**CHAISES ORDINAIRES.**
Deux en merisier, foncées en paille , à 6 f. 50 c. . . . . .   —   13   ..

**TOILETTE** *pour homme.*
En acajou, cuvette et pot en porcelaine blanche, deux volets par le haut, glace à l'intérieur, et faisant chiffonnier par le bas. . . . . . . . . . . . . .   130   ..

**PENDULE.**
Prise dans la 3ᵉ classe , folio 78 . . . . . . . . . . . .   200   ..

**FLAMBEAUX** *dorés.*
La paire.. . . . . . . . . . . . . . . . . . . .   20   ..

**CARAFE.**
Cristal ordinaire. . . . . . . . . . . . . . . . . .   4   50

**GOBELET.**
En cristal ordinaire . . . . . . . . . . . . . . . .   ..   50

**PORTE-MONTRES.**
La paire . . . . . . . . . . . . . . . . . . . .   3   ..

**FLACONS.**
La paire . . . . . . . . . . . . . . . . . . . .   3   ..

**GLACE** *et* **PARQUET.**
Sur la cheminée, assortis à l'ameublement. . . . . .   140   ..

**FEUX.**
La paire, à petits vases dorés . . . . . . . . . . .   22   ..

831   08

|  | f. | c. |
|---|---|---|
| *D'autre part* . . . | 831 | 98 |

**PELLE** *et* **PINCETTE.**
Modèle ordinaire, à boutons vernis . . . . . . . . .  — 5 | 5o

**SOUFFLET.**
En noyer, à deux vents . . . . . . . . . . . . . .  — 4 | 5o

**BALAI** *de foyer.*
En merisier. . . . . . . . . . . . . . . . . . . .  — 1 | 20

**DEVANT DE CHEMINÉE.**
En papier ordinaire . . . . . . . . . . . . . . .  — 8 | ..

**COMMODE.**
De 4 pieds en acajou, marbre Sainte-Anne, poignées et
entrées de serrures dorées. . . . . . . . . . . .  — 16o | ..

**SECRÉTAIRE.**
Assorti à la commode. . . . . . . . . . . . . . .  — 17o | ..

**GUÉRIDON.**
De 27 pouces, en acajou, marbre Sainte-Anne, non
creusé. . . . . . . . . . . . . . . . . . . . . .  — 45 | ..

**COUCHER.**

|  | f. | c. |  |  |
|---|---|---|---|---|
| 1 bois de lit de 5 pieds, en acajou, à demi-flasque, roulettes à galets, fond sanglé. | 14o | .. | | |
| 1 sommier de 5 pieds, de troisième classe . | 53 | .. | | |
| 2 matelas de 5 pieds, de 5ᵉ classe, à 6o f. . | 12o | .. | | |
| 1 lit de plume de 5 pieds, de 5ᵉ classe . . | 90 | .. | | |
| 1 traversin de 5ᵉ classe . . . . . . . . . | 21 | .. | 525 | .. |
| 1 oreiller de 5ᵉ classe. . . . . . . . . . | 16 | .. | | |
| 1 couverture de laine. . . . . . . . . . . | 5o | .. | | |
| 1 couverture de coton . . . . . . . . . . | 22 | .. | | |
| 1 couvre pieds en basin ordinaire, frange par devant . . . . . . . . . . . | 55 | .. | | |

**RIDEAUX DE LIT** *à flèche.*

|  | f. | c. |  |  |
|---|---|---|---|---|
| 28 aunes calicot 5/4, à 2 f. . . . . . . . . | 56 | .. | | |
| 24 aunes effilé, de 16 lignes, à 1 f., pour le tour. | 24 | .. | | |
| 1 flèche en bois peint, avec ferrure . . . . | 5 | 5o | | |
| 1 palmette, ou pomme de pain dorée . . . | 2 | 5o | 106 | 80 |
| 2 cordons de fil, à 5o c. . . . . . . . . . | .. | 6o | | |
| 2 gonds polis à 10 c. . . . . . . . . . . . | .. | 20 | | |
| Façon des deux rideaux . . . . . . . . . | 20 | .. | | |

|  | 1855 | 98 |
|---|---|---|

|  | f. | c. |
|---|---|---|
| *D'autre part* . . . | 1855 | 98 |

**TAPIS** *devant le lit.*
De 5 pieds, en moquette, épaisseur d'Aubusson . . . — 24 ..

**TABLE DE NUIT.**
En acajou, à colonnes, marbre Sainte-Anne . . . . . — 35 ..

**VASE DE NUIT.**
En faïence de Sceaux . . . . . . . . . . . . . . . . — 1 5o

**BIDET.**
En noyer, à planche, cuvette ordinaire . . . . . . . — 9 ..

**CHAISE PERCÉE.**
En noyer, vase ordinaire . . . . . . . . . . . . . . — 15 ..

**POT A EAU** *et* **CUVETTE.**
En faïence de Sceaux . . . . . . . . . . . . . . . . — 5 ..

**TOTAL** *du Prix du mobilier de la Chambre particulière.* — 1943 48

## SALLE DE BILLARD.

### RIDEAUX DE CROISÉES.

|  | f. | c. |
|---|---|---|
| Semblables à ceux de la salle à manger, folio 158 . . . | 74 | 73 |

### RIDEAUX *de vitrages*.

|  | f. | c. |
|---|---|---|
| Semblables à ceux de la salle à manger, folio 159 . . . | 20 | 86 |

### BILLARD.

En acajou, de 11 pieds, sur 8 , porte-queue, règles et planches à marquer en acajou, couverture en toile verte. . . . . . . . . . . . . . . . . . . . . . . . . . . 800 ..

### BILLES ( 5 ).

Pesant ensemble à peu près 20 onces, à 2 f. 50 c. l'once. . . . . . . . . . . . . . . . . . . . 50 ..

### QUEUES.

Assortiment complet . . . . . . . . . . . . . . . . 45 ..

### ÉCLAIRAGE.

1 lampe astrale, à 4 becs . . . . . . . . . . . . . . 90 ..

### FAUTEUILS , *en bois peint et velours d'Utrecht.*

|  | f. | c. |
|---|---|---|
| 1 bois peint en gris et rechampi . . . . . | 12 | .. |
| 1 aune velours d'Utrecht, à 10 f.. . . . . | 10 | .. |
| 5 aunes 3/4 sangle à 50 c. . . . . . . . . | 1 | 13 |
| 1/3 toile dauphine, à 2 f. 50 c. . . . . . | 1 | 25 |
| 1 aune 1/3 toile d'embourrure, à 60 c.. . . | .. | 90 |
| 5/6 toile de lin , à 1 f. 50 c. . . . . . . | 1 | 25 |
| 5/6 toile forte, à 1 f. 50 c . . . . . . . | 1 | 25 |
| 5 aunes 3/4 galon faux , à 25 c. . . . . . | .. | 82 |
| 350 cloux dorés, à 10 f. le mille . . . . . | 3 | 30 |
| 5 livres de crin , à 1 f. 60 c. . . . . . . | 6 | 50 |
| Façon . . . . . . . . . . . . . . . . . . | 9 | 50 |

$\left. \right\}$ 47 70

Pour un second *Fauteuil*. . . . . . . . . . . . 47 70

1175 99

|  | f. | c. |
|---|---|---|
| *D'autre part* . . . | 1175 | 99 |

**CHAISES** , *en bois peint et velours d'Utrecht.*

|  | f. | c. |  | |
|---|---|---|---|---|
| 1 bois peint en gris et rechampi, dossier en bois | 9 | 50 | | |
| 5/12 de velours d'Utrecht, à 10 f.. . . . . | 4 | 20 | | |
| 7/12 toile d'embourrure, à 60 c.. . . . . . | .. | 35 | | |
| 1/6 toile forte, à 1 f. 50 c.. . . ¡ . ¡ . . . | .. | 25 | | |
| 3 aunes 1/4 sangle, à 50 c.. . . . . . . . | .. | 98 | 26 | 86 |
| 1 aune 1/2 galon faux, à 25 c.. . . . . . | .. | 38 | | |
| 2/3 toile de lin, à 1 f. 50 c.. . . . . . . | 1 | .. | | |
| 140 cloux dorés, à 10 f. le mille. . . . . | 1 | 40 | | |
| 3 livres de crin, à 1 f. 60 c.. . . . . . . | 4 | 80 | | |
| Façon . . . . . . . . . . . . . . . . | 4 | .. | | |

| | | |
|---|---|---|
| Pour une seconde *chaise*.. . . . . . . . . . | 26 | 86 |

**CHAISES** *ordinaires.*

| | | |
|---|---|---|
| Dix, en merisier, à 6 f.. . . . . . . . . . . . | 60 | .. |

**TABLE** *à jouer.*

| | | |
|---|---|---|
| A quadrille, en acajou . . . . . . . . . . . . | 50 | .. |

**JEUX.**

| | | |
|---|---|---|
| Damier en acajou . . . . . . . . . . . . . | 34 | .. |
| Trictrac en acajou.. . . . . . . . . . . . . . | 115 | .. |
| Echecs, pièces en ivoire . . . . . . . . . . . | 60 | .. |
| Dominos . . . . . . . . . . . . . . . . . | 5 | .. |

**TAPIS** *autour du billard.*

|  | f. | c. | | |
|---|---|---|---|---|
| 5 aunes 1/4 jaspé noir et vert, à 9 f. . . . | 47 | 25 | | |
| 5 aunes 1/4 doublure en thibaude, à 1 f. 75 c. | 9 | 18 | 66 | 43 |
| Pose et façon . . . . . . . . . . . . | 10 | .. | | |

**POÊLE.**

| | | |
|---|---|---|
| A colonne, en faïence.. . . . . . . . . . . . | 74 | .. |

**PIERRE** *à poêle.*

| | | |
|---|---|---|
| Dimension ordinaire.. . . . . . . . . . . . . | 4 | .. |

**PELLE.**

| | | |
|---|---|---|
| A braise, en tôle . . . . . . . , . . . . . . . | 2 | 50 |

**PINCETTE.**

| | | |
|---|---|---|
| Pour le poêle . . . . . . . . . . . . . . . . | 2 | .. |

**PANIER** *à bois.*

| | | |
|---|---|---|
| 2 pieds et 1/2 de long, sur 15 pouces de large . . . . | 10 | .. |

| | | |
|---|---|---|
| | 1712 | 64 |

|  | f. | c |
|---|---|---|
| *D'autre part* . . . | 1712 | 64 |
| **FONTAINE.** | | |
| En tôle vernie, appliquée au mur, avec cuvette en dessous . . . . . . . . . . . . . . . . . . | 30 | .. |
| **CARAFE.** | | |
| En cristal ordinaire . . . . . . . . . . . . . . | 4 | 50 |
| **GOBELET.** | | |
| En cristal ordinaire . . . . . . . . . . . . . . | .. | 50 |
| **TABLE** *à écrire.* | | |
| En bois noirci, basane noire. . . . . . . . . . . | 12 | .. |
| **ÉCRITOIRE** *ordinaire.* | | |
| En faïence . . . . . . . . . . . . . . . . . . | 1 | 50 |
| **MOUCHETTES.** | | |
| Modèle ordinaire. . . . . . . . . . . . . . . . | .. | 75 |
| **BOUGEOIR.** | | |
| De 4 pouces 1/2, en cuivre. . . . . . . . . . . | 3 | .. |
| **ÉTEIGNOIR.** | | |
| Choix ordinaire. . . . . . . . . . . . . . . . | .. | 15 |
| **CISEAUX.** | | |
| 1 paire, pour le service de la lampe . . . . . . . . | 1 | .. |
| **TOTAL** *du* **Prix** *du mobilier de la Salle de Billard* . . . | 1766 | 04 |

# CHAMBRE DE DOMESTIQUE.

**RIDEAU** *de vitrage.*

| | f. | c. | f. | c. |
|---|---|---|---|---|
| 1 aune 1/2 mousseline 3/4, à 1 f. 50 c. . . . | 2 | 25 | | |
| 1 aune ruban pour la tête . . . . . . . . . | .. | 15 | | |
| 13 annelets à 3 c. . . . . . . . . . . . . | .. | 39 | 4 | 64 |
| 1 petite tringle en fer. . . . . . . . . . . | .. | 40 | | |
| 2 pitons en fer, à 10 c . . . . . . . . . . | .. | 20 | | |
| Façon . . . . . . . . . . . . . . . . . | 1 | 25 | | |

**COMMODE** *en noyer.*
De 3 pieds 1/2, sans marbre, trois tiroirs . . . . . . . . 55 ..

**TABLE.**
En chêne, avec un tiroir . . . . . . . . . . . . . . 9 ..

**CHAISES.**
4 en merisier, à 4 f. . . . . . . . . . . . . . . . 16 ..

**MIROIR.**
Ordinaire, à 4 équerres. . . . . . . . . . . . . . . 2 50

**POT A EAU** *et* **CUVETTE.**
En faïence ordinaire . . . . . . . . . . . . . . . . 1 50

**GOBELET.**
En verre. . . . . . . . . . . . . . . . . . . . .. 25

**CRUCHE.**
En grès . . . . . . . . . . . . . . . . . . . .. 75

**COUCHER.**

| | f. | c. |
|---|---|---|
| 1 bois de lit peint en gris, de 2 pieds 1/2, panneaux ordinaires, fond à barres, roulettes à pivots . . . . . . . . . . | 18 | .. |
| 1 paillasse en toile à carreaux et paille. . . | 11 | .. |
| 2 matelas, en toile à carreaux, à 48 . . . | 96 | .. |

125 ..    189 64

|  | f. | c. |
|---|---|---|
| *D'autre part* . . . | 89 | 64 |

| | f. | c. | | |
|---|---|---|---|---|
| *Report de l'article* COUCHER . . . . . | 125 | .. | | |
| 1 traversin ordinaire. . . . . . . . . | 18 | .. | } 169 | .. |
| 1 couverture de laine . . . . . . . . . | 15 | .. | | |
| 1 couverture de coton . . . . . . . . . | 11 | .. | | |

## VASE DE NUIT.

En faïence ordinaire . . . . . . . . . . . . . . . . . . `..` 90

TOTAL *du Prix du mobilier de la Chambre à coucher de Domestique* . . . . . . . . . . . . . . . . . 259 54

---

# COUCHER SUR LIT DE SANGLE.

| | f. | c. | | f. | c. |
|---|---|---|---|---|---|
| 1 bois de lit . . . . . . . . . . . . | 8 | 50 | | | |
| 1 paillasse, en toile écrue. . . . . . . . | 6 | .. | | | |
| Façon, piqûre et paille . . . . . . . . | 5 | 50 | | | |
| 1 couverture de laine . . . . . . . . . | 15 | .. | } | 92 | .. |
| 1 couverture de coton . . . . . . . . . | 10 | .. | | | |
| 1 petit matelas de 2 pieds 1/2 . . . . . . | 38 | .. | | | |
| 1 traversin . . . . . . . . . . . . . | 15 | .. | | | |

TOTAL *du Prix d'un Coucher sur lit de sangle* . | 92 | .. |

# RÉCAPITULATION

## DU PRIX DU MOBILIER DE CHAQUE PIÈCE.

### DEVIS DE I<sup>re</sup> CLASSE.

|  | f. | c. |
|---|---|---|
| PALIER. . . . . . . . . . . . . . . . . . | 143 | o3 |
| ANTICHAMBRE. . . . . . . . . . . . . | 936 | 42 |
| SALLE A MANGER. . . . . . . . . . . | 1510 | 55 |
| CHAMBRE A COUCHER. . . . . . . . . | 8o42 | o5 |
| CABINET DE TRAVAIL ou BUREAU . . | 19o3 | 48 |
| BOUDOIR. . . . . . . . . . . . . . . . | 312o | 19 |
| SALLE DES BAINS . . . . . . . . . . | 1924 | 7l |
| SALON. . . . . . . . . . . . . . . . . . | 11969 | o4 |
| CHAMBRE PARTICULIÈRE. . . . . . . | 1943 | 48 |
| SALLE DE BILLARD. . . . . . . . . . | 1766 | o4 |
| CHAMBRE DE DOMESTIQUE. . . . . . | 259 | 54 |
| COUCHER SUR LIT DE SANGLE. . . . | 92 | .. |
| TOTAL DE L'AMEUBLEMENT COMPLET. . | 336io | 53 |

# DEVIS

## DE SÉCONDE CLASSE.

# DEVIS DE SECONDE CLASSE.

## *PALIER.*

| | fr. | c. |
|---|---|---|
| **PAILLASSON** *en grosse natte.* | | |
| 2 aunes sur 2 aunes, à 1 f. 75 c. . . . . . . . . . . . . | 7 | .. |
| **PORTE-BATTANTE.** | | |
| A deux ventaux, couverte en toile verte, garnie en foin, et cloux dorés, châssis et dormant . . . . . | 8o | .. |
| TOTAL *du prix du mobilier du Palier* . . . | 87 | .. |

## *ANTICHAMBRE.*

| | f. | c. |
|---|---|---|
| **BANQUETTE.** | | |
| De 5 pieds, en bois de hêtre, foncée en crin ordinaire et couverte en panne cramoisie . . . . . . . . . . | 5o | .. |
| **BUREAU** *en bois noirci.* | | |
| De 5 pieds sur 5, 3 tiroirs, couvert en basane noire . | 33 | .. |
| **ÉCRITOIRE.** | | |
| En faïence, modèle ordinaire, compris l'éponge. . . . | 1 | .. |
| **CHAISES** *ordinaires.* | | |
| 8 chaises, merisier et paille, à 5 f. . . . . . . . . . . | 4o | .. |
| **ARMOIRE** *ordinaire.* | | |
| Scellée au mur (*article bâtimens*). . . . . . . . . . | oo | .. |
| | 124 | .. |

|  | f. | c. |
|---|---|---|
| *D'autre part* . . . | 124 | .. |

DANS L'ARMOIRE.

**BALAI** *de crin noir.*
22 rangs sur 6 . . . . . . . . . . . . . . . .    6 ..

**PLUMEAU** *de première sorte.*
De 17 à 18 pouces. . . . . . . . . . . .    6 ..

**TÊTE DE LOUP.**
A deux côtés. . . , . . . . . . . . . . .    6 ..

**BALAI** *de garde-robe.*
Seconde sorte . . . . . . . . . . . . . . , . . .    .. 15

**BASSINOIRE.**
En cuivre . . . . . . . . . . . . . . . .   15 ..

**BOUGEOIR** *en cuivre.*
De 4 à 5 pouces. . . . . . . . . . . . , . .    2 50

**MARTINET** *en cuivre.*
De 4 à 5 pouces. . . . . . . . . . . . .    2 50

**SEAU.**
En fer-blanc peint, pour les pieds . . . . . . . . .   18 ..

**BROC.**
En faïence de Sceaux.. . . . . . . . . . .    5 50

**GARDE-FEU.**
En fer-blanc . . . . . . . . . . . . . . . . ,   12 50

**ÉTOUFFOIR** *en tôle.*
Seconde sorte . . . . . . . . . . . . . . . .   10 ..

**PANIER** *à bois.*
De 3 pieds 1/2 de long, sur 15 pouces de large et 30
    pouces de profondeur . . . . . . . . . . . .   12 ..

**RIDEAUX** *de croisées.*        f.   c.
  7 aunes 1/2 calicot, à 2 f. . . . . . . . . 15 ..
  5 aunes 1/2 ruban, pour les têtes, à 15 c.. . .. 38
  26 anneaux de cuivre, à 15 c. . . . . . . . 3 90
  1 tringle en fer, de 5 pieds, à 60 c. le pied . 3 ..        32 58
  2 patères brunies, à 1 f. 20 c. . . . . . . . 2 40
  2 crochets en fer, à 20 c. . . . . . . . . .. 40
  Façon des 2 rideaux . . . . . . . . . . 7 50

|  | f. | c. |
|---|---|---|
|  | 252 | 73 |

|  | f. | c. |
|---|---|---|
| *D'autre part* . . . | 252 | 73 |
| **RIDEAUX** *de vitrages.* | | |
| Semblables à ceux détaillés au folio 156 . . . . . . | 12 | 51 |
| **POÊLE.** | | |
| De faïence, modèle intermédiaire. . . . . . . . . . | 40 | .. |
| **PINCETTE** *de poêle.* | | |
| Gros modèle . . . . . . . . . . . . . . . . . | 2 | .. |
| **PELLE** *à braise.* | | |
| Gros modèle . . . . . . . . . . . . . . . . . | 2 | 50 |
| **BALAI** *de âtre.* | | |
| Simple modèle. . . . . . . . . . . . . . . . . | .. | 50 |
| **SOUFFLET.** | | |
| Simple modèle . . . . . . . . . . . . . . . . | 1 | 50 |
| **FONTAINE** *filtrante.* | | |
| De 3 voies . . . . . . . . . . . . . . . . . | 26 | .. |
| **TOTAL** *du prix du mobilier de l'Antichambre.* . . . | 337 | 74 |

## SALLE A MANGER.

**TABLE A MANGER**, *en acajou choisi.*
De 4 pieds , 5 ralonges en sapin , emboîtées en chêne , sabots et roulettes en cuivre (*pour 18 personnes*)     140   ..

**BUFFET** *en acajou.*
De quatre pieds sur trois , marbre Sainte-Anne , deux tiroirs à la devanture , boutons et entrées de serrures dorés, trois tablettes en chêne à l'intérieur, fermeture du haut en bas. . . . . . . . . . . .    130   ..

**CHAISES** , *en noyer et crin.*

| | f. | c. |
|---|---|---|
| 1 bois de chaise , dossier plein, 2ᵉ choix . . | 8 | .. |
| 5/12 étoffe de crin , à 6 f. 50 c.. . . . . . | 2 | 30 |
| 7/12 toile d'embourure , à 30 c.. . . . . . | .. | 20 |
| 1/6 toile de lin , à 1 f. 50 c. . . . . . . . | .. | 35 |
| 3 aunes 1/4 sangle , à 30 c.. . . . . . . | .. | 98 |
| 1 aune 7/12 galon faux , à 25 c. . . . . . | .. | 40 |
| 140 cloux dorés, à 10 f. le mille . . . . . | 1 | 40 |
| 3 livres de crin, à 1 f. 50 c.. . . . . . . | 4 | 50 |
| Façon d'une chaise. . . . . . . . . . | 4 | .. |

TOTAL *du prix d'une chaise*. . . . 22   13   }
Pour onze autres *chaises*, à 22 f. 13 c. . 243   43   }   265   56

**PENDULE.**
En applique , forme œil-de-bœuf, gros anneau en cuivre doré . . . . . . . . . . . . . . . . . . .   110   ..

**TAPIS** *sous la table.*

| | f. | c. | | |
|---|---|---|---|---|
| 6 aunes jaspé vert , à 9 f. . . . . . . . . | 54 | .. | | |
| 6 aunes de thibaude , pour doublure , à 1 f. 70 | 10 | 20 | } | 69   20 |
| Façon et galon . . . . . . . . . . . | 5 | .. | | |

**RIDEAUX** *de croisées* ( deux ).

| | f. | c. | | |
|---|---|---|---|---|
| 7 aunes 1/2 calicot, 3/4, à 2 f.. . . . . . . | 15 | .. | | |
| 2 aunes 1/2 ruban pour les têtes, à 15 c. . | .. | 38 | | |
| 26 anneaux de cuivre , à 15 c.. . . . . . | 3 | 90 | | |
| 1 tringle en fer, de 5 pieds , à 60 c. le pied . | 3 | .. | | |
| 2 patères brunies, de 3 pouces, à 1 f. 50 c. . | 3 | .. | } | 42   13 |
| 1 paire de poulies . . . . . . . . . . | 3 | 25 | | |
| 9 aunes cordon de tirage, à 30 c.. . . . . | 2 | 70 | | |
| 2 embrasses en coton, à 1 f. 50 c.. . . . | 3 | .. | | |
| 2 pitons en fer, à 20 c.. . . . . . . . . | .. | 40 | | |
| Façon de deux rideaux. . . . . . . . . | 7 | 50 | | |

                         756   89

|  | f. | c. |
|---|---|---|
| *D'autre part* . . . | 756 | 89 |
| **RIDEAUX** *de vitrages.* | | |
| Semblables à ceux détaillés au folio 159. . . . . . . . | 20 | 86 |
| **POÊLE** *bâti.* | | |
| ( *article bâtimens , pour mémoire*) . . . . . . . . | .. | .. |
| **PINCETTE** *de poêle.* | | |
| Gros modèle . . . . . . . . . . . . . . . . . . . | 2 | .. |
| **PELLE** *à braise.* | | |
| Gros modèle . . . . . . . . . . . . . . . . . . . | 2 | 50 |
| **BALAI** *de âtre.* | | |
| Ordinaire. . . . . . . . . . . . . . . . . . . . . | .. | 50 |
| **TOTAL** *du prix du mobilier de la Salle à manger* . . . | 782 | 75 |

# CHAMBRE A COUCHER.

## RIDEAUX DE CROISÉES.

|  | f. | c. | f. | c. |
|---|---|---|---|---|
| 9 aunes 1/2 de mousseline 5/4, à 5 f. . . . | 47 | 50 | | |
| 4 aunes de mousseline, pour la draperie, à 5 f. | 20 | .. | | |
| 15 aunes frange de coton, de 3 pouces, à 5 f. | 45 | .. | | |
| 2 aunes 3/4 frange de coton, pour la draperie, à 3 f. . . . . . . . . . . . . | 8 | 25 | | |
| 4 aunes ruban pour les têtes, à 15 c. . . . | .. | 60 | | |
| 26 anneaux de cuivre, à 25 c. . . . . . . | 6 | 50 | 176 | 50 |
| 1 bâton doré uni, de 5 pieds, à 2 f. le pied . | 10 | .. | | |
| 2 crochets en fer, à 80 c. . . . . . . . . | 1 | 60 | | |
| 1 tringle en fer, de 5 pieds, à 60 c. le pied. | 3 | .. | | |
| 2 patères dorées, de 3 pouces, à 4 f. . . . | 8 | .. | | |
| 1 paire de poulies . . . . . . . . . . . | 3 | 75 | | |
| 2 embrasses en, coton à 2 f. . . . . . . . | 4 | .. | | |
| 11 aunes cordon de tirage, à 30 c. . . . . | 3 | 30 | | |
| Façon des deux rideaux. . . . . . . . . | 15 | .. | | |

## RIDEAUX DE VITRAGES.
Semblables à ceux détaillés, folio 159 . . . . . . . .    20  86

## COMMODE.
De 4 pieds, en acajou, marbre noir, ornemens dorés .    260  ..

## SECRÉTAIRE.
Assorti à la commode . . . . . . . . . . .    285  ..

## ÉCRITOIRE.
En porcelaine blanche, et filet en or . . . . . . . .    6  ..

## TABLE DE TRAVAIL, *pour femme.*
Bois ronceux, glace à l'intérieur, ornemens dorés. . .    80  ..

## BERGÈRE-GONDOLE, *acajou et gourgouran.*
Semblable à celle détaillée, au folio 161 . . . . . . .    175  74

## FAUTEUILS-GONDOLES, *acajou et gourgouran.*
2 fauteuils semblables à ceux détaillés, au folio 161, à 107 f. 65 c. . . . . . . . . . . . . . . . .    215  50

                                         1219  40

|  | f. | c. |
|---|---|---|
| *D'autre part* . . . . | 1219 | 40 |

## CHAISES-GONDOLES, *acajou et gourgouran.*

| 2 chaises semblables à ceux détaillés, au folio 162, à 80 f. 63 c. . . . . . . . . . . . . . . . . | 161 | 36 |

## TABOURET DE PIED, *acajou et gourgouran.*

| Semblable à celui détaillé au folio 162 . . . . . . . | 22 | 47 |

## ÉCRAN, *acajou et soie.*

| Semblable à celui détaillé au folio 162. . . . . . . . | 93 | 13 |

## COUCHER.

| | f. | c. |
|---|---|---|
| 1 bois de lit, de 4 pieds, en acajou, à flasques, roulettes à galets, orné de patères et d'une frise . . . . . . . . . . | 250 | .. |
| 1 sommier de 4 pieds, en seconde classe . . | 93 | .. |
| 2 matelas de 4 pieds, en seconde classe, à 102 f. . . . . . . . . . . . | 204 | .. |
| 1 lit de plume de 4 pieds, en seconde classe. | 130 | .. |
| 1 traversin assorti au lit . . . . . . . . | 31 | .. |
| 2 oreillers assortis au lit, à 23 f. . . . . . | 46 | .. |
| 1 couverture de laine . . . . . . . . . | 50 | .. |
| 1 couverture de coton . . . . . . . . . | 30 | .. |

Total COUCHER : 834 ..

## RIDEAUX *du lit à couronne.*

| | f. | c. |
|---|---|---|
| 18 aunes, mousseline 5/4, à 4 f. . . . . . | 72 | .. |
| 5 aunes frange en coton, de 4 pouces, à 3 f. | 15 | .. |
| 2 aunes 1/2 mousseline 5/4, pour la draperie, à 4 f. . . . . . . . . . . . . . . | 10 | .. |
| 1 aune 3/4 frange en coton, pour la draperie, à 3 f. . . . . . . . . . . . . . . | 5 | 25 |
| 1 couronne en acajou et petites étoiles dorées | 50 | .. |
| 2 bâtons dorés unis, pour les côtés, mesurant ensemble 9 pieds, à 2 f. . . . . . . . | 18 | .. |
| 2 patères dorées à sujets, à 5 f. . . . . . . | 10 | .. |
| Façon des 2 rideaux . . . . . . . . . | 25 | .. |

Total RIDEAUX : 205 25

## COUVRE-PIEDS.

| | f. | c. |
|---|---|---|
| 6 aunes 1/4 mousseline 5/4 à 6 f. . . . . . | 37 | 50 |
| 2 aunes 1/3 frange ouvragée en coton, à 4 f. . | 9 | 66 |
| 2 aunes 1/3 galon de coton de 12 lig. à 1 f. . | 2 | 66 |
| 6 aunes 7/12 ruban de fil à broder, à 15 c. . | .. | 98 |
| Façon . . . . . . . . . . . . . . | 5 | .. |

Total COUVRE-PIEDS : 55 80

| | 2591 | 41 |

|  |  | f. | c. |
|---|---|---|---|
| *D'autre part* . . . | 2591 | 41 |  |

**TABLE** *de nuit.*
En acajou, marbre noir et ornemens dorés . . . . . . . | 55 | .. |

**VASES** *de nuit, en porcelaine.*
Rond, filet or . . . . . . . . . . . . . . . . . . . | 10 | .. |
Ovale, filet or . . . . . . . . . . . . . . . . . . . | 7 | .. |

**CARAFE.**
Second choix en cristal taillé. . . . . . . . . . . . | 10 | .. |

**GOBELET.**
En cristal taillé . . . . . . . . . . . . . . . . . . | 3 | . |

**PENDULE.**
A sujet, prise dans la 3e classe, folio 78 . . . . . . | 350 | .. |

**LAMPES** ( *la paire* ).
Chapiteaux dorés, globe en cristal, garde-vues en gaze. | 96 | .. |

**FLAMBEAUX** *dorés.*
La paire . , . . . . . . . . . . . . . . . . . . . | 30 | .. |

**FLACONS**, *en cristal taillé.*
La paire . . . . . . . . . . . . . . . . . . . . . | 8 | .. |

**BOUGEOIR** *argenté.*
De 4 pouces. . . . . . . . . . . . . . . . . . . . | 6 | .. |

**PORTE-MONTRES** *dorés.*
La paire . . . . . . . . . . . . . . . . . . . . . | 4 | .. |

**COULISSEAUX** *et* **ANNEAUX** *dorés, pour sonnettes.*
La paire . . . . . . . . . . . . . . . . . . . . . | 5 | .. |

**CORDONS** *de sonnettes.*
3 aunes 1/2 de ruban de soie, à 80 c. . . . . . . . . | 2 | 80 |

**FEUX** *et* **GALERIE.**
Pris dans la 3e classe, folio 79. . . . . . . . . . . | 65 | .. |

**PELLE** *et* **PINCETTE.**
Polies et gros boutons dorés . . . . . . . . . . . . | 7 | .. |

**SOUFFLET**, *couleur acajou.*
En merisier, à 2 vents . . . . . . . . . . . . . . . | 6 | .. |

|  |  | 5256 | 21 |

|  | f. | c. |
|---|---|---|
| *D'autre part* . . . | 3256 | 21 |

**BALAI** *de foyer.*
En merisier verni et tourné . . . . . . . . . . . . . .     5 ..

**CUVETTE** *et* **POT A EAU.**
En porcelaine, filet or . . . . . . . . . . . . . .     3o ..

**ENCOIGNURES** *en fer-blanc.*
Près de la cheminée, à 2 f. . . . . . . . . . . .     4 ..

**GLACE** *et* **PARQUET** , *à Pilastres , assortis à l'ameublement.*
Sur la cheminée . . . . . . . . . . . . . . . . . .     25o ..

**TAPIS** *d'appartement.*
8 aunes carrées d'Aubusson raz, avec un médaillon au milieu, à 24 f . . . . . . 192 ..
Doublure en thibaude, mesurant 15 aunes, à
   1 f. 70 c. . . . . . . . . . . . . . 25 5o        227 5o
Façon et pose . . . . . . . . . . . . . . 10 ..

**TAPIS** *de foyer.*
De 5 pieds , en belle moquette . . . . . . . . .     22 .

**GARDE-ROBE.**
1 bidet à planche en acajou, cuvette en faïence . . . .     26 ..
1 chaise percée en acajou, vase en faïence. . . . . . .     25 ..
1 paravent en papier, de 5 feuilles . . . . . . . . .     27 ..
1 petite lampe veilleuse. . . . . . . . . . . . . .     2 ..

**TOTAL** *du Prix du mobilier de la Chambre à coucher* .    3872 71

## *SALON.*

**RIDEAUX DE CROISÉES** (4, *dont* 2 *en soie et* 2 *en mousseline.*

| | f. | c. | f. | c. |
|---|---|---|---|---|
| 10 aunes 15/16 à 17, pour les rideaux . . . | 170 | .. | | |
| 12 aunes de taffetas fort pour les draperies, à 7 f. . . . . . . . . . . . . . . . . | 84 | .. | | |
| 12 aunes de frange en soie ouvragée, de 4 pouces, à 15 f. . . . . . . . . . . | 180 | .. | | |
| 24 aunes de galon de soie, de 15 lignes, à 1 f. 25. . . . . . . . . . . . . . . | 30 | .. | | |
| 10 aunes mousseline brodée, à 8 f. . . . . | 80 | .. | | |
| 3 aunes de frange de coton, de 4 pouces, à 3 f. 50 c. . . . . . . . . . . . . . | 10 | 50 | | |
| 6 aunes de ruban, pour les têtes de rideaux, à 15 c. . . . . . . . . . . . . . . . | .. | 90 | | |
| 26 anneaux brunis, à 50 c . . . . . . . . | 13 | .. | | |
| 1 bâton doré uni, mesurant 12 pieds, à 2 f. le pied. . . . . . . . . . . . . . | 24 | .. | 738 | 80 |
| 4 crochets en fer, à 80 c.. . . . . . . . | 3 | 20 | | |
| 8 patères dorées, de 3 pouces 1/2, à 5 f.. . | 40 | .. | | |
| 8 bouts de bois de 4 pouces, pour les broches des patères, à 75 c.. . . . . . . | 6 | .. | | |
| 2 paires de poulies, à 4 f.. . . . . . . . | 8 | .. | | |
| 21 aunes cordon de tirage, à 30 c.. . . . | 6 | 30 | | |
| 2 embrasses en soie, à 10 f.. . . . . . . | 20 | .. | | |
| 2 embrasses en coton, à 2 f. 50 c.. . . . | 5 | .. | | |
| 2 tringles en fer, de 5 pieds, à 75 c. le pied. | 7 | 50 | | |
| 4 petits gonds polis pour les embrasses, à 10 c.. . . . . . . . . . . . . . | .. | 40 | | |
| Façon pour les 4 rideaux et la draperie . . | 50 | .. | | |

**RIDEAUX DE VITRAGES** ( 2 *paires* ).
| | | | | |
|---|---|---|---|---|
| Semblables à ceux détaillés au folio 160, à 28 f. 63 c. la paire . . . . . . . . . . . . . . . . . . | | | 57 | 26 |

**CANAPÉ** *de* 6 *pieds, en acajou, en soie, damas cannetillé, avec* 2 *oreillers.*
| | | | | |
|---|---|---|---|---|
| 1 bois de canapé. . . . . . . . . . . . | 90 | .. | | |
| 9 aunes damas cannetillé, 2 couleurs, à 23 f. . . . . . . . . . . . . . . . | 207 | .. | | |
| | 297 | .. | 796 | 06 |

|  |  | f. | c. |
|---|---|---|---|
| *D'autre part* . . . | | 796 | 06 |

|  | f. | c. |  |  |
|---|---|---|---|---|
| *Report* de l'article CANAPÉ . . . . . | 297 | .. | | |
| 18 aunes de bordure, de 15 lignes, à 3 f. . | 54 | .. | | |
| 1 aune 1/2 taffetas, à 6 f. 50 c. . . . . . | 9 | 75 | | |
| 2 aunes toile forte, à 1 f. 50 c. . . . . . | 3 | .. | | |
| 2 aunes 1/2 de toile d'embourrure, à 60 c. . | 1 | 50 | | |
| 5 aunes 3/4 de toile de lin, pour le faux carreau, à 1 f. 50 c. . . . . . . . . . | 5 | 63 | | |
| 20 aunes 1/2 de surfaix, à 30 c. . . . . . | 6 | 15 | 541 | 78 |
| 1 aune 1/8 coutil, pour les oreillers, à 8 f. | 9 | .. | | |
| 6 livres de plumes, à 3 f. 50 c. . . . . | 21 | .. | | |
| 3 aunes de toile blondine, pour la plate-bande et le dessous du carreau, à 2 f. | 6 | .. | | |
| 6 aunes 1/2 toile douce, à 1 f. 50 c. . . . . | 9 | 75 | | |
| 40 livres de crin, à 1 f. 60 c. . . . . . . | 64 | .. | | |
| Façon . . . . . . . . . . . . . . . . . | 55 | .. | | |

## BERGÈRE *en acajou, et damas cannetillé.*

|  | f. | c |  |  |
|---|---|---|---|---|
| 1 bois de bergère, en acajou . . . . . . | 30 | .. | | |
| 2 aunes 3/4 damas cannetillé, 2 couleurs, à 23 f. . . . . . . . . . . . . . . . | 63 | 25 | | |
| 5 aunes 1/2 de bordure, de 1 pouce, à 2 f. 50 c. . . . . . . . . . . . . . . . | 12 | 50 | | |
| 7/8 taffetas, à 6 f. 50 c. . . . . . . . . . | 5 | 74 | | |
| 7 aunes de biais croisé, à 1 f. . . . . . . | 7 | .. | | |
| 1 aune 1/2 de toile forte, à 1 f. 50 c. . . . | 2 | 25 | | |
| 1 aune 1/4 toile blondine, à 2 f. . . . . . | 3 | .. | | |
| 2 aunes 1/2 de toile douce, à 1 f. 50 c. . . | 3 | 75 | | |
| 1 aune 1/3 de toile d'embourrure, à 60 c. . . | .. | 90 | | |
| 5 aunes de sangle, à 30 c. . . . . . . . . | 1 | 50 | | |
| 2 peaux blanches, à 2 f. 50 c. . . . . . . | 5 | .. | | |
| 5 livres de plumes, à 3 50 c. . . . . . . | 17 | 50 | | |
| 3 livres de crin, à 1 f. 60 c. . . . . . . . | 4 | 80 | | |
| Façon. . . . . . . . . . . . . . . . . | 26 | .. | | |
| TOTAL du prix d'une *Bergère* . . . . | 183 | 19 | 366 | 38 |
| Pour une seconde *Bergère* . . . . . | 183 | 19 | | |

## FAUTEUILS *en acajou, et damas cannetillé.*

|  | f. | c. |  |  |
|---|---|---|---|---|
| 1 bois de fauteuil, en acajou . . . . . . | 25 | .. | | |
| 1 aune 1/2 damas cannetillé, 2 couleurs, à 23 f. . . . . . . . . . . . . . . . | 34 | 50 | | |
|  | 59 | 50 | 1704 | 22 |

|  |  | f. | c. |
|---|---|---|---|
| *D'autre part* . . . | | 1704 | 22 |

|  | f. | c. |  |  |
|---|---|---|---|---|
| *Report* de l'article FAUTEUILS . . . | 59 | 5o | | |
| 4 aunes 1/2 de bordure, de 1 pouce, à 2 f. | | | | |
| 5o c. . . . . . . . . . . . . . . | 11 | 25 | | |
| 5/6 de taffetas, à 6 f. 5o c. . . . . . . . | 5 | 42 | | |
| 5 aunes 3/4 de sangle, à 3o c. . . . . . . | 1 | 13 | | |
| 1 aune 1/2 toile d'embourrure, à 6o c. . . . | .. | 9o | | |
| 5/6 de toile forte, à 1 f. 5o c. . . . . . . | 1 | 25 | | |
| 5/6 de toile douce, à 1 f. 5o c. . . . . . . | 1 | 25 | | |
| 5 livres de crin, à 1 f. 6o c. . . . . . . . | 6 | 3o | | |
| Façon. . . . . . . . . . . . . . . | 21 | .. | | |
| TOTAL du prix d'un *Fauteuil* . . . | 1o8 | .. | 648 | .. |
| Pour cinq autres *Fauteuils*, à 1o8 f. . | 540 | .. | | |

## CHAISES *en acajou, et damas cannetillé.*

|  | f. | c. |  |  |
|---|---|---|---|---|
| 1 bois de chaise, dossier à garnir d'étoffe. . | 18 | .. | | |
| 5/6 de damas cannetillé, 2 couleurs, à 23 f. . | 19 | 20 | | |
| 3 aunes de bordure, de 1 pouce, à 2 f. 5o c. | 7 | 5o | | |
| 1/3 de taffetas, à 6 f. 5o . . . . . . . | 2 | 17 | | |
| 3/4 de toile d'embourrure, à 6o c. . . . . . | .. | 45 | | |
| 1 aune 1/4 de toile douce, à 1 f 5o c. . . . | 1 | 88 | | |
| 3 aunes de sangle, à 3o c. . . . . . . . . | .. | 9o | | |
| 1/4 de toile forte, à 1 f. 5o c. . . . . . . | .. | 38 | | |
| 4 livres de crin, à 1 f. 6o c. . . . . . . . | 6 | 4o | | |
| Façon . . . . . . . . . . . . . . . | 13 | .. | | |
| TOTAL du prix d'une *Chaise*. . . . . | 59 | 88 | 359 | 28 |
| Pour cinq autres *Chaises*, à 59 f. 88 c. . | 299 | 4o | | |

## TABOURETS *en acajou, et damas cannetillé.*

|  | f. | c. |  |  |
|---|---|---|---|---|
| 1 bois de tabouret. . . . . . . . . . | 4 | .. | | |
| 5/12 de damas cannetillé, 2 couleurs, à 23 f. | 9 | 6o | | |
| 1 aune 1/3 de bordure, de 1 pouce, à 2 f. 5o c. | 3 | 34 | | |
| 1/4 de toile douce, à 1 f. 5o c. . . . . . . | .. | 38 | | |
| 5/12 de toile d'embourrure, à 6o c. . . . . | .. | 25 | | |
| 1 aune 2/3 de sangle, à 3o c. . . . . . | .. | 5o | | |
| 2 livres 1/2 de crin, à 1 f. 6o c. . . . . . | 4 | .. | | |
| Façon. . . . . . . . . . . . . . . | 5 | .. | | |
| TOTAL du prix d'un *Tabouret* . . . | 27 | o7 | 54 | 14 |
| Pour un second *Tabouret*. . . . . . | 27 | o7 | | |

|  |  |
|---|---|
| | 2756 64 |

( 209 )

|                        | f. | c. |
|------------------------|----|----|
| *D'autre part* . . .   | 2765 | 64 |

**ÉCRAN** *en acajou, et damas cannetillé.*

|                                                         | f. | c. | | |
|---------------------------------------------------------|-----|----|---|---|
| 1 bois d'écran, à colonnes, et chapiteaux do-<br>rés.. | 55 | .. | | |
| 1 aune 7/12 de damas, 2 couleurs, à 23 f. .             | 36 | 44 | | |
| 5 aunes bordure assortie, à 2 f. 50 c. . . .            | 12 | 50 | 116 | 19 |
| 1 aune 1/2 toile de lin, à 1 f. 50 c. . . . .           | 2 | 25 | | |
| Façon. . . . . . . . . . . . . . . . . .               | 10 | .. | | |

**LUSTRE.**
Pris dans la seconde classe, folio 77 . . . . . . . .     550   ..

**TAPIS.**

|                                                         | f. | c. | | |
|---------------------------------------------------------|-----|----|---|---|
| 15 aunes de moquette, double broche,<br>grand milieu, première qualité, à 40 f. | 600 | .. | | |
| 16 aunes de bordure assortie, à 12 f. . . .            | 192 | .. | 842 | 56 |
| 15 aunes de doublure en thibaude, à 1 f.<br>70 c. . . . . . . . . . . . . . . . | 25 | 56 | | |
| Façon et pose. . . . . . . . . . . .                   | 25 | .. | | |

**PENDULE** *à sujet.*
Prise dans la seconde classe, folio 78 . . . . . . . .     450   ..

**CANDELABRES.**
Pris dans la troisième classe, folio 79 . . . . . . . .     200   ..

**FLAMBEAUX** *dorés, pour appartemens.*
Pris dans la troisième classe, folio 80 . . . . . . . .     60   ..

**COULISSEAUX** *et* **ANNEAUX** *de sonnettes.*
La paire. . . . . . . . . . . . . . . . . . . .     8   ..

**CORDONS** *de sonnettes.*
3 aunes 1/2 de ruban de soie, à 80 c. . . . . . . . .     2   80

**FEUX** *et* **GALERIE.**
Pris dans la troisième classe, folio 79. . . . . . . .     120   ..

**PELLE** *et* **PINCETTE.**
Dorées et renflées au milieu. . . . . . . . . . . .     20   ..

**SOUFLET** *en acajou.*
A 2 vents . . . . . . . . . . . . . . . . . . .     12   ..

**BALAI** *de foyer, en acajou.*
Bois tourné . . . . . . . . . . . . . . . . . .     6   ..

|       | f. | c. |
|-------|-----|----|
|       | 5153 | 19 |

14

|  | f. | c. |
|---|---|---|
| *D'autre part* . . . | 5153 | 19 |

**ENCOIGNURES** *en cuivre.*
Près de la cheminée, à 4 f. . . . . . . . . . . . . . . . | 8 | .. |

**GLACES** *et* **PARQUETS** *assortis à l'ameublement.*
Sur la cheminée . . . . . . . . . . . . 450 ..
Entre les 2 croisées . . . . . . . . . . 200 .. } 650 ..

**CONSOLE.**
De 3 pieds 1/2, acajou, marbre noir, colonnes à chapiteaux et ornemens . . . . . . . . . . . . . . . | 150 | .. |

**GUÉRIDON.**
De 27 pouces, en acajou et à trompe, marbre noir creusé . . . . . . . . . . . . . . . . . . . . . | 75 | .. |

**TABLES** *à jouer, en acajou et drap.*
A quadrille . . . . . . . . . . . . . . . . . . . | 55 | .. |
De bouillotte . . . . . . . . . . . . . . . . . . | 120 | .. |

**FLAMBEAU** *de bouillotte et de bureau.*
Argenté et à 3 lumières . . . . . . . . . . . . . | 26 | .. |

**GARDE-FEU** *en laiton de couleur.*
5 feuilles, à 6 f. la feuille . . . . . . . . . . . . | 30 | .. |

TOTAL *du Prix du mobilier du Salon* . . . | 6267 | 19 |

# CHAMBRE PARTICULIÈRE.

## RIDEAUX DE CROISÉES,

|  | f. | c. |  |
|---|---|---|---|
| 12 aunes calicot 3/4, à 2 f. . . . . . . . . | 24 | .. | |
| 3 aunes 1/4 frange, à 2 f. 80 c.. . . . . . . | 9 | 10 | |
| 26 anneaux en cuivre, à 15 c. . . . . . . . | 3 | 90 | |
| 3 aunes 1/2 de ruban pour les t tes, à 15 c. | .. | 53 | |
| 1 tringle en fer de 5 pieds, à 60 c. le pied . | 3 | .. | f. c. |
| 1 paire de poulies. . . . . . . . . . . . | 3 | 75 | 61 28 |
| 2 patères vernies, de 2 pouces 1/2, à 1 f. | | | |
| 25 c. , compris les broches. . . . . | 2 | 50 | |
| 2 embrasses en coton, à 2 f. . . . . . . . | 4 | .. | |
| Façon des deux rideaux. . . . . . . . . . | 10 | 50 | |

## RIDEAUX DE VITRAGES.

Semblables à ceux détaillés au folio 156. . . . . . . | 12 51

## FAUTEUILS *en acajou et velours d'Utrecht.*

|  | f. | c. |
|---|---|---|
| 1 bois en acajou , forme ordinaire. . . . . | 20 | .. |
| 1 aune velours d'Utrecht, à 10 f.. . . . . | 10 | .. |
| 3 aunes 3/4 sangle, à 30 c. . . . . . . . . | 1 | 13 |
| 1/3 toile dauphine, à 2 f. 50 c.. . . . . . . | 1 | 25 |
| 1 aune 1/3 toile d'embourrure, à 60 c.. . . | .. | 80 |
| 5/6 toile forte, à 1 f. 50 c.. . . . . . . . | 1 | 25 |
| 5/6 toile de lin , à 1 f. 50 c.. . . . . . . | 1 | 25 |
| 3 aunes 3/4 galon faux , à 25 c.. . . . . . | .. | 82 |
| 330 clous dorés, à 10 f. le mille . . . . . | 3 | 30 |
| 5 livres de crin , à 1 f 60 c.. . . . . . . | 8 | .. |
| Façon . . . . . . . . . . . . . . . . . | 12 | .. |

|  | f. | c. |  |
|---|---|---|---|
| Total du prix d'un *fauteuil*. . . . | 59 | 80 | 139 60 |
| Pour un second *fauteuil* . . . . . . | 59 | 80 | |

## CHAISES *en acajou et velours d'Utrecht.*

|  | f. | c. |
|---|---|---|
| 1 bois en acajou , dossier en bois . . . . . | 13 | .. |
| 5/12 velours d'Utrecht , à 10 f.. . . . . . | 4 | 20 |

| | 17 | 20 | 213 39 |

|  | f. | c. |
|---|---|---|
| *D'autre part* . . . | 213 | 39 |

|  | f. | c. |
|---|---|---|
| *Report de l'article* Chaise. . . . | 17 | 20 |
| 7/12 toile d'embourrure, à 60 c. . . . . . | .. | 35 |
| 3 aunes 1/4 de sangle, à 30 c. . . . . . . | .. | 98 |
| 1 aune 1/2 de galon faux, à 25 c. . . . . . | .. | 38 |
| 2/3 toile de lin, à 1 f. 50 c. . . . . . . . | 1 | .. |
| 140 clous dorés, à 10 f. le mille . . . . . | 1 | 40 |
| 5 livres de crin, à 1 f. 60 c. . . . . . . . | 4 | 80 |
| Façon . . . . . . . . . . . . . . . . | 5 | .. |

|  | f. | c. |  |  |
|---|---|---|---|---|
| Total du prix d'une *chaise* . . . | 31 | 11 | } | |
| Pour une seconde *chaise* . . . | 31 | 11 | | 62 | 22 |

**CHAISES** *ordinaires.*  
4, en merisier et paille, à 6 f. 50 c.. . . . . . . . . .  **26** ..

**TABOURET DE PIEDS** *en acajou et velours d'Utrecht.*  
Semblable à celui détaillé au folio 186 . . . . . . .  **18 27**

**TOILETTE** *pour homme.*  
En noyer, cuvette et pot en faïence, glace à l'intérieur, et chiffonnier par bas. . . . . . . . . . .  **85** ..

**COMMODE** *en acajou.*  
De 4 pieds, marbre Sainte-Anne, poignées et entrées de serrures dorées. . . . . . . . . . . . .  **150** ..

**SECRÉTAIRE** *en acajou.*  
Assorti à la commode, et formant chiffonnier par bas.  **160** ..

**GUÉRIDON** *de 27 pouces.*  
En acajou, marbre Sainte-Anne, non-creusé . . . .  **45** ..

**LAVABO** *en acajou.*  
Simple modèle, cuvette et pot en porcelaine blanche ordinaire. . . . . . . . . . . . . . . . .  **28** ..

**COUCHER.**

|  | f. | c. |
|---|---|---|
| 1 bois de lit de 3 pieds, en acajou, à colonnes, pan cintré, fond sanglé, roulettes à équerres . . . . . . . . . | 110 | .. |
| 1 sommier de 3 pieds, de 3e classe. . . . | 54 | .. |
| 2 matelas de 3 pieds, de 3e classe, à 60 f. . | 120 | .. |
| 1 lit de plumes, de 3 pieds, de 3e classe. . | .90 | .. |

|  | f. | c. |
|---|---|---|
|  | 374 | .. |
|  | 787 | 88 |

|  | f. | c. |
|---|---|---|
| *D'autre part* . . . . | 787 | 88 |

| | f. | c. | | f. | c. |
|---|---|---|---|---|---|
| *Report de l'article* COUCHER. . . . | 374 | .. | | | |
| 1 traversin de 3ᵉ classe. . . . . . . . | 22 | .. | | | |
| 1 oreiller assorti au lit . . . . . . . . | 16 | .. | | | |
| 1 couverture de laine . . . . . . . . | 30 | .. | } | 464 | .. |
| 1 couverture de coton · . . . . . . | 22 | .. | | | |
| 1 couvre-pied en basin ordinaire, frange au devant. . . . . . . . . . . . | 33 | .. | | | |

**RIDEAUX DE LIT**, *à flèche.*

| | f. | c. | | f. | c. |
|---|---|---|---|---|---|
| 23 aunes calicot . 3/4, à 2 f. . . . . . . | 46 | .. | | | |
| 18 aunes effilé, de 12 lignes, pour le tour, à 80 c.. . . . . . . . . . . . . | 14 | 40 | | | |
| 1 flèche en bois peint , avec ferrure . . . . | 3 | 50 | | | |
| 1 palmette , ou pomme de pin dorée . . . | 2 | 50 | } | 84 | 20 |
| 2 cordons de fil , à 30 c. . . . . . . . . | .. | 60 | | | |
| 2 gonds polis , à 10 c. . . . . . . . . . | .. | 20 | | | |
| Façon des deux rideaux . . . . . . . . | 17 | .. | | | |

**TAPIS** *devant le lit.*

| | f. | c. |
|---|---|---|
| De 3 pieds , en moquette.. . . . . . . . . . . . | 15 | .. |

**TABLE DE NUIT** *ordinaire.*

| | f. | c. |
|---|---|---|
| Acajou , marbre Sainte-Anne. . . . . . . . . . | 28 | .. |

**VASES DE NUIT.**

| | f. | c. |
|---|---|---|
| En faïence de Sceaux . . . . . . . . . . . . . . | 1 | 50 |

**BIDET** *à planche.*

| | f. | c. |
|---|---|---|
| En noyer, cuvette en faïence . . . . . . . . . . | 10 | .. |

**POT A EAU** *et* **CUVETTE.**

| | f. | c. |
|---|---|---|
| En faïence ordinaire. . . . . . . . . . . . . . | 3 | .. |

**GLACE** *et* **PARQUET** *assortis à l'ameublement.*

| | f. | c. |
|---|---|---|
| Sur la cheminée. . . . . . . . . . . . . . . | 100 | .. |

**FEUX** *ordinaires.*

| | f. | c. |
|---|---|---|
| Simple modèle, à boules . . . . . . . . . . . | 6 | .. |

**PELLE** *et* **PINCETTE.**

| | f. | c. |
|---|---|---|
| Modèle ordinaire, boutons brunis . . . . . . . . | 5 | 50 |

**FLAMBEAUX** *brunis.*

| | f. | c. |
|---|---|---|
| Simple modèle . . . . . . . . . . . . . . . | 10 | .. |

|  | f. | c. |
|---|---|---|
|  | 1513 | 28 |

|  | f. | c. |
|---|---|---|
| *D'autre part* . . . | 1513 | 28 |
| **CARAFE.** | | |
| En cristal ordinaire . . . . . . . . . . . . . . . . . . | 3 | 5o |
| **GOBELET.** | | |
| En cristal ordinaire . . . . . . . . . . . . . . . . . . | .. | 5o |
| **PORTE-MONTRES.** | | |
| La paire. . . . . . . . . . . . . . . . . . . . | 2 | 5o |
| **FLACONS.** | | |
| La paire. . . . . . . . . . . . . . . . . . . . | 2 | 5o |
| **SOUFFLET.** | | |
| Ordinaire , à 1 vent. . . . . . . . . . . . . . . | 1 | 5o |
| **ÉTEIGNOIR** *en tôle vernie.* | | |
| Simple modèle . . . . . . . . . . . . . . . . . | .. | 15 |
| **BALAI** *de foyer.* | | |
| En bois ordinaire . . . . . . . . . . . . . . . . | .. | 75 |
| **DEVANT DE CHEMINÉE.** | | |
| En papier ordinaire . . . . . . . . . . . . . . . | 8 | .. |
| **CRUCHE** *en grès.* | | |
| Seconde sorte. . . . . . . . . . . . . . . . . . | 1 | .. |
| **TOTAL** *du Prix du mobilier de la Chambre particulière.* | 1513 | 68 |

## CHAMBRE DE DOMESTIQUE.

| | f. | c. |
|---|---|---|
| Semblable à celle détaillée au folio 192 . . . . . . . | 259 | 54 |
| TOTAL *du Prix du mobilier de la Chambre de Domestique.* . . . . . . . . . . . . . . . | 259 | 54 |

## COUCHER, *à part, sur Lit de Sangle.*

| | f. | c. |
|---|---|---|
| Semblable à celui détaillé au folio 193. . . . . . . . . . | 92 | .. |
| TOTAL *du Prix du Coucher, à part, sur Lit de sangle.* | 92 | .. |

## CABINET *de dépôt pour la Baignoire.*

| | f. | c. | f. | c. |
|---|---|---|---|---|
| 1 baignoire ( ambulante ) de 4 pieds, en cuivre, roulettes aussi en cuivre . . | 130 | .. | 170 | .. |
| Cylindre en plomb . . . . . . . . . . | 40 | .. | | |
| Panier à linge, avec réchaux . . . . . . . . . . . . | | | 9 | .. |
| TOTAL *du Prix du mobilier du Cabinet pour le dépôt de la Baignoire.* . . . . . . . . . . . . . . . | | | 179 | .. |

# RÉCAPITULATION

## DU PRIX DU MOBILIER DE CHAQUE PIÈCE.

## DEVIS DE SECONDE CLASSE.

|  | f. | c. |
|---|---|---|
| PALIER. . . . . . . . . . . . . . . . . . . . | 87 | .. |
| ANTICHAMBRE. . . . . . . . . . . . . . | 327 | 75 |
| SALLE A MANGER. . . . . . . . . . . | 782 | 75 |
| CHAMBRE A COUCHER. . . . . . . . | 3873 | 21 |
| SALON. . . . . . . . . . . . . . . . . | 6267 | 19 |
| CHAMBRE PARTICULIÈRE . . . . . . | 1533 | 68 |
| CHAMBRE DE DOMESTIQUE . . . . . | 259 | 54 |
| COUCHER SUR LIT DE SANGLE . . . | 92 | .. |
| CABINET DE BAINS . . . . . . . . . | 179 | .. |
| TOTAL DE L'AMEUBLEMENT COMPLET. | 13402 | 11 |

# DÉVIS

## DE TROISIÈME CLASSE.

# DEVIS DE TROISIÈME CLASSE.

## *ANTICHAMBRE.*

**ARMOIRE** *formant lit.*

| | f. | c. | | f. | c. |
|---|---|---|---|---|---|
| 1 bois d'armoire, en chêne, à 2 ventaux, fond sanglé, simple fermeture . . . . | 82 | .. | | | |
| 2 matelas de 3 pieds, de 4ᵉ classe, à 48 f. . | 96 | .. | | | |
| 1 traversin ordinaire, de 4ᵉ classe . . . . | 19 | .. | | 222 | 90 |
| 1 couverture de laine. . . . . . . . . . | 14 | .. | | | |
| 1 couverture en coton . . . . . . . . . | 11 | .. | | | |
| 1 vase de nuit . . . . . . . . . . . . | .. | 90 | | | |

**ARMOIRE** *de Garde-robe.*
De 4 pieds en noyer, 2 ventaux, corniche à dé, tablettes
en dedans, fermeture solide. . . . . . . . . . 110 ..

**CHAISES** *ordinaires.*
4 en merisier et paille, à 4 f. 50 c. . . . . . . . . . 18 ..

**TABLE** *ordinaire.*
En bois noirci . . . . . . . . . . . . . . . . . 10 ..

**ÉCRITOIRE** *ordinaire.*
En faïence, avec l'éponge. . . . . . . . . . . . 1 ..

**FONTAINE** *filtrante.*
De 3 voies, et couverte en osier . . . . . . . . . 24 ..

**RIDEAUX** *de vitrages.*
Semblables à ceux détaillés au folio 192 . . . . . . 9 28

**PAILLASSON** *à l'extérieur de la porte.*
En natte ordinaire . . . . . . . . . . . . . . . 2 25

TOTAL *du Prix du mobilier de l'Antichambre.* . . . . 297 43

## *SALLE A MANGER.*

**TABLE A MANGER**, *en acajou ordinaire.*

|  | f. | c. |
|---|---|---|
| De 4 pieds , 4 ralonges en sapin, emboîtées en chêne, sabots et roulettes en cuivre (pour 16 personnes) . | 120 | .. |

**BUFFET** *en acajou.*

| | | |
|---|---|---|
| De 4 pieds sur 3 , marbre Sainte-Anne, deux tiroirs à la devanture, fermeture ordinaire, boutons vernis. | 110 | .. |

**CHAISES** *ordinaires.*

| | | |
|---|---|---|
| 12 chaises en merisier, dossier tourné , à 6 f. 50 c. . . | 78 | .. |

**RIDEAUX** *de croisées.*

|  | f. | c. | | |
|---|---|---|---|---|
| 7 aunes 1/2 de calicot , à 2 f. . . . . . . . | 15 | .. | | |
| 2 aunes 1/2 de ruban pour les têtes, à 15 c. | .. | 38 | | |
| 26 anneaux de cuivre, à 15 c.. . . . . . | 3 | 90 | | |
| 1 tringle en fer , de 5 pieds, à 60 c. le pied. | 3 | .. | 36 | 08 |
| 2 pitons en fer , à 20 c. . . . . . . . . | .. | 40 | | |
| 2 patères vernies, à 1 f. 20 c.. . . . . . | 2 | 40 | | |
| 2 embrasses en coton , à 1 f. 50 c. . . . . | 3 | .. | | |
| Façon des deux rideaux . . . . . . . . | 8 | .. | | |

**RIDEAUX** *de vitrages.*

| | | |
|---|---|---|
| Semblables à ceux détaillés au folio 156. . . . . . . | 12 | 51 |

**PAILLASSON** *en lisière , sous la table.*

| | | |
|---|---|---|
| 2 aunes sur 2 aunes, à 1 f. 75 c. . . . . . . . . . | 7 | .. |

| | | |
|---|---|---|
| **TOTAL** *du Prix du mobilier de la Salle à manger* . . . | 363 | 69 |

# CHAMBRE A COUCHER.

**RIDEAUX** *de croisées.*

|  | f. | c. |  | f. | c. |
|---|---|---|---|---|---|
| 9 aunes 1/2 de mousseline suisse 5/4, à 3 f. | 28 | 5o | | | |
| 15 aunes frange de coton, de 2 pouces 1/2 à 2 f.. | 3o | .. | | | |
| 4 aunes de ruban pour les têtes, à 15 c. . | .. | 6o | | | |
| 26 anneaux de cuivre, à 15 c. . | 3 | 9o | | | |
| 1 tringle en fer, de 5 pieds, à 6o c. le pied . | 3 | .. | | 98 | o5 |
| 2 patères, de 2 pouces 1/2, à 3 f. 5o c. . . | 7 | .. | | | |
| 2 embrasses en coton, à 2 f. . | 4 | .. | | | |
| 1 paire de poulies . | 3 | 75 | | | |
| 11 aunes cordon de tirage, à 3o c. . | 3 | 3o | | | |
| Façon des 2 rideaux . | 14 | .. | | | |

**RIDEAUX** *de vitrages.*

Semblables à ceux détaillés au folio 159 . . . . . . . . 20   85

**COMMODE** *en acajou.*

De 4 pieds, marbre Sainte-Anne, colonnes ou pilastres, à chapiteaux dorés, simples poignées et entrées de serrures. . . . . . . . . . . . . . . . . . . 16o   ..

**SECRÉTAIRE** *en acajou.*

Assorti à la commode . . . . . . . . . . . . . . . 17o   ..

# ÉCRITOIRE.

En porcelaine blanche, avec éponge . . . . . . . . 3   5o

**LAVABO** *en acajou.*

Simple modèle, cuvette et pot en porcelaine blanche ordinaire. . . . . . . . . . . . . . . . . . . 28   ..

                                                 480   41

|  | f. | c. |
|---|---|---|
| *D'autre part* . . . | 481 | 41 |

**BERGÈRE,** *acajou et velours d'Utrecht.*

|  | f. | c. |
|---|---|---|
| 1 bois de bergère, modèle ordinaire. . . . | 30 | .. |
| 2 aunes 3/4 de velours d'Utrecht, à 10 f. . . | 27 | 50 |
| 5/12 toile dauphine, à 2 50 c. . . . . . . | 1 | 10 |
| 5/12 toile forte, à 1 f. 50 c. . . . . . . . | 1 | 15 |
| 2/3 toile de lin, à 1 f. 50 c. . . . . . . . | 1 | .. |
| 5/6 toile d'embourure, à 60 c. . . . . . . | .. | 50 |
| 5 aunes 5/6 de sangle, à 30 c. . . . . . . | 1 | 65 |
| 1 aune 1/6 toile blondine, à 2 f. . . . . . | 2 | 34 |
| 6 aunes galon faux, à 25 c. . . . . . . . | 1 | 50 |
| 550 cloux dorés à lentille, à 10 f. le mille. . | 5 | 50 |
| 2 peaux blanches pour le carreau, à 2 f. 50 c. | 5 | .. |
| 4 livres de plume, à 3 f. . . . . . . . . | 12 | .. |
| 2 livres de crin, à 1 f. 60 c. . . . . . . | 3 | 20 |
| Façon. . . . . . . . . . . . . . . . | 17 | .. |

109 44

**FAUTEUILS** *en acajou et velours d'Utrecht.*

Semblables à ceux détaillés au folio 185.

|  | f. | c. |
|---|---|---|
| Pour un *fauteuil* . . . . . . . . . . . | 57 | 70 |
| Pour le second *fauteuil* . . . . . . . . | 57 | 70 |

115 40

**CHAISES** *en acajou et velours d'Utrecht.*

Semblables à celles détaillées au folio 185.

|  | f. | c. |
|---|---|---|
| Pour une *chaise* . . . . . . . . . . . | 32 | 36 |
| Pour trois autres *chaises* . . . . . . . . | 32 | 36 |

74 72

**TABOURET** *de pieds , acajou et velours d'U-trecht.*

Semblable à celui détaillé au folio 186. . . . . . . 18 27

**ÉCRAN ,** *acajou et soie.*

|  | f. | c. |
|---|---|---|
| 1 bois ordinaire . . . . . . . . . . . . | 24 | .. |
| 1 aune 1/3 taffetas, à 6 f. 50 c. . . . . . . | 8 | 67 |
| 1 aune toile de lin. . . . . . . . . . . | 1 | 50 |
| Façon . . . . . . . . . . . . . . . . | 6 | .. |

30 17

728 42

<table>
<tr><td></td><td></td><td align="right">f.</td><td>c.</td></tr>
<tr><td align="right">D'autre part . . .</td><td></td><td align="right">728</td><td>42</td></tr>
</table>

## COUCHER.

|  | f. | c. |
|---|---|---|
| 1 bois de lit de 3 pieds 1/2, en acajou, à co-<br>lonnes ou à petites flasques, fond sanglé,<br>roulettes à galets. . . . . . . . . . . . | 140 | .. |
| 1 sommier de 3 pieds 1/2, de 3e classe. . | 65 | .. |
| 2 matelas de 3 pieds 1/2, de 3e classe, à 71 f. | 142 | .. |
| 1 lit de plume de 3 pieds 1/2, de 3e classe. . | 114 | .. |
| 1 traversin de troisième classe. . . . . . | 25 | .. |
| 2 oreillers, assortis au lit, à 20 f. . . . . | 40 | .. |
| 1 couverture de laine. . . . . . . . . . | 35 | .. |
| 1 couverture de coton . . . . . . . . . | 20 | .. |
| 1 couvre-pieds en basin ordinaire, frange en<br>bas. . . . . . . . . . . . . . . . . | 33 | .. |

Total : 612 ..

## RIDEAUX *du lit en alcôve.*

|  | f. | c. |
|---|---|---|
| 15 aunes de percale en 3/4, compris la de-<br>vanture, à 3 f. . . . . . . . . . . | 45 | .. |
| 15 aunes de frange de coton, à 2 f. . . . | 30 | .. |
| 24 anneaux en cuivre, à 15 c. . . . . . . | 3 | 60 |
| 3 aunes ruban pour les têtes, à 15 c. . . . | 1 | 20 |
| 1 tringle d'alcôve, de 9 pieds, à 60 c . . . | 5 | 40 |
| 2 embrasses en coton, à 2 f. . . . . . . . | 4 | .. |
| 2 patères dorées, à 3 f. 50 c. . . . . . . . | 7 | .. |
| Façon des deux rideaux . . . . . . . . | 13 | .. |

Total : 109 20

## TAPIS *devant le lit.*

De 3 pieds, en moquette. . . . . . . . . . . . . . . . .    15 ..

## TABLE DE NUIT.

En acajou, à colonnes, marbre granit . . . . . . . .    40 ..

## VASES DE NUIT, *en faïence de Sceaux.*

Rond . . . . . . . . . . . . . . . . . . . . . . . . . . . .    1 50
Ovale . . . . . . . . . . . . . . . . . . . . . . . . . . . .    1 50

## BIDET *en noyer.*

A dossier. . . . . . . . . . . . . . . . . . . . . . . .    15 ..

## CUVETTE *et* POT A EAU.

En porcelaine blanche . . . . . . . . . . . . . . . .    20 ..

1542 62

|  | f. | c. |
|---|---|---|
| *D'autre part* . . . | 1542 | 62 |

**GLACE** *et* **PARQUET** *assortis à l'ameublement.*
Sur la cheminée. . . . . . . . . . . . . . . . . . . . . . . . . | 110 | .. |

**PENDULE.**
Prise dans la 3ᵉ classe . . . . . . . . . . . . . . . . . . | 190 | .. |

**LAMPES** *à colonnes , en moiré.*
Simple modèle, réflecteur en gaze, à 18 f. . . . . . . . | 36 | .. |

**FLAMBEAUX** *dorés.*
La paire. . . . . . . . . . . . . . . . . . . . . . . . . . . | 22 | .. |

**FLACONS** *en cristal.*
La paire. . . . . . . . . . . . . . . . . . . . . . . . . . . | 6 | .. |

**CARAFE** *en cristal.*
3ᵉ choix.. . . . . . . . . . . . . . . . . . . . . . . . . . | 4 | .. |

**GOBELET.**
En cristal ordinaire uni. . . . . . . . . . . . . . . . . . | 0 | 50 |

**PORTE-MONTRES.**
La paire. . . . . . . . . . . . . . . . . . . . . . . . . . . | 2 | 50 |

**COULISSEAUX** *et anneaux brunis , pour son-*
*nettes.*
La paire . . . . . . . . . . . . . . . . . . . . . . . . . . | 3 | .. |

**CORDONS** *de sonnettes.*
3 aunes 1/2 de ruban de soie, à 80 c. . . . . . . . . . | 2 | 80 |

**FEUX** *ordinaires.*
Second modèle et à vases . . . . . . . . . . . . . . . . . | 16 | .. |

**PELLE** *et* **PINCETTE** *ordinaires.*
A olives et vernies. . . . . . . . . . . . . . . . . . . . . | 4 | .. |

|  |  |  |
|---|---|---|
|  | 1939 | 42 |

| | f. | c. |
|---|---|---|
| *D'autre part* . . . | 1939 | 42 |
| **SOUFFLET.** | | |
| Ordinaire, à 1 vent . . . . . . . . . . . . . . . . | 1 | 50 |
| **BALAI** *de foyer.* | | |
| En bois ordinaire . . . . . . . . . . . . . . . . | .. | 75 |
| **ÉTEIGNOIR** *en tôle vernie.* | | |
| Simple modèle . . . . . . . . . . . . . . . . . | .. | 15 |
| **ENCOIGNURES** *en fer-blanc.* | | |
| Près de la cheminée, la paire . . . . . . . . . . . | 4 | .. |
| **TOTAL** *du* **Prix** *du mobilier de la Chambre à coucher* . | 1945 | 82 |

# S A L O N.

## RIDEAUX DE CROISÉES ( 4, *dont* 2 *en soie et deux en mousseline* ).

| | f. | c. | | |
|---|---|---|---|---|
| 18 aunes de taffetas fort, 5/8, à 7 f. . . . | 126 | .. | | |
| 4 aunes de frange en soie, de 3 pouces, à 7 f. | 28 | .. | | |
| 9 aunes de taffetas, à 7 f., pour la draperie | 63 | .. | | |
| 7 aunes de frange, de 3 pouces 1/2, à 10 f. | 70 | .. | | |
| 12 aunes de mousseline claire, 5/4, à 4 f. 50 c. | 54 | .. | | |
| 3 aunes de frange en coton, de 3 pouces 1/2 | | | | |
| à 3 f. . . . . . . . . . . . . . | 9 | .. | | |
| 26 anneaux en cuivre brunis, à 50 c. . . . | 13 | .. | | |
| 6 aunes ruban pour les têtes, à 15 c. . . . | .. | 90 | | |
| 2 bâtons peints, de 5 pieds 1/2 chacun, à | | | | |
| 35 c. le pied . . . . . . . . . . . . | 3 | 85 | 480 | 85 |
| 4 crochets en fer, à 60 c. . . . . . . . . | 2 | 40 | | |
| 4 palmettes dorées, simple modèle, à 3 f . | 12 | .. | | |
| 4 patères dorées, de 3 pouces 1/2, à 4 f.. . | 16 | .. | | |
| 2 embrasses en soie, à 7 f.. . . . . . . . | 14 | .. | | |
| 2 embrasses en coton, à 2 f. 50 c. . . . . . | 5 | .. | | |
| 2 paires de poulies, à 3 f. 75 c. . . . . . | 7 | 50 | | |
| 11 aunes cordon de tirage, à 30 c.. . . . . | 3 | 30 | | |
| 2 tringles en fer, de 5 pieds, à 75 c. le pied . | 7 | 50 | | |
| 4 petits gonds pour les embrasses, à 10 c. . | .. | 40 | | |
| Façon, tant des rideaux que de la draperie. | 45 | .. | | |

## RIDEAUX DE VITRAGES (2 *paires*).

| | | | | |
|---|---|---|---|---|
| Semblables à ceux détaillés au folio 159, à 20 f. 86 c. | | | 41 | 72 |

## CANAPÉ *de six pieds, en bois d'acajou, couvert en drap imprimé, avec deux oreillers.*

| | f. | c. | | |
|---|---|---|---|---|
| 1 bois de canapé . . . . . . . . . . . . | 90 | .. | | |
| 2 aunes de drap de 5/4, à 20 f. . . . . . . | 40 | .. | | |
| Impression du drap, avec galon . . . . . | 20 | .. | | |
| 1 aune de drap de 5/4 pour les oreillers . . | 20 | .. | | |
| Impression du drap pour les oreillers . . . | 7 | .. | | |
| 1 aune 1/2 de taffetas, à 6 f. 50 c. . . . . . | 9 | 75 | | |
| | 186 | 75 | 522 | 57 |

|  | f. | c. |
|---|---|---|
| *D'autre part . . .* | 522 | 57 |

|  | f. | c. |  | f. | c. |
|---|---|---|---|---|---|
| *Report de l'article* CANAPÉ . . . . | 185 | 75 | | | |
| 3 aunes de toile forte, à 1 f. 50 c. . . . . | 3 | .. | | | |
| 2 aunes 1/2 de toile d'embourure, à 60 c. . | 1 | 50 | | | |
| 5 aunes 3/4 toile pour le faux carreau, à 1 f. 50 c. . . . . . . . . . . | 5 | 65 | | | |
| 20 aunes 1/2 de sangle, à 30 c. . . . . . | 6 | 15 | | | |
| 1 aune 1/8 coutil pour les oreillers, à 8 f. . | 9 | .. | | | |
| 6 livres de plumes, à 3 f. 50 c. . . . . . | 21 | .. | } | 370 | 78 |
| 3 aunes toile blondine pour plate-forme et dessous de carreau, à 2 f. . . . . . . | 6 | .. | | | |
| 6 aunes 1/2 de toile douce, à 1 f. 50 c. . . | 9 | 75 | | | |
| 8 pompons pour les oreilles, à 1 f. . . . . | 8 | .. | | | |
| 40 livres de crin, à 1 f. 60 c. . . . . . . | 64 | .. | | | |
| Façon. . . . . . . . . . . . . . . . | 50 | .. | | | |

## BERGÈRE *en acajou, et drap imprimé.*

|  | f. | c. |  | f. | c. |
|---|---|---|---|---|---|
| 1 bois de bergère, en acajou. . . . . . . | 34 | .. | | | |
| 1 aune de drap 5/4, à 20 f. . . . . . . . | 20 | .. | | | |
| Impression du drap, avec galon . . . . . | 8 | 50 | | | |
| 5/12 taffetas, à 6 f. 50 c. . . . . . . . . | 2 | 70 | | | |
| 5/6 toile forte, à 1 f. 50 c. . . . . . . . | 1 | 25 | | | |
| 1 aune 1/6 toile blondine, à 2 f. . . . . . | 2 | 34 | } | 120 | 54 |
| 5 aunes 5/6 sangle, à 30 c. . . . . . . . | 1 | 75 | | | |
| 2 peaux blanches pour le carreau, à 2 f. 50. | 5 | .. | | | |
| 5/6 toile d'embourure, à 60 c. . . . . . | .. | 50 | | | |
| 5 livres de plumes, à 3 f. 50 c. . . . . . . | 17 | 50 | | | |
| 3 livres de crin, à 1 f. 60 c. . . . . . . . | 4 | 80 | | | |
| Façon. . . . . . . . . . . . . . . . | 22 | .. | | | |

## FAUTEUILS *en acajou, et drap imprimé.*

|  | f. | c. |  | f. | c. |
|---|---|---|---|---|---|
| 1 bois de fauteuil, en acajou . . . . . . | 24 | .. | | | |
| 1/2 aune de drap 5/4, à 20 f. . . . . . . | 10 | .. | | | |
| Impression du drap, avec galon . . . . . | 6 | 50 | | | |
| 1/3 taffetas, à 6 f. 50 c. . . . . . . . . | 2 | 17 | | | |
| 1/4 toile forte, à 1 f. 50 c. . . . . . . . | .. | 38 | | | |
| 1 aune 1/4 toile de lin, à 1 f. 50 c. . . . . | 1 | 88 | | | |
| 1 aune 1/2 toile d'embourure, à 60 c. . . . | .. | 90 | | | |
| 5 aunes de sangle, à 30 c. . . . . . . . . | 1 | 50 | | | |
| 5 livres 1/4 de crin, à 1 f. 60 c. . . . . . | 8 | 40 | | | |
| Façon. . . . . . . . . . . . . . . . | 19 | .. | | | |

|  | f. | c. |  | f. | c. |
|---|---|---|---|---|---|
| TOTAL du prix d'un *fauteuil* . . . . . | 74 | 75 | } | 447 | 38 |
| Pour cinq autres *fauteuils*, à 74 f. 75 c. . | 573 | 65 | | | |

|  | f. | c. |
|---|---|---|
| | 1481 | 07 |

|  | f. | c. |
|---|---|---|
| *D'autre part* . . . | 1461 | 07 |

## CHAISES *en acajou , et drap imprimé.*

|  | f. | c. |
|---|---|---|
| 1 bois de choise en acajou , dossier à garnir. | 17 | .. |
| 3/8 de drap 5/4 , à 20 f. . . . . . . . . | 7 | 5o |
| Impression du drap , avec galon . . . . . | 6 | 5o |
| 1/4 de taffetas , à 6 f. 5o c. . . . . . . . | 1 | 63 |
| 1/4 de toile forte , à 1 f. 5o c. . . . . . . | .. | 88 |
| 1 auue 1/2 de toile d'embourure , à 6o c. . . | .. | 9o |
| 5/6 toile de lin , à 1 f. 5o c. . . . . . . . | 1 | 25 |
| 3 aunes 1/4 sangle . à 3o c. . . . . . . . | .. | 98 |
| 4 livres de crin , à 1 f. 6o c.. . . . . . . . | 6 | 4o |
| Façon . . . . . . . . . . . . . . . . . | 13 | .. |
| Total du prix d'une *chaise*. . . . . . . | 56 | o4 |
| Pour cinq autres *chaises* , à 56 f. o4 c.. . | 28o | 2o |

} 336 24

## TABOURET *en acajou , et drap imprimé.*

|  | f. | c. |
|---|---|---|
| 1 bois de tabouret. . . . . . . . . . . | 4 | .. |
| 1/4 de drap 5/4 , à 20 f. . . . . . . . . | 5 | .. |
| Impression du drap , avec galon . . . . . | 3 | 5o |
| 1/4 toile douce , à 1 f. 5o c. . . . . . . . | .. | 3o |
| 5/12 toile d'embourure , à 6o c. . . . . . | .. | 25 |
| 1 aune 2/3 sangle , à 3o c. . . . . . . . | .. | 5o |
| 2 livres 1/2 de crin , à 1 f. 6o c. . . . . . | 4 | .. |
| Façon . . . . . . . . . . . . . . . . . | 5 | .. |

} 22 55

## ÉCRAN.

|  | f. | c. |
|---|---|---|
| 1 bois en acajou, à colonnes, chapiteaux do-<br>rés , cordon et plomb. . . . . . . . | 55 | .. |
| 1 aune de drap 5/4 . . . . . . . . . . | 20 | .. |
| Impression de drap , avec galon . . . . . | 8 | 5o |
| 1 aune 1/2 de toile de lin , à 1 f. 5o c. . . . | 2 | 25 |
| Façon . . . . . . . . . . . . . . . . . | 9 | .. |

} 94 75

## TAPIS.

|  | f. | c. |
|---|---|---|
| 19 aunes 1/2 jaspé noir et vert, à 9 f. . . . | 175 | 5o |
| 24 aunes de bordure assortie , à 2 f. 5o c.. . | 6o | .. |
| 20 aunes thibaude, pour doublure, à 1 f. 7o c. | 34 | .. |
| Pose et façon . . . . . . . . . . . . . | 16 | .. |

} 285 5o

## GLACE *et* PARQUET *assortis à l'ameublement.*

|  | f. | c. |
|---|---|---|
| Sur la cheminée. . . . . . . . . . . . . . . . . | 140 | .. |

|  |  |
|---|---|
| 1240 | 11 |

|  | f. | c. |
|---|---|---|
| *D'autre part* . . . | 2240 | 11 |

**PENDULE.**
Prise dans la 3ᵉ classe, folio 78 . . . . . . . . . . — 280 ..

**LAMPES** *à colonnes en moiré* ( la paire ).
Second modèle, demi-globe en cristal . . . . . . . — 60 ..

**FLAMBEAUX** *dorés* ( la paire ).
Second modèle. . . . . . . . . . . . . . . — 32 ..

**PORTE-MONTRES** *brunis.*
La paire.. . . . . . . . . . . . . . . . . . . — 2 50

**COULISSEAUX** *et* **ANNEAUX** *vernis pour sonnettes.*
La paire. . . . . . . . . . . . . . . . . . . — 5 ..

**CORDON** *de sonnettes.*
5 aunes 1/2 de ruban de soie, à 80 c. . . . . . . . — 2 80

**FEUX** *ordinaires.*
A vases dorés. . . . . . . . . . . . . . . . . — 30 ..

**PELLE** *et* **PINCETTE.**
A olives dorées . . . . . . . . . . . . . . . . — 5 ..

**SOUFFLET.**
En noyer, à deux vents . . . . . . . . . . . . . — 4 50

**BALAI** *de foyer.*
En bois ordinaire, à manche tourné . . . . . . . . — 1 20

**ENCOIGNURE.**
En fer-blanc, près de la cheminée, la paire . . . . . — 4 ..

**GUÉRIDON.**
De 27 pouces, en acajou, à trompe, marbre noir . . — 60 ..

**TABLE** *à jouer.*
A quadrille, en acajou et drap. . . . . . . . . . . — 50 ..

|  | f. | c. |
|---|---|---|
| TOTAL *du Prix du mobilier du Salon* . . . . . . | 2777 | 11 |

# CHAMBRE PARTICULIÈRE.

## RIDÉAUX DE CROISÉES.

|  | f. | c. |
|---|---|---|
| 9 aunes 1/2 de calicot 3/4, à 2 f. | 19 | .. |
| 3 aunes de ruban pour border les têtes, à 15 c. | .. | 45 |
| 26 anneaux de cuivre, à 15 c. | 3 | 90 |
| 1 tringle en fer, de 5 pieds, à 60 c. le pied. | 3 | .. |
| 2 pitons en fer, à 20 c. | .. | 40 |
| 2 embrasses en coton, à 1 f. 50 c. | 3 | .. |
| 2 patères brunies, de 5 pouces, à 1 f. 50 c. | 3 | .. |
| Façon des 2 rideaux | 10 | .. |

f. c.
42 75

## RIDEAUX DE VITRAGES.

Semblables à ceux détaillés au folio 156. . . . . . . . 12 51

## BERGÈRE *en bois peint en gris, couverte en velours d'Utrecht.*

Semblable à celle détaillée au folio 239 . . . . . . . 81 75

## CHAISES *ordinaires.*

4 en merisier et paille, à 6 f. . . . . . . . . . . . 24 ..

## COMMODE *en noyer.*

De 4 pieds, marbre Sainte-Anne, boutons et entrées de serrures brunis. . . . . . . . . . . . . . 80 ..

## SECRÉTAIRE *en noyer.*

Assorti à la commode. . . . . . . . . . . . . . 90 ..

## TABLE *en noyer, à l'anglaise.*

De 3 pieds. . . . . . . . . . . . . . . . . . . 15 ..

345 99

|  | f. | c. |
|---|---|---|
| *D'autre part . . .* | 345 | 99 |

**COUCHER.**

|  | f. | c. |  |  |
|---|---|---|---|---|
| 1 bois de lit , de 3 pieds en merisier, couleur acajou, pan cintré, fond sanglé, roulettes à équerres. . . . . . . . . . . | 65 | .. | | |
| 1 sommier de 3 pieds, de 3<sup>e</sup> classe . . . . | 54 | .. | | |
| 2 matelas de 3 pieds, de 3<sup>e</sup> classe , à 60 f.. . | 120 | .. | | |
| 1 lit de plume, de 3 pieds, de 3<sup>e</sup> classe . . | 90 | .. | 404 | .. |
| 1 traversin de 3<sup>e</sup> classe. . . . . . . . . | 22 | .. | | |
| 1 oreiller de 3<sup>e</sup> classe. . . . . . . . . | 16 | .. | | |
| 1 couverture de laine. . . . . . . . . | 22 | .. | | |
| 1 couverture de coton . . . . . . . . . | 15 | .. | | |

**RIDEAUX** *du lit à flèche.*
Semblables à ceux détaillés au folio 213 . . . . . . 84 20

**TAPIS** *devant le lit.*
De 3 pieds, en moquette ordinaire. . . . . . . . . 10 ..

**TABLE DE NUIT** *en noyer.*
A colonnes, ou à pilastres. . . . . . . . . . . . 20 ..

**VASE DE NUIT.**
En faïence de Sceaux. . . . . . . . . . . . . . . 1 50

**POT A EAU** *et* **CUVETTE.**
En faïence ordinaire . . . . . . . . . . . . . . 3 ..

**GLACE** *et* **PARQUET.**
Sur la cheminée, assortis à l'ameublement. . . . . . 60 ..

**FLAMBEAUX** *brunis ( la paire).*
Simple modèle . . . . . . . . . . . . . . . . 8 ..

**CARAFE.**
En cristal ordinaire . . . . . . . . . . . . . . 3 50

**GOBELET.**
En cristal ordinaire . . . . . . . . . . . . . . .. 50

**FEUX** *ordinaires , en second choix.*
Simple modèle à boules. . . . . . . . . . . . . 5 ..

| 343 | 69 |
|---|---|

|  | f. | c. |
|---|---|---|
| *D'autre part* . . . | 545 | 69 |

**PELLE** *et* **PINCETTE.**
Modèle ordinaire, boutons brunis. . . . . . . . . .    |    | 3 | 50 |

**SOUFFLET.**
Ordinaire, à 1 vent . . . . . . . . . . . . . .    |    | 1 | 50 |

**BALAI** *de foyer.*
En bois ordinaire . . . . . . . . . . . . . . . .    |    | .. | 75 |

**ÉTEIGNOIR.**
Modèle ordinaire . . . . . . . . . . . . . . . . .    |    | .. | 75 |

**DEVANT DE CHEMINÉE.**
En papier ordinaire . . . . . . . . . . . . . . .    |    | 6 | .. |

**CRUCHE** *en grès.*
3ᵉ sorte . . . . . . . . . . . . . . . . . . . . .    |    | .. | 75 |

**TOTAL** *du* **Prix** *du mobilier de la Chambre particulière.* | 548 | 94 |

# CHAMBRE DE DOMESTIQUE.

**RIDEAU** *de vitrage.*
Semblable à celui détaillé au folio 192 . . . . . . . . | 4 64

**COMMODE** *en noyer.*
De 3 pieds, sans marbre . . . . . . . . . . . . | 40 ..

**TABLE.**
En bois blanc, avec un tiroir . . . . . . . . . . | 4 50

**CHAISES** *ordinaires.*
2, en orme et paille, à 1 f. 50 c. . . . . . . . . . | 5 ..

**MIROIR** *ordinaire.*
A 4 équerres . . . . . . . . . . . . . . . . | 2 50

**POT A EAU** *et* **CUVETTE.**
En faïence commune. . . . . . . . . . . . . | 1 50

**GOBELET.**
En verre. . . . . . . . . . . . . . . . . | .. 25

**CRUCHE.**
3e sorte . . . . . . . . . . . . . . . . . | .. 75

**COUCHER.**

| | f. | c. | |
|---|---|---|---|
| 1 bois de lit, de 3 pieds, sans panneaux, fond à barres . . . . . . . . . | 8 | 50 | |
| 1 paillasse en toile écrue et la paille . . . . | 10 | 50 | |
| 1 matelas de 3 pieds, 4e classe . . . . . . | 48 | .. | 108 .. |
| 1 traversin ordinaire. . . . . . . . . | 18 | .. | |
| 1 couverture de laine . . . . . . . . | 15 | .. | |
| 1 couverture de coton . . . . . . . . | 10 | .. | |

**VASE DE NUIT.**
En faïence ordinaire . . . . . . . . . . . . | .. 90

**TOTAL** *du Prix du mobilier de la chambre de domestique.* . . . . . . . . . . . . | 166 04

# RÉCAPITULATION

## DU PRIX DU MOBILIER DE CHAQUE PIÈCE.

## DEVIS DE TROISIÈME CLASSE.

|  | f. |  |
|---|---|---|
| ANTICHAMBRE. . . . . . . . . . . . | 297 | 43 |
| SALLE A MANGER. . . . . . . . . . | 363 | 69 |
| CHAMBRE A COUCHER. . . . . . . . | 1945 | 82 |
| SALON. . . . . . . . . . . . . . . | 2777 | 11 |
| CHAMBRE PARTICULIÈRE . . . . . . | 558 | 94 |
| CHAMBRE DE DOMESTIQUE . . . . . | 166 | 04 |
| TOTAL DE L'AMEUBLEMENT COMPLET. | 6109 | 03 |

# DEVIS

## DE QUATRIÈME CLASSE.

# DEVIS DE QUATRIÈME CLASSE.

## *ANTICHAMBRE,*

### OU

### PETITE CHAMBRE D'ENTRÉE.

| | f. | c. |
|---|---|---|
| **TABLE.** | | |
| Ordinaire, en bois noirci. . . . . . . . . . . . . . . . | 7 | .. |
| **CHAISES** *ordinaires.* | | |
| 4, en merisier et paille, à 4 f.. . . . . . . . . . . . . . . | 16 | .. |
| **RIDEAUX** *de vitrages.* | | |
| Semblables à ceux détaillés au folio 192. . . . . . . . . . | 9 | 28 |
| **PAILLASSON** *à l'extérieur de la porte.* | | |
| En natte ordinaire. . . . . . . . . . . . . . . . . . . | 2 | 25 |
| **FONTAINE** *en osier.* | | |
| De 3 voies, sans filtre. . . . . . . . . . . . . . . . | 16 | .. |
| **BALAI** *de crin noir.* | | |
| De 20 rangs sur 6. . . . . . . . . . . . . . . . . | 5 | .. |
| **GARDE-FEU** *en fer-blanc.* | | |
| 4 feuilles, à 2 f. 25 c. la feuille . . . . . . . . . . | 9 | .. |
| **TOTAL** *du Prix du mobilier de l'Antichambre.* . . | 64 | 53 |

# *SALLE A MANGER.*

**TABLE A MANGER,** *en noyer.*

De 4 pieds, 5 ralonges en sapin, emboîtées en chêne , sabots en cuivre ( pour 18 à 20 personnes ) . . . . | 75 | ..

**BUFFET** *en noyer.*

De 4 pieds, marbre Sainte-Anne, deux tiroirs, fermeture ordinaire , boutons brunis . . . . . . . . | 68 | ..

**CHAISES** *ordinaires.*

12 , en merisier et paille , à 5 f. . . . . . . . . . . . | 60 | ..

**RIDEAUX** *de croisées.*

Semblables à ceux détaillés au folio 220 . . . . . . . | 36 | o8

**RIDEAUX** *de vitrages.*

Semblables à ceux détaillés au folio 192 . . . . . . . | 9 | 28

**PAILLASSON** *en lisière , sous la table.*

2 aunes sur 2 aunes, à 1 f. 75 c. . . . . . . . . . . | 7 | ..

TOTAL *du Prix du mobilier de la Salle à manger* . . . | 255 | 36

---

# CHAMBRE A COUCHER.

---

**RIDEAUX** *de croisées.*

Semblables à ceux détaillés au folio 211 . . . . . . .   61   28

**RIDEAUX** *de vitrages.*

Semblables à ceux détaillés au folio 156. . . . . . .   12   51

**COMMODE** *en acajou.*

De 4 pieds, marbre Sainte-Anne, à demi-colonnes, 4 tiroirs, boutons dorés . . . . . . . . . . .   120   ..

**SECRÉTAIRE** *en acajou.*

Assorti à la commode . . . . . . . . . . . . . .   130   ..

**BERGÈRE**, *petit modèle, en bois peint en gris, et couverte en velours d'Utrecht jaune.*

| | f. | c. |
|---|---|---|
| 1 bois de bergère . . . . . . . . . . . . | 14 | .. |
| 2 aunes 1/6 de velours d'Utrecht, à 10 f. . | 21 | 65 |
| 5/12 de toile dauphine, à 2 f. 50 c. . . . . . | 1 | 10 |
| 5/12 de toile forte, à 1 f. 50 c. . . . . . . . | .. | 60 |
| 2/5 de toile de lin , à 1 f. 50 c. . . . . . . | 1 | .. |
| 5/6 de toile d'embourure, à 60 c. . . . . . . | .. | 50 |
| 5 aunes sangle , à 50 c. . . . . . . . . . . | 1 | 50 |
| 1 aune de toile pour la plate-forme , à 2 f. . | 2 | .. |
| 5 aunes 1/2 de galon , à 25 c. . . . . . . . | 1 | 38 |
| 500 clous dorés, à 10 f. le mille . . . . . | 5 | .. |
| 2 peaux blanches, à 2 f. 25 c. . . . . . . . | 4 | 50 |
| 5 livres 1 2 de plumes, à 5 f. . . . . . . . | 10 | 50 |
| 2 livres de crin , à 1 f. 60 c. . . . . . . . | 3 | .. |
| Façon . . . . . . . . . . . . . . . . . . . | 15 | .. |

81   75

453   52

<table>
<tr><td align="right">D'autre part . . .</td><td align="right">405</td><td align="right">52</td></tr>
</table>

## FAUTEUILS *en bois peint en gris, couverts en velours d'Utrecht jaune.*

|  | f. | c. |
|---|---|---|
| 1 bois de fauteuil , petit modèle . . . . . | 9 | 50 |
| 5/6 velours d'Utrecht, à 10 f.. . . . . . | 8 | 30 |
| 3 aunes 1/4 sangle à 30 c. . . . . . . . | .. | 98 |
| 1/3 toile dauphine, à 2 f. 50 c. . . . . . | .. | 84 |
| 1 aune toile d'embourure, à 60 c.. . . . . | .. | 60 |
| 5/6 toile de lin , à 1 f. 50 c. . . . . . . . | 1 | 25 |
| 5/6 toile forte, à 1 f. 50 c. . . . . . . . | 1 | 25 |
| 3 aunes galon faux, à 25 c.. . . . . . . | .. | 75 |
| 500 cloux dorés, à 10 f. le mille . . . . . | 5 | .. |
| 4 livres de crin, à 1 f. 60 c. . . . . . . . | 4 | 75 |
| Façon. . . . . . . . . . . . . . . . . | 10 | .. |

|  |  |  |  |
|---|---|---|---|
| TOTAL du prix d'un *fauteuil*. . . . . . | 41 | 22 |  |
| Pour un second *fauteuil*. . . . . . | 41 | 22 | } 82  44 |

## CHAISES *en bois peint en gris, couvertes en velours d'Utrecht jaune , dossier garni en étoffe.*

|  | f. | c. |
|---|---|---|
| 1 bois de chaise , petit modèle. . . . . . . | 7 | 50 |
| 2/5 de velours d'Utrecht, à 10 f.. . . . . | 6 | 66 |
| 5/6 toile d'embourure, à 60 c. . . . . . . | .. | 50 |
| 2/3 toile forte , à 1 f. 50 c. . . . . . . . | 1 | .. |
| 1/4 toile dauphine , à 2 f. 50 c. . . . . . | .. | 63 |
| 5 aunes sangle, à 30 c. . . . . . . . . . | .. | 90 |
| 2 aunes 1/2 de galon faux, à 25 c. . . . . | .. | 53 |
| 2/3 toile de lin, à 1 f. 50 c. . . . . . . . | 1 | .. |
| 240 clous dorés, à 10 f. le mille . . . . . | 2 | 40 |
| 3 livres 1/2 de crin, à 1 f. 60 c.. . . . . . | 5 | 25 |
| Façon. . . . . . . . . . . . . . . | 7 | .. |

|  |  |  |  |
|---|---|---|---|
| TOTAL du prix d'une *Chaise*. . . . . | 53 | 47 |  |
| Pour une seconde *Chaise* . . . . . | 53 | 47 | } 66  94 |

## TABOURET *de pieds, couvert en velours d'U-trecht,*

|  |  |  |
|---|---|---|
| Semblable à celui détaillé au folio 186. . . . . . . . . | 18 | 27 |

## CHAISES *ordinaires.*

|  |  |  |
|---|---|---|
| 6 chaises en merisier et paille , à 7 f. . . . . . . . . | 42 | .. |

|  |  |  |
|---|---|---|
|  | 615 | 17 |

|  | f. | c. |
|---|---|---|
| *D'autre part* . . . | 615 | 17 |

## COUCHER.

|  | f. | c. |  |
|---|---|---|---|
| 1 bois de lit de 4 pieds, en acajou, à colonnes, fond sanglé, roulettes à galet . | 120 | .. |  |
| 1 sommier de 4 pieds, 5ᵉ classe . . . . . | 56 | .. |  |
| 2 matelas de 4 pieds, de 4ᵉ classe, à 60 c. . | 120 | .. |  |
| 1 lit de plumes, assorti aux matelas . . . | 80 | .. | 475 .. |
| 1 traversin, assorti au coucher . . . . . | 19 | .. |  |
| 2 oreillers, assortis au coucher, à 17 f. . . | 34 | .. |  |
| 1 couverture de laine. . . . . . . . . . | 26 | .. |  |
| 1 couverture en coton . . . . . . . . . | 20 | .. |  |

## RIDEAUX *de lit en alcôve.*

|  | f. | c. |  |
|---|---|---|---|
| 15 aunes de percale, en 3/4, à 3 f., y compris la draperie . . . . . . . . . . | 45 | .. |  |
| 5 aunes de frange de coton, pour la draperie, à 2 f. . . . . . . . . . . . . | 10 | .. |  |
| 24 anneaux, à 15 c. . . . . . . . . . . | 3 | 69 |  |
| 1 tringle d'alcôve, de 7 pieds, à 80 c. le pied. . . . . . . . . . . . . . | 5 | 60 | 86 60 |
| 2 embrasses en coton, à 1 f. 50 c. . . . . | 3 | .. |  |
| 2 patères, à 1 f. 50 c. . . . . . . . . . | 3 | .. |  |
| 2 petits gonds, à 20 c. . . . . . . . . . | .. | 40 |  |
| 1 plume dorée au milieu de la devanture. | 4 | .. |  |
| Façon des rideaux et de la devanture. . . | 12 | .. |  |

## TAPIS *devant le lit.*

| De 5 pieds, en moquette ordinaire. . . . . . . . . . . | 10 | .. |

## TABLE DE NUIT, *en acajou et marbre Sainte-Anne.*

| Modèle ordinaire . . . . . . . . . . . . . . . . . . | 28 | .. |

## VASES DE NUIT, *en faïence de Sceaux.*

| Rond . . . . . . . . . . . . . . . . . . . . . . . . | 1 | 50 |
| Ovale. . . . . . . . . . . . . . . . . . . . . . . . | 1 | 50 |

## BIDET *en noyer.*

| A dossier . . . . . . . . . . . . . . . . . . . . . . | 15 | .. |

|  | f. | c. |
|---|---|---|
|  | 1232 | 77 |

16

|  | f. | c. |
|---|---|---|
| *D'autre part . . .* | 1232 | 77 |

**CUVETTE** *et* **POT** *en faïence de Sceaux.*
Modèle ordinaire . . . . . . . . . . . . . . . . . .    3 ..

**GLACE** *et* **PARQUET** *assortis à l'ameublement.*
Sur la cheminée. . . . . . . . . . . . . . . .    100 ..

**PENDULE.**
Pris dans la troisième classe , folio 78. . . . . . . .    180 ..

**LAMPE** *moirée , à colonne.*
Modèle ordinaire , réflecteur en gaze . . . . . . . .    18 ..

**FLAMBEAUX** *dorés.*
Modèle simple . . . . . . . . . . . . . . . . . .    18 ..

**CARAFE** *en cristal ordinaire.*
Troisième choix . . . . . . . . . . . . . . . . .    4 ..

**GOBELET** *en cristal ordinaire.*
Modèle uni. . . . . . . . . . . . . . . . . . .    .. 50

**PORTE-MONTRES** *ordinaires.*
La paire . . . . . . . . . . . . . . . . . . . .    2 50

**FEUX** *ordinaires.*
Troisième modèle et à vases. . . . . . . . . . . .    12 ..

**PELLE** *et* **PINCETTE** *ordinaires.*
A olives vernies. . . . . . . . . . . . . . . . .    4 ..

**SOUFFLET** *ordinaire.*
A 1 vent. . . . . . . . . . . . . . . . . . . .    1 50

|  |  |  |
|---|---|---|
|  | 1576 | 27 |

|  | f. | c. |
|---|---|---|
| *D'autre part* . . . | 1576 | 27 |

**BALAI** *de foyer.*

En bois ordinaire. . . . . . . . . . . . . . . . . . | .. | 75

**ENCOIGNURE DE CHEMINÉE.**

En fer-blanc . . . . . . . . . . . . . . . . . . . | 2 | ..

**ÉTEIGNOIR** *en tôle vernie.*

Simple modèle . . . . . . . . . . . . . . . . . . | .. | 15

**BASSINOIRE** *en cuivre.*

Second choix . . . . . . . . . . . . . . . . . . | 13 | ..

**TOTAL** *du Prix du mobilier de la Chambre à coucher* . | 1592 | 17

# *SALON.*

| | f. | c. |
|---|---|---|
| **RIDEAUX DE CROISÉES.** | | |
| Semblables à ceux détaillés folio 221 . . . . . . . . . | 98 | o5 |
| | | |
| **RIDEAUX** *de vitrages.* | | |
| Semblables à ceux détaillés au folio 156 . . . . . . | 12 | 51 |

**CANAPÉ** *de 6 pieds, bois peint en gris, couvert en velours d'Utrecht, avec deux oreillers.*

| | f. | c. | | |
|---|---|---|---|---|
| 1 bois de canapé, peinture grise et rechampi . . . . . . . . . . . . . . | 4o | .. | | |
| 9 aunes 1/6 de velours d'Utr., à 9 f. 5o c . | 87 | 10 | | |
| 1 aune 7/12 toile dauphine, à 2 f. 5o c.. . . | 4 | .. | | |
| 2 aunes toile forte, à 1 f. 5o c.. . . . . . | 3 | .. | | |
| 2 aunes 1/2 de toile d'embourrure, à 6o c. . | 1 | 5o | | |
| 19 aunes 1/2 de sangle, à 3o c. . . . . . . | 5 | 85 | | |
| 2 aunes 5/6 de toile de lin, pour le faux carreau, à 1 f. 5o c. . . . . . . . . . | 2 | 75 | | |
| 1 aune 1/8 coutil, pour les oreillers, à 7 f. 5o c. | 8 | 45 | 2g5 | 53 |
| 8 pompons pour les oreillers, à 8o c. . . . | 6 | 4o | | |
| 5 livres 1/2 de plumes pour les oreillers, à 3 f. 25 c. . . . . . . . . . . . . . . | 17 | 87 | | |
| 6 aunes 1/2 toile douce, à 1 f. 5o c.. . . . | 9 | 75 | | |
| 3 aunes de toile blondine pour la plateforme, à 2 f.. . . . . . . . . . . . | 6 | .. | | |
| 8 aunes 1/4 de galon faux, à 25 c. . . . . | 2 | o6 | | |
| 68o clous dorés, à 10 f. le mille . . . . . | 6 | 8o | | |
| 56 livres de crin, à 1 f. 5o c. . . . . . . | 54 | .. | | |
| Façon . . . . . . . . . . . . . . . . | 4o | .. | | |

**BERGÈRE** *en bois peint en gris, couverte en velours d'Utrecht bleu.*

| | f. | c. |
|---|---|---|
| Semblable à celle détaillée au folio 23g. . . . . . . . . | 81 | 73 |
| | 487 | 82 |

|  | f. | c. |
|---|---|---|
| *D'autre part* . . . | 487 | 82 |

**FAUTEUILS** *en bois peint en gris , couvertes en velours d'Utrecht bleu.*

| 4 fauteuils semblables à ceux détaillés au folio 240, à raison de 41 f. 22 c. . . . . . . . . . . . . . . | 164 | 88 |

**TABOURET DE PIEDS**, *couvert en velours d'Utrecht bleu.*

| Semblable à celui détaillé au folio 186 . . . . . . . | 18 | 87 |

**CHAISES** *en bois peint en gris , couvertes en velours d'Utrecht bleu.*

| 6 chaises , semblables à celles détaillées au folio 240, à raison de 33 f. 47 c. . . . . . . . . . . . . | 200 | 82 |

**GLACE** *et* **PARQUET** *assortis à l'ameublement.*

| Sur la cheminée. . . . . . . . . . . . . . . . . . . | 140 | .. |

**PENDULE.**

| Prise dans la 3e classe, folio 78 . . . . . . . . . . | 200 | .. |

**FLAMBEAUX** *dorés.*

| La paire . . . . . . . . . . . . . . . . . . . . . | 30 | .. |

**PORTE-MONTRES.**

| La paire . . . . . . . . . . . . . . . . . . . . . | 3 | .. |

**FEUX** *ordinaires.*

| A vases dorés . . . . . . . . . . . . . . . . . . . | 20 | .. |

**PELLE** *et* **PINCETTE.**

| A olives dorées . . . . . . . . . . . . . . . . . . . | 5 | .. |

|  | 1270 | 39 |

|  | f. | c. |
|---|---|---|
| *D'autre part* . . . | 1270 | 39 |

**SOUFFLETS** , *en merisier peint.*

A 2 vents . . . . . . . . . . . . . . . . . . . . . . | 5 | .. |

**BALAI** *de foyer.*

En bois ordinaire, manche tourné. . . . . . . . . | 1 | 20 |

**ENCOIGNURES** *en fer-blanc.*

La paire, à 2 f. . . . . . . . . . . . . . . . . . . | 4 | .. |

**GUÉRIDON** *en acajou et marbre noir.*

De 27 pouces, marbre non creusé . . . . . . . . . | 40 | .. |

**TABLE A JOUER.**

A quadrille, modèle ordinaire . . . . . . . . . . | 40 | .. |

**TOTAL** *du prix du mobilier du Salon* . . . | 1360 | 59 |

# CHAMBRE PARTICULIERE.

| | f. | c. |
|---|---|---|
| **RIDEAUX** *de croisées.* | | |
| Semblables à ceux détaillés au folio 220 . . . . . . . | 56 | 08 |
| **RIDEAUX** *de vitrages.* | | |
| Semblables à ceux détaillés au folio 156 . . . . . . . | 12 | 51 |
| **FAUTEUILS** *ordinaires.* | | |
| Deux, en noyer et paille, à 10 f.. . . . . . . . . . | 20 | .. |
| **CHAISES** *ordinaires.* | | |
| Quatre, en noyer et paille, à 7 f.. . . . . . . . . . | 28 | .. |
| **COMMODE** *en noyer et marbre.* | | |
| De 4 pieds, marbre Sainte-Anne, boutons et entrées de serrures ordinaires . . . . . . . . . . . . | 80 | .. |
| **SECRÉTAIRE** *en noyer et marbre.* | | |
| Assorti à la commode . . . . . . . . . . . . . . | 90 | .. |
| **TABLE** *en noyer, à l'anglaise.* | | |
| De 3 pieds. . . . . . . . . . . . . . . . . . . | 15 | .. |
| **COUCHER.** | f. | c. |
| 1 lit de 3 pieds, en merisier, couleur acajou, pan cintré, fond sanglé, roulettes à équerres, . . . . . . . . . . . . 65 .. | | |
| | 281 | 59 |

|  | fr. | c. |
|---|---|---|
| *D'autre part* . . . | 281 | 59 |

|  | f. | c. |  |
|---|---|---|---|
| *Report* de l'article Coucher . . . | 65 | .. | |
| 1 sommier de 3 pieds, de troisième classe . | 50 | .. | |
| 2 matelas de 5 pieds, de quatrième classe, à 48 f.. . . . . . . . . . . . . . . . | 96 | .. | 274 .. |
| 1 traversin assorti au coucher . . . . . . . | 17 | .. | |
| 1 oreiller assorti au coucher. . . . . . . . | 13 | .. | |
| 1 couverture de laine . . . . . . . . . . | 20 | .. | |
| 1 couverture de coton . . . . . . . . . | 13 | .. | |

**RIDEAUX** *du lit à flèche.*

|  | f. | c. |  |
|---|---|---|---|
| 12 aunes de calicot, à 2 f. 50 c. . . . . . | 50 | .. | |
| 1 flèche en bois peint et ferrure . . . . . | 3 | .. | |
| 1 palmette en forme de pin, dorée . . . . | 2 | 50 | 51 50 |
| 2 cordons de fil, à 50 c.. . . . . . . . . | .. | 60 | |
| 2 gonds polis, à 10 c.. . . . . . . . . . | .. | 20 | |
| Façon des 2 rideaux . . . . . . . . . . | 15 | .. | |

**TAPIS** *devant de lit.*

| De 5 pieds, en moquette ordinaire. . . . . . . . . . . . | 10 | .. |
|---|---|---|

**TABLE DE NUIT**, *en noyer et marbre.*

| Modèle ordinaire . . . . . . . . . . . . . . . . . | 18 | .. |
|---|---|---|

**VASE DE NUIT.**

| En faïence de Sceaux. . . . . . . . . . . . . . . | 1 | 50 |
|---|---|---|

**CUVETTE** *et* **POT A EAU.**

| En faïence ordinaire . . . . . . . . . . . . . . . | 3 | .. |
|---|---|---|

**MIROIR**, *bordure en acajou.*

| De 14 pouces sur 12. . . . . . . . . . . . . . . | 6 | .. |
|---|---|---|

**GOBELET** *ordinaire.*

| En verre uni. . . . . . . . . . . . . . . . . . | .. | 25 |
|---|---|---|

|  | 645 | 64 |
|---|---|---|

|  | f. | c. |
|---|---|---|
| *D'autre part* . . . | 645 | 64 |

**FLAMBEAUX** *en cuivre.*

| Modèle ordinaire . . . . . . . . . . . . . . . | 5 | .. |

**MOUCHETTES** *ordinaires.*

| Simple modèle. . . . . . . . . . . . . . . . | 1 | 20 |

| TOTAL *du prix du mobilier de la Chambre particulière.* | 651 | 84 |

---

# *CHAMBRE DE DOMESTIQUE.*

|  | f. | c. |
|---|---|---|
| Semblable à celle détaillée au folio 233 . . . . . . . . | 166 | 04 |
| TOTAL *du prix du mobilier de la Chambre de domestique.* . . . . . . . . . . . . . | 166 | 04 |

---

# RÉCAPITULATION

## DU PRIX DU MOBILIER DE CHAQUE PIÈCE.

~~~~~~~~

## DEVIS DE QUATRIÈME CLASSE.

|  | f. | c. |
|---|---|---|
| ANTICHAMBRE. . . . . . . . . . . | 64 | 53 |
| SALLE A MANGER. . . . . . . . . . | 255 | 36 |
| CHAMBRE A COUCHER. . . . . . . . | 1592 | 17 |
| SALON. . . . . . . . . . . . . . . | 1360 | 59 |
| CHAMBRE PARTICULIÈRE. . . . . . | 651 | 84 |
| CHAMBRE DE DOMESTIQUE. . . . . . | 166 | 04 |
| TOTAL DE L'AMEUBLEMENT COMPLET. . | 4090 | 53 |
~~~~~~~~

# DEVIS

## DE CINQUIÈME CLASSE.

# DEVIS DE CINQUIÈME CLASSE.

## *SALLE A MANGER,*

### FORMANT AUSSI ANTICHAMBRE.

**TABLE A MANGER**, *en noyer, à l'anglaise.*

|  | f. | c. |
|---|---|---|
| De 4 pieds, sabots en cuivre . . . . . . . . . . | 22 | .. |

**BUFFET** *en noyer.*
De 4 pieds, marbre Sainte-Anne, deux tiroirs, fermeture ordinaire . . . . . . . . . . . . . . , 65 .

**CHAISES** *ordinaires.*
8 chaises en merisier et paille, à 5 f. . . . . . . . 40 ..

**ARMOIRE** *ordinaire.*
En bois blanc. . . . . . . . . . . . . . . . 30 ..

DANS L'ARMOIRE.
**BALAI** *de crin noir.*
20 rangs sur 6. . . . . . . . . . . . 5 ..

**BASSINOIRE.**
Seconde sorte. . . . . . . . . . . . . . . 13 ..

**BOUGEOIR** *en cuivre.*
De 4 à 5 pouces. . . . . . . . . . . . . . 2 50

**SEAU** *en faïence pour les pieds.*
Troisième sorte. . . . . . . . . . . . . . 6 ..

**CRUCHE** *en grès.*
Seconde sorte. . . . . . . . . . . . . . . 1 ..

**GARDE-FEU** *en fer-blanc.*
4 feuilles, à 2 f. 25 c. la feuille. . . . . . . . . 9 ..

193 50

|  | f. | c. |
|---|---|---|
| *D'autre part* . . . | 193 | 5o |
| **BALAI** *de garde-robe.* | | |
| En chiendent . . . . . . . . . . . . . . . . | .. | 15 |
| **RIDEAUX** *de vitrages.* | | |
| Semblables à ceux détaillés au folio 192 . . . . . . . | 9 | 28 |
| **FONTAINE** *filtrante.* | | |
| De 3 voies, et couverte en osier . . . . . . . . . . | 24 | .. |
| **PAILLASSON** *à l'extérieur de la porte.* | | |
| En natte ordinaire . . . . . . . . . . . . . . . | 2 | 25 |
| **TOTAL** *du Prix du mobilier de la Salle à manger* . . . | 229 | 18 |

# CHAMBRE A COUCHER.

**RIDEAUX** *de croisées.*

Semblables à ceux détaillés au folio 250 . . . . . . . . — 42 f. 75 c.

**RIDEAUX** *de vitrages.*
Semblables à ceux détaillés au folio 156 . . . . . . . . 12 f. 51 c.

**COMMODE** *en noyer et marbre noir.*
De 4 pieds, à colonnes ou à pilastres, marbre noir, poignées, entrées de serrures et chapiteaux vernis . . . . . . . . . . . . . . . . . . . 85 f. ..

**SECRÉTAIRE.**
Assorti à la commode . . . . . . . . . . . . . . . 95 f. ..

**BERGÈRE,** *petit modèle, en bois peint en gris, et couverte en velours d'Utrecht.*
Semblable à celle détaillée au folio 239 . . . . . . 81 f. 75 c.

**CHAISES** *ordinaires.*
6 chaises en noyer et paille, à 7 f. . . . . . . . . 42 f. ..

**TABOURET** *de pieds.*
En merisier et paillé . . . . . . . . . . . . . . 2 f. 50 c.

**COUCHER.**

| | f. | c. |
|---|---|---|
| 1 bois de lit en noyer, de 4 pieds, et à colonnes, pan cintré, fond sanglé et roulettes à galets.. . . . . . . . . . | 70 | .. |
| 1 sommier de 4 pieds, de 3ᵉ classe. . . . | 50 | .. |
| 2 matelas de 4 pieds, de 4ᵉ classe, à 55 f. . | 110 | .. |
| 1 lit de plume assorti aux matelas . . . . | 70 | .. |
| 1 traversin assorti au coucher . . . . . . | 17 | .. |
| 2 oreillers, assortis au coucher, à 17 f.. . | 54 | .. |
| 1 couverture de laine. . . . . . . . . . | 25 | .. |
| 1 couverture de coton . . . . . . . . . | 18 | .. |

} 392 ..

─────── 753 49

|  | f. | c. |
|---|---|---|
| *D'autre part* . . . | 753 | 49 |
| **RIDEAUX DE LIT,** *à flèche.* | | |
| Semblables à ceux détaillés au folio 248 . . . . . . . | 51 | 3o |
| **TAPIS** *devant le lit.* | | |
| De 5 pieds, en moquette.. . . . . . . . . . . . . . | 10 | .. |
| **TABLE DE NUIT** *en noyer et marbre noir.* | | |
| A colonnes ou à pilastres. . . . . . . . . . . . . | 21 | .. |
| **VASES DE NUIT,** *en faïence de Sceaux.* | | |
| Rond. . . . . . . . . . . . . . . . . . . . . | 1 | 5o |
| Ovale . . . . . . . . . . . . . . . . . . . . | 1 | 5o |
| **BIDET** *en noyer.* | | |
| A planche . . . . . . . . . . . . . . . . . . | 9 | .. |
| **CUVETTE** *et* **POT A EAU** *en faïence de Sceaux.* | | |
| Modèle ordinaire . . . . . . . . . . . . . . . | 3 | .. |
| **GLACE** *et* **PARQUET** *assortis à l'ameublement.* | | |
| Sur la cheminée. . . . . . . . . . . . . . . . | 8o | .. |
| **FLAMBEAUX** *dorés.* | | |
| Simple modèle . . . . . . . . . . . . . . . . | 18 | .. |
| **PENDULE.** | | |
| Simple modèle, folio 78 . . . . . . . . . . . . | 120 | .. |
| **LAMPES** *à colonne , en moiré.* | | |
| Petit modèle, réflecteur en gaze . . . . . . . . . | 16 | .. |
| **CARAFE** *en cristal ordinaire.* | | |
| 3ᵉ choix. . . . . . . . . . . . . . . . . . . | 3 | 5o |
| **GOBELET.** | | |
| En cristal ordinaire , [modèle uni.. . . . . . . . . | .. | 4o |
| **PORTE-MONTRES** *ordinaires.* | | |
| La paire. . . . . . . . . . . . . . . . . . . | 2 | .. |
| **FEUX** *à pommes dorées.* | | |
| Modèle ordinaire . . . . . . . . . . . . . . . | 6 | .. |
|  | 1096 | 69 |

|  | f. | c. |
|---|---|---|
| *D'autre part* . . . | 1096 | 69 |
| **PELLE** *et* **PINCETTE.** | | |
| Modèle ordinaire, boutons de cuivre . . . . . . . . . | 5 | .. |
| **SOUFLET** *ordinaire.* | | |
| A 1 vent. . . . . . . . . . . . . . . . . . . | 1 | 50 |
| **BALAI** *de foyer.* | | |
| En bois tourné. . . . . . . . . . . . . . . . . | .. | 75 |
| **ENCOIGNURE DE CHEMINÉE.** | | |
| En fer-blanc . . . . . . . . . . . . . . . . . . | 2 | .. |
| **TOTAL** *du Prix du mobilier de la Chambre à coucher.* | 1103 | 94 |

# CHAMBRE PARTICULIÈRE.

**RIDEAUX DE VITRAGES.**
Semblables à ceux détaillés au folio 192. . . . . . .     9  28

**FAUTEUIL** *ordinaire.*
En merisier et paille . . . . . . . . . . . . . . .     8  50

**CHAISES** *ordinaires.*
2 , en merisier et paille , à 6 f. 50 c. . . . . . . . .     12  ..

**COMMODE** *en noyer et marbre.*
De 5 pieds 1/2 , marbre Sainte-Anne , entrées de serrures et boutons vernis. . . . . . . . . . . . . .     60  ..

**TABLE** *en chêne.*
Simple modèle . . . . . . . . . . . . . . . . .     8  ..

**COUCHER.**

| | f. | c. | | |
|---|---|---|---|---|
| 1 bois de lit de 5 pieds 1/2 , peint en gris, fond sanglé , roulettes à pivots. . . . | 20 | .. | | |
| 1 paillasse en toile à carreaux . . . . . . | 11 | .. | | |
| 2 matelas de 2 pieds 1/2 , à 40 f. . . . . . | 80 | .. | 158 | .. |
| 1 traversin, assorti au coucher. . . . . . | 17 | .. | | |
| 1 couverture de laine . . . . . . . . . . . | 17 | .. | | |
| 1 couverture de coton · . . . . . . . . . | 13 | .. | | |

**RIDEAUX** *de l'alcôve , et devanture de l'alcôve.*

| | f. | c. | | |
|---|---|---|---|---|
| 10 aunes calicot , à 2 f. 25 c. . . . . . . . | 22 | 50 | | |
| 5 aunes de frange de coton , à 2 f. . . . . | 10 | .. | | |
| 24 anneaux de cuivre , à 15 c. . . . . . . . | 5 | 60 | | |
| 1 tringle d'alcôve , de 6 pieds , à 80 c. . . | 4 | 80 | 54 | 50 |
| 2 crochets en fer , à 60 c. . . . . . . . . | 1 | 20 | | |
| 2 embrasses en coton , à 1 f. 50 c. . . . . | 3 | .. | | |
| 2 petits gonds polis , à 20 c. . . . . . . . | .. | 40 | | |
| Façon des deux rideaux . . . . . . . . . | 9 | .. | | |

310  28

| | f. | c. |
|---|---|---|
| *D'autre part* . . . | 310 | 28 |
| **TABLE DE NUIT** *en noyer.* | | |
| Petit modèle ordinaire . . . . . . . . . . . . . . . . | 14 | ,, |
| **VASES DE NUIT.** | | |
| En faïence de Sceaux , . . . . . . . . . . . . . . | 1 | 50 |
| **POT A EAU** *et* **CUVETTE.** | | |
| En faïence de Rouen . . . . . . . . . . . . . . . . | 1 | 60 |
| **GOBELET** *ordinaire.* | | |
| En verre uni . . . . . . . . . . . . . . . . . . . . | ,, | 25 |
| **FLAMBEAUX** *en cuivre.* | | |
| Modèle ordinaire . . . . . . . . . . . . . . . . . . | 5 | ,, |
| **MOUCHETTES** *ordinaires.* | | |
| Simple modèle . . . . . . . . . . . . . . . . . . | 1 | 20 |
| **ÉTEIGNOIR** *en tôle vernie.* | | |
| Simple modèle . . . . . . . . . . . . . . . . . . | ,, | 15 |
| **MIROIR ,** *bordure en acajou.* | | |
| De 14 pouces sur 12 . . . . . . . . . . . . . . . . | 6 | ,, |
| **TOTAL** *du Prix du mobilier de la Chambre particulière.* | 559 | 98 |

## *CABINET POUR DOMESTIQUE.*

**COMMODE** *en noyer, sans marbre.*

2 pieds 1/2 à 3 pieds, simple modèle. . . . . . . . . | 32 | ..

**TABLE** *en bois blanc.*

Simple modèle . . . . . . . . . . . . . . . . . . | 4 | ..

**CHAISES** *ordinaires.*

2 , en ormes et paille , à 1 f. 60 c. . . . . . . . . . | 3 | ..

**MIROIR** *ordinaire.*

A 4 équerres . . . . . . . . . . . . . . . . . . | 2 | 50

**CUVETTE ET POT A EAU** *ordinaires.*

En faïence de Rouen. . . . . . . . . . . . . . . | 1 | 60

**GOBELET** *ordinaire.*

En verre uni . . . . . . . . . . . . . . . . . . | .. | 25

**CRUCHE** *en grès.*

Troisième sorte. . . . . . . . . . . . . . . . . | .. | 75

TOTAL *du Prix du mobilier du Cabinet pour Domestique.* | 44 | 10

## COUCHER SUR LIT DE SANGLE.

|  | f. | c. |
|---|---|---|
| Semblable à celui détaillé au folio 193. . . . . . . . . | 92 | .. |
| **VASE DE NUIT.** | | |
| Eu faïence ordinaire. . . . . . . . . . . . . . . . | .. | 90 |
| **PORTE-MANTEAU.** | | |
| 4 pommes. . . . . . . . . . . . . . . . . . | 2 | .. |
| TOTAL *du Prix du Coucher, sur Lit de sangle*. . . . . | 94 | 90 |

# RÉCAPITULATION

## DU PRIX DU MOBILIER DE CHAQUE PIÈCE.

## DEVIS DE CINQUIÈME CLASSE.

|  | f. | c. |
|---|---|---|
| SALLE A MANGER, *formant antichambre.* | 229 | 18 |
| CHAMBRE A COUCHER. . . . . . . . . | 1103 | 94 |
| CHAMBRE PARTICULIÈRE . . . . . . | 339 | 98 |
| CABINET POUR DOMESTIQUE . . . . | 44 | 10 |
| COUCHER SUR LIT DE SANGLE. . . | 94 | 90 |
| TOTAL DE L'AMEUBLEMENT COMPLET. | 1812 | 10 |

# TABLEAU COMPARATIF,

## PAR CLASSE DE DEVIS,

*Entre la valeur de l'ameublement de chaque pièce destinée au même usage.*

---

ANTICHAMBRES.

|  | f. | c. |
|---|---|---|
| De première classe. . . . . . . . . . | 956 | 42 |
| De seconde classe . . . . . . . . . . | 527 | 75 |
| De troisième classe. . . . . . . . . . | 297 | 45 |
| De quatrième classe . . . . . . . . . | 64 | 33 |

SALLES A MANGER.

|  | f. | c. |
|---|---|---|
| De première classe. . . . . . . . . . . | 1510 | 55 |
| De seconde classe . . . . . . . . . . . | 782 | 75 |
| De troisième classe. . . . . . . . . . | 363 | 69 |
| De quatrième classe . . . . . . . . . | 255 | 56 |
| De cinquième classe . . . . . . . . . | 229 | 18 |

CHAMBRES A COUCHER.

|  | f. | c. |
|---|---|---|
| De première classe. . . . . . . . . . | 8042 | 05 |
| De seconde classe . . . . . . . . . . | 3875 | 21 |
| De troisième classe. . . . . . . . . . | 1945 | 82 |
| De quatrième classe . . . . . . . . . | 1592 | 17 |
| De cinquième classe . . . . . . . . . | 1103 | 94 |

## SALONS.

| | f. | c. |
|---|---|---|
| De première classe. . . . . . . . . . . . | 11969 | 04 |
| De seconde classe . . . . . . . . . . . | 6267 | 19 |
| De troisième classe. . . . . . . . . . . | 2777 | 11 |
| De quatrième classe . . . . . . . . . . | 1360 | 59 |

## CHAMBRES PARTICULIÈRES.

| | f. | c. |
|---|---|---|
| De première classe. . . . . . . . . . | 1943 | 48 |
| De seconde classe . . . . . . . . . . | 1533 | 68 |
| De troisième classe. . . . . . . . . . | 558 | 94 |
| De quatrième classe . . . . . . . . . | 651 | 84 |
| De cinquième classe . . . . . . . . . | 539 | 98 |

## CHAMBRES DE DOMESTIQUE.

| | f. | c. |
|---|---|---|
| De première classe. . . . . . . . . . | 259 | 54 |
| De seconde classe . . . . . . . . . . | 259 | 54 |
| De troisième classe. . . . . . . . . . | 166 | 04 |
| De quatrième classe . . . . . . . . . | 166 | 04 |
| De cinquième classe . . . . . . . . . | 44 | 10 |

# TABLEAU COMPARATIF

## EN AUNES, EN MÈTRES ET EN PIEDS,

*Des largeurs d'Étoffes le plus en usage dans l'ameublement.*

---

Ce Tableau est particulièrement destiné à faire connaître de suite l'ampleur en *aunes*, en *mètres* et en *pieds* de toute espèce de rideaux et de tentures d'appartemens.

ÉTOFFE de 1 aune 1/2 de large.

| | AUNES. | | MÈTRES. | | PIEDS. | | |
|---|---|---|---|---|---|---|---|
| | aun. | frac. | mèt. | cent. | pieds | po | l. |
| 1 lé........ | 1 | 1/2 | 1 | 80 | 5 | 6 | .. |
| 2 lés........ | 3 | .. | 3 | 60 | 11 | 0 | .. |
| 3 lés........ | 4 | 1/2 | 5 | 40 | 16 | 6 | .. |
| 4 lés........ | 6 | .. | 7 | 20 | 22 | 0 | .. |
| 5 lés........ | 7 | 1/2 | 9 | 00 | 27 | 6 | .. |
| 6 lés........ | 9 | .. | 10 | 80 | 33 | 0 | .. |
| 7 lés........ | 10 | 1/2 | 12 | 60 | 38 | 6 | .. |
| 8 lés........ | 12 | .. | 14 | 40 | 44 | 0 | .. |
| 9 lés........ | 13 | 1/2 | 16 | 20 | 49 | 6 | .. |
| 10 lés........ | 15 | .. | 18 | 00 | 55 | 0 | .. |

ÉTOFFE de 9/8 de large.
   ( *Comptée pour 5/4.* )

| | AUNES. | | MÈTRES. | | PIEDS. | | |
|---|---|---|---|---|---|---|---|
| 1 lé........ | 1 | 1/8 | 1 | 35 | 4 | 2 | .. |
| 2 lés........ | 2 | 1/4 | 2 | 70 | 8 | 4 | .. |
| 3 lés........ | 3 | 3/8 | 4 | 05 | 12 | 6 | .. |
| 4 lés........ | 4 | 1/2 | 5 | 40 | 16 | 8 | .. |
| 5 lés........ | 5 | 5/8 | 6 | 75 | 20 | 10 | .. |
| 6 lés........ | 6 | 3/4 | 8 | 10 | 25 | 0 | .. |
| 7 lés........ | 7 | 7/8 | 9 | 45 | 29 | 2 | .. |
| 8 lés........ | 9 | .. | 10 | 80 | 33 | 4 | .. |
| 9 lés........ | 10 | 1/8 | 12 | 15 | 37 | 6 | .. |
| 10 lés........ | 11 | 1/4 | 13 | 50 | 41 | 8 | .. |

## Étoffe d'une aune de large.

| | AUNES. | | MÈTRES. | | PIEDS. | | |
| --- | --- | --- | --- | --- | --- | --- | --- |
| | aun. | fract. | mèt. | cent. | pieds | p° | l. |
| 1 lé | 1 | .. | 1 | 20 | 3 | 8 | .. |
| 2 lés | 2 | .. | 2 | 40 | 7 | 4 | .. |
| 3 lés | 3 | .. | 3 | 60 | 11 | .. | .. |
| 4 lés | 4 | .. | 4 | 80 | 14 | 8 | .. |
| 5 lés | 5 | .. | 6 | .. | 18 | 4 | .. |
| 6 lés | 6 | .. | 7 | 20 | 22 | .. | .. |
| 7 lés | 7 | .. | 8 | 40 | 25 | 8 | .. |
| 8 lés | 8 | .. | 9 | 60 | 29 | 4 | .. |
| 9 lés | 9 | .. | 10 | 80 | 33 | .. | .. |
| 10 lés | 10 | .. | 12 | .. | 36 | 8 | .. |

## Étoffe de 15/16 de large.

| | AUNES. | | MÈTRES. | | PIEDS. | | |
| --- | --- | --- | --- | --- | --- | --- | --- |
| | aun. | fract. | mèt. | cent. | pieds | p° | l. |
| 1 lé | .. | 15/16 | 1 | 12 | 3 | 5 | 6 |
| 2 lés | 1 | 7/8 | 2 | 44 | 6 | 11 | .. |
| 3 lés | 2 | 13/16 | 3 | 36 | 10 | 4 | 6 |
| 4 lés | 3 | 3/4 | 4 | 48 | 13 | 10 | .. |
| 5 lés | 4 | 11/16 | 5 | 60 | 17 | 3 | 6 |
| 6 lés | 5 | 5/8 | 6 | 72 | 20 | 9 | .. |
| 7 lés | 6 | 9/16 | 7 | 84 | 24 | 2 | 6 |
| 8 lés | 7 | 1/2 | 8 | 96 | 27 | 8 | .. |
| 9 lés | 8 | 7/16 | 10 | 08 | 31 | 1 | 6 |
| 10 lés | 9 | 3/8 | 11 | 20 | 34 | 7 | .. |

## Étoffe de 7/8.
### ( ou 3/4 1/2 de large. )

| | AUNES. | | MÈTRES. | | PIEDS. | | |
| --- | --- | --- | --- | --- | --- | --- | --- |
| | aun. | fract. | mèt. | cent. | pieds | p° | l. |
| 1 lé | .. | 7/8 | 1 | 05 | 3 | 2 | 6 |
| 2 lés | 1 | 3/4 | 2 | 10 | 6 | 5 | .. |
| 3 lés | 2 | 5/8 | 3 | 15 | 9 | 7 | 6 |
| 4 lés | 3 | 1/2 | 4 | 20 | 12 | 10 | .. |
| 5 lés | 4 | 3/8 | 5 | 25 | 16 | .. | 6 |
| 6 lés | 5 | 1/4 | 6 | 30 | 19 | 3 | .. |
| 7 lés | 6 | 1/8 | 7 | 35 | 22 | 5 | 6 |
| 8 lés | 7 | .. | 8 | 40 | 25 | 8 | .. |
| 9 lés | 7 | 7/8 | 9 | 45 | 28 | 10 | 6 |
| 10 lés | 8 | 3/4 | 10 | 50 | 32 | 1 | .. |

## Étoffe de 11/8 de large.
### ( au 1 aune 3/8. )

| | AUNES. | | MÈTRES. | | PIEDS. | | |
| --- | --- | --- | --- | --- | --- | --- | --- |
| | aun. | fract. | mèt. | cent. | pieds | p° | l. |
| 1 lé | .. | 11/8 | 1 | 65 | 5 | .. | 6 |
| 2 lés | 2 | 3/4 | 3 | 30 | 10 | 1 | .. |
| 3 lés | 4 | 1/8 | 4 | 95 | 15 | 1 | 6 |
| 4 lés | 5 | 1/2 | 6 | 60 | 20 | 2 | .. |
| 5 lés | 6 | 7/8 | 8 | 25 | 25 | 2 | 6 |
| 6 lés | 8 | 1/4 | 9 | 90 | 30 | 3 | .. |
| 7 lés | 9 | 5/8 | 11 | 55 | 35 | 3 | 6 |
| 8 lés | 11 | .. | 13 | 20 | 40 | 4 | .. |
| 9 lés | 12 | 3/8 | 14 | 85 | 45 | 4 | 6 |
| 10 lés | 13 | 3/4 | 16 | 50 | 50 | 5 | .. |

## Étoffe de 3/4 de large.

| | AUNES. | | MÈTRES. | | PIEDS. | | |
|---|---|---|---|---|---|---|---|
| | aun. | fract. | mèt. | cent. | pieds | p° | l. |
| 1 lé . . . . . . . . . . . . . | .. | 3/4 | 0 | 90 | 2 | 9 | .. |
| 2 lés . . . . . . . . . . . . | 1 | 1/2 | 1 | 80 | 5 | 6 | .. |
| 3 lés . . . . . . . . . . . . | 2 | 1/4 | 2 | 70 | 8 | 3 | .. |
| 4 lés . . . . . . . . . . . . | 3 | .. | 3 | 60 | 11 | 0 | .. |
| 5 lés . . . . . . . . . . . . | 3 | 3/4 | 4 | 50 | 13 | 9 | .. |
| 6 lés . . . . . . . . . . . . | 4 | 1/2 | 5 | 40 | 16 | 6 | .. |
| 7 lés . . . . . . . . . . . . | 5 | 1/4 | 6 | 30 | 19 | 3 | .. |
| 8 lés . . . . . . . . . . . . | 6 | .. | 7 | 20 | 22 | 0 | .. |
| 9 lés . . . . . . . . . . . . | 6 | 3/4 | 8 | 10 | 24 | 9 | .. |
| 10 lés . . . . . . . . . . . . | 7 | 1/2 | 9 | 00 | 27 | 6 | .. |

## Étoffe de 2/3 de large.

| | AUNES. | | MÈTRES. | | PIEDS. | | |
|---|---|---|---|---|---|---|---|
| 1 lé . . . . . . . . . . . . . | .. | 2/3 | 0 | 80 | 2 | 5 | 4 |
| 2 lés . . . . . . . . . . . . | 1 | 1/3 | 1 | 60 | 4 | 10 | 8 |
| 3 lés . . . . . . . . . . . . | 2 | .. | 2 | 40 | 7 | 4 | .. |
| 4 lés . . . . . . . . . . . . | 2 | 2/3 | 3 | 20 | 9 | 9 | 4 |
| 5 lés . . . . . . . . . . . . | 3 | 1/3 | 4 | 00 | 12 | 2 | 8 |
| 6 lés . . . . . . . . . . . . | 4 | .. | 4 | 80 | 14 | 8 | .. |
| 7 lés . . . . . . . . . . . . | 4 | 2/3 | 5 | 60 | 17 | 1 | 4 |
| 8 lés . . . . . . . . . . . . | 5 | 1/3 | 6 | 40 | 19 | 6 | 8 |
| 9 lés . . . . . . . . . . . . | 6 | .. | 7 | 20 | 22 | 0 | .. |
| 10 lés . . . . . . . . . . . . | 6 | 2/3 | 8 | 00 | 24 | 5 | 4 |

## Étoffe de 1/2 aune de large.

| | AUNES. | | MÈTRES. | | PIEDS. | | |
|---|---|---|---|---|---|---|---|
| 1 lé . . . . . . . . . . . . . | .. | 1/2 | 0 | 60 | 1 | 10 | .. |
| 2 lés . . . . . . . . . . . . | 1 | .. | 1 | 20 | 3 | 8 | .. |
| 3 lés . . . . . . . . . . . . | 1 | 1/2 | 1 | 80 | 5 | 6 | .. |
| 4 lés . . . . . . . . . . . . | 2 | .. | 2 | 40 | 7 | 4 | .. |
| 5 lés . . . . . . . . . . . . | 2 | 1/2 | 3 | 00 | 9 | 2 | .. |
| 6 lés . . . . . . . . . . . . | 3 | .. | 3 | 60 | 11 | 0 | .. |
| 7 lés . . . . . . . . . . . . | 3 | 1/2 | 4 | 20 | 12 | 10 | .. |
| 8 lés . . . . . . . . . . . . | 4 | .. | 4 | 80 | 14 | 8 | .. |
| 9 lés . . . . . . . . . . . . | 4 | 1/2 | 5 | 40 | 16 | 6 | .. |
| 10 lés . . . . . . . . . . . . | 5 | .. | 6 | 00 | 18 | 4 | .. |

## Étoffe de 11/24 de large.

| | AUNES. | | MÈTRES. | | PIEDS. | | |
|---|---|---|---|---|---|---|---|
| 1 lé . . . . . . . . . . . . . | .. | 11/24 | 0 | 55 | 1 | 8 | .. |
| 2 lés . . . . . . . . . . . . | .. | 11/12 | 1 | 10 | 3 | 4 | .. |
| 3 lés . . . . . . . . . . . . | 1 | 9/24 | 1 | 65 | 5 | 0 | .. |
| 4 lés . . . . . . . . . . . . | 1 | 5/6 | 2 | 20 | 6 | 8 | .. |
| 5 lés . . . . . . . . . . . . | 2 | 7/24 | 2 | 75 | 8 | 4 | .. |
| 6 lés . . . . . . . . . . . . | 2 | 9/12 | 3 | 30 | 10 | 0 | .. |
| 7 lés . . . . . . . . . . . . | 3 | 5/24 | 3 | 85 | 11 | 8 | .. |
| 8 lés . . . . . . . . . . . . | 3 | 16/24 | 4 | 40 | 13 | 4 | .. |
| 9 lés . . . . . . . . . . . . | 4 | 3/24 | 4 | 95 | 15 | 0 | .. |
| 10 lés . . . . . . . . . . . . | 4 | 14/24 | 5 | 50 | 16 | 8 | .. |

**Étoffe de 5/8 de large.**
*(ou 1/2 aune 1/2 quart.)*

| | AUNES. | | MÈTRES. | | PIEDS. | |
|---|---|---|---|---|---|---|
| | aun. | mèt. | mèt. | cent. | pieds p° | l. |
| 1 lé . . . . . . . . . . . . | 0 | 5/8 | 0 | 75 | 2 3 | 9 |
| 2 lés. . . . . . . . . . . . | 1 | 1/4 | 1 | 5o | 4 7 | 6 |
| 3 lés. . . . . . . . . . . . | 1 | 7/8 | 2 | 25 | 6 11 | 2 |
| 4 lés. . . . . . . . . . . . | 2 | 1/12 | 3 | oo | 9 3 | 0 |
| 5 lés. . . . . . . . . . . . | 3 | 1/8 | 3 | 75 | 11 6 | 9 |
| 6 lés. . . . . . . . . . . . | 3 | 3/4 | 4 | 5o | 13 1o | 4 |
| 7 lés. . . . . . . . . . . . | 4 | 5/8 | 5 | 25 | 16 2 | 2 |
| 8 lés. . . . . . . . . . . . | 5 | .. | 6 | oo | 18 6 | o |
| 9 lés. . . . . . . . . . . . | 5 | 5/8 | 6 | 75 | 20 9 | 9 |
| 10 lés. . . . . . . . . . . . | 6 | 1/4 | 7 | 3o | 23 1 | 6 |

**Étoffe de 7/12 de large.**
*(ou 1/2 aune 1/12.)*

| | aun. | mèt. | mèt. | cent. | pieds p° | l. |
|---|---|---|---|---|---|---|
| 1 lé . . . . . . . . . . . . | 0 | 1/12 | 0 | 7o | 2 1 | 10 |
| 2 lés. . . . . . . . . . . . | 1 | 1/6 | 1 | 4o | 4 3 | 8 |
| 3 lés. . . . . . . . . . . . | 1 | 3/4 | 2 | 1o | 6 5 | 6 |
| 4 lés. . . . . . . . . . . . | 2 | 1/3 | 2 | 8o | 8 7 | 4 |
| 5 lés. . . . . . . . . . . . | 2 | 11/12 | 3 | 5o | 11 9 | 2 |
| 6 lés. . . . . . . . . . . . | 3 | 1/2 | 4 | 2o | 12 11 | 0 |
| 7 lés. . . . . . . . . . . . | 4 | 1/12 | 4 | 9o | 15 0 | 10 |
| 8 lés. . . . . . . . . . . . | 4 | 2/3 | 5 | 6o | 17 2 | 8 |
| 9 lés. . . . . . . . . . . . | 5 | 5/12 | 6 | 3o | 19 4 | 6 |
| 10 lés. . . . . . . . . . . . | 5 | 10/12 | 7 | oo | 21 6 | 4 |

**Étoffe de 3/8 de large.**

| | aun. | mèt. | mèt. | cent. | pieds p° | l. |
|---|---|---|---|---|---|---|
| 1 lé . . . . . . . . . . . . | 0 | 3/8 | 0 | 45 | 1 4 | 6 |
| 2 lés. . . . . . . . . . . . | 0 | 6/8 | 0 | 90 | 2 9 | o |
| 3 lés. . . . . . . . . . . . | 1 | 1/8 | 1 | 35 | 4 1 | 6 |
| 4 lés. . . . . . . . . . . . | 1 | 1/2 | 1 | 8o | 5 6 | o |
| 5 lés. . . . . . . . . . . . | 1 | 7/8 | 2 | 25 | 6 1o | 6 |
| 6 lés. . . . . . . . . . . . | 2 | 1/4 | 2 | 7o | 8 3 | o |
| 7 lés. . . . . . . . . . . . | 2 | 5/8 | 3 | 15 | 9 7 | 6 |
| 8 lés. . . . . . . . . . . . | 3 | .. | 3 | 6o | 11 0 | o |
| 9 lés. . . . . . . . . . . . | 3 | 3/8 | 4 | o5 | 12 4 | 6 |
| 10 lés. . . . . . . . . . . . | 3 | 3/4 | 4 | 5o | 13 9 | o |

# CONVERSION ET DIVISION,

## PAR FRACTIONS,

## DE L'AUNE MARCHANDE EN MÈTRE.

| | AUNES. | | MÈTRES. | |
|---|---|---|---|---|
| | aunes. | fract. | mètr. | centim. |
| Trente-deuxième. . . . . . . . . | .. | 1/32 | .. | 04 |
| Vingt-quatrième. . . . . . . . . | .. | 1/24 | .. | 05 |
| Seizième . . . . . . . . . . . | .. | 1/16 | .. | 08 |
| Douzième. . . . . . . . . . . | .. | 1/12 | .. | 10 |
| Huitième (1/2 *quart*) . . . . . . | .. | 1/8 | .. | 15 |
| Sixième (1/2 *tiers*) . . . . . . . | .. | 1/6 | .. | 20 |
| Quart . . . . . . . . . . . . | .. | 1/4 | .. | 30 |
| Tiers . . . . . . . . . . . . | .. | 1/3 | .. | 40 |
| Cinq douzièmes . . . . . . . . | .. | 5/12 | .. | 50 |
| Demi-aune. . . . . . . . . . | .. | 1/2 | .. | 60 |
| Sept douzièmes . . . . . . . . | .. | 7/12 | .. | 70 |
| Deux tiers. . . . . . . . . . | .. | 2/3 | .. | 80 |
| Trois quarts. . . . . . . . . | .. | 3/4 | .. | 90 |
| Cinq sixièmes. . . . . . . . . | .. | 5/6 | 1 | .. |
| Une aune. . . . . . . . . . . | 1 | .. | 1 | 20 |

# COMPARAISON

*D'un certain nombre d'aunes en mètres.*

Ce Tableau ne s'étend pas au-delà du besoin qu'on peut en avoir pour calculer tout ce qui a rapport à l'ameublement.

| AUNES. | | MÈTRES. | | AUNES. | | MÈTRES. | | AUNES. | | MÈTRES. | |
|---|---|---|---|---|---|---|---|---|---|---|---|
| aun. | fract. | mèt. | cent. | aun. | fract. | mèt. | cent. | aun. | fract. | mèt. | cent. |
| 1 | 0 | 1 | 20 | 2 | 5/6 | 3 | 40 | 4 | 3/4 | 5 | 70 |
| 1 | 1/32 | 1 | 24 | 3 | 0 | 3 | 60 | 4 | 5/6 | 5 | 80 |
| 1 | 1/24 | 1 | 25 | 3 | 1/32 | 3 | 64 | 5 | 0 | 6 | 0 |
| 1 | 1/16 | 1 | 28 | 3 | 1/24 | 3 | 65 | 5 | 1/32 | 6 | 04 |
| 1 | 1/12 | 1 | 30 | 3 | 1/16 | 3 | 68 | 5 | 1/24 | 6 | 05 |
| 1 | 1/8 | 1 | 35 | 3 | 1/12 | 3 | 70 | 5 | 1/16 | 6 | 08 |
| 1 | 1/6 | 1 | 40 | 3 | 1/8 | 3 | 75 | 5 | 1/12 | 6 | 10 |
| 1 | 1/4 | 1 | 50 | 3 | 1/6 | 3 | 80 | 5 | 1/8 | 6 | 15 |
| 1 | 1/3 | 1 | 60 | 3 | 1/4 | 3 | 90 | 5 | 1/6 | 6 | 20 |
| 1 | 5/12 | 1 | 70 | 3 | 1/3 | 4 | 0 | 5 | 1/4 | 6 | 30 |
| 1 | 1/2 | 1 | 80 | 3 | 5/12 | 4 | 10 | 5 | 1/3 | 6 | 40 |
| 1 | 7/12 | 1 | 90 | 3 | 1/2 | 4 | 20 | 5 | 5/12 | 6 | 50 |
| 1 | 2/3 | 2 | 00 | 3 | 7/12 | 4 | 30 | 5 | 1/2 | 6 | 60 |
| 1 | 3/4 | 2 | 10 | 3 | 2/3 | 4 | 40 | 5 | 7/12 | 6 | 70 |
| 1 | 5/6 | 2 | 20 | 3 | 3/4 | 4 | 50 | 5 | 2/3 | 6 | 80 |
| 2 | 0 | 2 | 40 | 3 | 5/6 | 4 | 60 | 5 | 3/4 | 6 | 90 |
| 2 | 1/32 | 2 | 44 | 4 | 0 | 4 | 80 | 5 | 5/6 | 7 | 0 |
| 2 | 1/24 | 2 | 45 | 4 | 1/32 | 4 | 84 | 6 | 0 | 7 | 20 |
| 2 | 1/16 | 2 | 48 | 4 | 1/24 | 4 | 85 | 6 | 1/32 | 7 | 24 |
| 2 | 1/12 | 2 | 50 | 4 | 1/16 | 4 | 88 | 6 | 1/24 | 7 | 25 |
| 2 | 1/8 | 2 | 55 | 4 | 1/12 | 4 | 90 | 6 | 1/16 | 7 | 28 |
| 2 | 1/6 | 2 | 60 | 4 | 1/8 | 4 | 95 | 6 | 1/12 | 7 | 30 |
| 2 | 1/4 | 2 | 70 | 4 | 1/6 | 5 | 0 | 6 | 1/8 | 7 | 35 |
| 2 | 1/3 | 2 | 80 | 4 | 1/4 | 5 | 10 | 6 | 1/6 | 7 | 40 |
| 2 | 5/12 | 2 | 90 | 4 | 1/3 | 5 | 20 | 6 | 1/4 | 7 | 50 |
| 2 | 1/2 | 3 | 00 | 4 | 5/12 | 5 | 30 | 6 | 1/3 | 7 | 60 |
| 2 | 7/12 | 3 | 10 | 4 | 1/2 | 5 | 40 | 6 | 5/12 | 7 | 70 |
| 2 | 2/3 | 3 | 20 | 4 | 7/12 | 5 | 50 | 6 | 1/2 | 7 | 80 |
| 2 | 3/4 | 3 | 30 | 4 | 2/3 | 5 | 60 | 6 | 7/12 | 7 | 90 |

| AUNES | | MÈTRES | | AUNES | | MÈTRES | | AUNES | | MÈTRES | |
|---|---|---|---|---|---|---|---|---|---|---|---|
| aun. | fract. | mèt. | cent. | aun. | fract. | mèt. | cent. | aun. | fract. | mèt. | cent. |
| 6 | 2/3 | 8 | 0 | 10 | 0 | 12 | 0 | 13 | 1/16 | 15 | 68 |
| 6 | 3/4 | 8 | 10 | 10 | 1/32 | 12 | 04 | 13 | 1/12 | 15 | 70 |
| 6 | 5/6 | 8 | 20 | 10 | 1/24 | 12 | 05 | 13 | 1/8 | 15 | 75 |
| 7 | 0 | 8 | 40 | 10 | 1/16 | 12 | 08 | 13 | 1/6 | 15 | 80 |
| 7 | 1/32 | 8 | 44 | 10 | 1/12 | 12 | 10 | 13 | 1/4 | 15 | 90 |
| 7 | 1/24 | 8 | 45 | 10 | 1/8 | 12 | 15 | 13 | 1/3 | 16 | 0 |
| 7 | 1/16 | 8 | 48 | 10 | 1/6 | 12 | 20 | 13 | 5/12 | 16 | 10 |
| 7 | 1/12 | 8 | 50 | 10 | 1/4 | 12 | 30 | 13 | 1/2 | 16 | 20 |
| 7 | 1/8 | 8 | 55 | 10 | 1/3 | 12 | 40 | 13 | 7/12 | 16 | 30 |
| 7 | 1/6 | 8 | 60 | 10 | 5/12 | 12 | 50 | 13 | 2/3 | 16 | 40 |
| 7 | 1/4 | 8 | 70 | 10 | 1/2 | 12 | 60 | 13 | 3/4 | 16 | 50 |
| 7 | 1/3 | 8 | 80 | 10 | 7/12 | 12 | 70 | 13 | 5/6 | 16 | 60 |
| 7 | 5/12 | 8 | 90 | 10 | 2/3 | 12 | 80 | 14 | 0 | 16 | 80 |
| 7 | 1/2 | 9 | 0 | 10 | 3/4 | 12 | 90 | 14 | 1/32 | 16 | 84 |
| 7 | 7/12 | 9 | 10 | 10 | 5/6 | 13 | 0 | 14 | 1/24 | 16 | 85 |
| 7 | 2/3 | 9 | 20 | 11 | 0 | 13 | 20 | 14 | 1/16 | 16 | 88 |
| 7 | 3/4 | 9 | 30 | 11 | 1/32 | 13 | 24 | 14 | 1/12 | 16 | 90 |
| 7 | 5/6 | 9 | 40 | 11 | 1/24 | 13 | 25 | 14 | 1/8 | 16 | 95 |
| 8 | 0 | 9 | 60 | 11 | 1/16 | 13 | 28 | 14 | 1/6 | 17 | 0 |
| 8 | 1/32 | 9 | 64 | 11 | 1/12 | 13 | 30 | 14 | 1/4 | 17 | 10 |
| 8 | 1/24 | 9 | 65 | 11 | 1/8 | 13 | 35 | 14 | 1/3 | 17 | 20 |
| 8 | 1/16 | 9 | 68 | 11 | 1/6 | 13 | 40 | 14 | 5/12 | 17 | 30 |
| 8 | 1/12 | 9 | 70 | 11 | 1/4 | 13 | 50 | 14 | 1/2 | 17 | 40 |
| 8 | 1/8 | 9 | 75 | 11 | 1/3 | 13 | 60 | 14 | 7/12 | 17 | 50 |
| 8 | 1/6 | 9 | 80 | 11 | 5/12 | 13 | 70 | 14 | 2/3 | 17 | 60 |
| 8 | 1/4 | 9 | 90 | 11 | 1/2 | 13 | 80 | 14 | 3/4 | 17 | 70 |
| 8 | 1/3 | 10 | 0 | 11 | 7/12 | 13 | 90 | 14 | 5/6 | 17 | 80 |
| 8 | 5/12 | 10 | 10 | 11 | 2/3 | 14 | 0 | 15 | 0 | 18 | 0 |
| 8 | 1/2 | 10 | 20 | 11 | 3/4 | 14 | 10 | 15 | 1/32 | 18 | 04 |
| 8 | 7/12 | 10 | 30 | 11 | 5/6 | 14 | 20 | 15 | 1/24 | 18 | 05 |
| 8 | 2/3 | 10 | 40 | 12 | 0 | 14 | 40 | 15 | 1/16 | 18 | 08 |
| 8 | 3/4 | 10 | 50 | 12 | 1/32 | 14 | 44 | 15 | 1/12 | 18 | 10 |
| 8 | 5/6 | 10 | 60 | 12 | 1/24 | 14 | 45 | 15 | 1/8 | 18 | 15 |
| 9 | 0 | 10 | 80 | 12 | 1/16 | 14 | 48 | 15 | 1/6 | 18 | 20 |
| 9 | 1/32 | 10 | 84 | 12 | 1/12 | 14 | 50 | 15 | 1/4 | 18 | 30 |
| 9 | 1/24 | 10 | 85 | 12 | 1/8 | 14 | 55 | 15 | 1/3 | 18 | 40 |
| 9 | 1/16 | 10 | 88 | 12 | 1/6 | 14 | 60 | 15 | 5/12 | 18 | 50 |
| 9 | 1/12 | 10 | 90 | 12 | 1/4 | 14 | 70 | 15 | 1/2 | 18 | 60 |
| 9 | 1/8 | 10 | 95 | 12 | 1/3 | 14 | 80 | 15 | 7/12 | 18 | 70 |
| 9 | 1/6 | 11 | 0 | 12 | 5/12 | 14 | 90 | 15 | 2/3 | 18 | 80 |
| 9 | 1/4 | 11 | 10 | 12 | 1/2 | 15 | 0 | 15 | 3/4 | 18 | 90 |
| 9 | 1/3 | 11 | 20 | 12 | 7/12 | 15 | 10 | 15 | 5/6 | 19 | 0 |
| 9 | 5/12 | 11 | 30 | 12 | 2/3 | 15 | 20 | 16 | 0 | 19 | 20 |
| 9 | 1/2 | 11 | 40 | 12 | 3/4 | 15 | 30 | 16 | 1/32 | 19 | 24 |
| 9 | 7/12 | 11 | 50 | 12 | 5/6 | 15 | 40 | 16 | 1/24 | 19 | 25 |
| 9 | 2/3 | 11 | 60 | 13 | 0 | 15 | 60 | 16 | 1/16 | 19 | 28 |
| 9 | 3/4 | 11 | 70 | 13 | 1/32 | 15 | 64 | 16 | 1/12 | 19 | 30 |
| 9 | 5/6 | 11 | 80 | 13 | 1/24 | 15 | 65 | 16 | 1/8 | 19 | 35 |

| AUNES. | | MÈTRES. | | AUNES. | | MÈTRES. | | AUNES. | | MÈTRES. | |
|---|---|---|---|---|---|---|---|---|---|---|---|
| aun. | fract. | mètr. | cent. | aun. | fract. | mètr. | cent. | aun. | fract. | mètr. | cent. |
| 16 | 1/6 | 19 | 40 | 17 | 1/2 | 21 | 0 | 18 | 5/6 | 22 | 60 |
| 16 | 1/4 | 19 | 50 | 17 | 7/12 | 21 | 10 | 19 | 0 | 22 | 80 |
| 16 | 1/3 | 19 | 60 | 17 | 2/3 | 21 | 20 | 19 | 1/12 | 22 | 84 |
| 16 | 5/12 | 19 | 70 | 17 | 3/4 | 21 | 30 | 19 | 1/24 | 22 | 85 |
| 16 | 1/2 | 19 | 80 | 17 | 5/6 | 21 | 40 | 19 | 1/16 | 22 | 88 |
| 16 | 7/12 | 19 | 90 | 18 | 0 | 21 | 60 | 19 | 1/12 | 22 | 90 |
| 16 | 2/3 | 20 | 0 | 18 | 1/32 | 21 | 64 | 19 | 1/8 | 22 | 95 |
| 16 | 3/4 | 20 | 10 | 18 | 1/24 | 21 | 65 | 19 | 1/6 | 23 | 0 |
| 16 | 5/6 | 20 | 20 | 18 | 1/16 | 21 | 68 | 19 | 1/4 | 23 | 10 |
| 17 | 0 | 20 | 40 | 18 | 1/12 | 21 | 70 | 19 | 1/3 | 23 | 20 |
| 17 | 1/32 | 20 | 44 | 18 | 1/8 | 21 | 75 | 19 | 5/12 | 23 | 30 |
| 17 | 1/24 | 20 | 45 | 18 | 1/6 | 21 | 80 | 19 | 1/2 | 23 | 40 |
| 17 | 1/16 | 20 | 48 | 18 | 1/4 | 21 | 90 | 19 | 7/12 | 23 | 50 |
| 17 | 1/12 | 20 | 50 | 18 | 1/3 | 22 | 0 | 19 | 2/3 | 23 | 60 |
| 17 | 1/8 | 20 | 55 | 18 | 5/12 | 22 | 10 | 19 | 3/4 | 23 | 70 |
| 17 | 1/6 | 20 | 60 | 18 | 1/2 | 21 | 20 | 19 | 5/6 | 23 | 80 |
| 17 | 1/4 | 20 | 70 | 18 | 7/12 | 22 | 30 | 20 | 0 | 24 | 0 |
| 17 | 1/3 | 20 | 80 | 18 | 2/3 | 22 | 40 | | | | |
| 17 | 5/12 | 20 | 90 | 18 | 3/4 | 22 | 50 | | | | |

# COMPARAISON

*D'un certain nombre de livres en kilogrammes.*

Ce Tableau ne s'étend pas au-delà du besoin qu'on peut en avoir pour calculer tout ce qui a rapport à l'ameublement.

| LIVRES. | | KILOG. | | | LIVRES. | | KILOG. | | | LIVRES. | | KILOG. | | |
|---|---|---|---|---|---|---|---|---|---|---|---|---|---|---|
| .. | 1/4 | .. | 1 | 25 | 7 | 1/4 | 3 | 6 | 25 | 14 | 1/4 | 7 | 1 | 25 |
| .. | 1/2 | .. | 2 | 50 | 7 | 1/2 | 3 | 7 | 50 | 14 | 1/2 | 7 | 2 | 50 |
| .. | 3/4 | .. | 3 | 75 | 7 | 3/4 | 3 | 8 | 75 | 14 | 3/4 | 7 | 3 | 75 |
| 1 | .. | .. | 5 | .. | 8 | .. | 4 | .. | .. | 15 | .. | 7 | 5 | .. |
| 1 | 1/4 | .. | 6 | 25 | 8 | 1/4 | 4 | 1 | 25 | 15 | 1/4 | 7 | 6 | 25 |
| 1 | 1/2 | .. | 7 | 50 | 8 | 1/2 | 4 | 2 | 50 | 15 | 1/2 | 7 | 7 | 50 |
| 1 | 3/4 | .. | 8 | 75 | 8 | 3/4 | 4 | 3 | 75 | 15 | 3/4 | 7 | 8 | 75 |
| 2 | .. | 1 | .. | .. | 9 | .. | 4 | 5 | .. | 16 | .. | 8 | .. | .. |
| 2 | 1/4 | 1 | 1 | 25 | 9 | 1/4 | 4 | 6 | 25 | 16 | 1/4 | 8 | 1 | 25 |
| 2 | 1/2 | 1 | 2 | 50 | 9 | 1/2 | 4 | 7 | 50 | 16 | 1/2 | 8 | 2 | 50 |
| 2 | 3/4 | 1 | 3 | 75 | 9 | 3/4 | 4 | 8 | 75 | 16 | 3/4 | 8 | 3 | 75 |
| 3 | .. | 1 | 5 | .. | 10 | .. | 5 | .. | .. | 17 | .. | 8 | 5 | .. |
| 3 | 1/4 | 1 | 6 | 25 | 10 | 1/4 | 5 | 1 | 25 | 17 | 1/4 | 8 | 6 | 25 |
| 3 | 1/2 | 1 | 7 | 50 | 10 | 1/2 | 5 | 2 | 50 | 17 | 1/2 | 8 | 7 | 50 |
| 3 | 3/4 | 1 | 8 | 75 | 10 | 3/4 | 5 | 3 | 75 | 17 | 3/4 | 8 | 8 | 75 |
| 4 | .. | 2 | .. | .. | 11 | .. | 5 | 5 | .. | 18 | .. | 9 | .. | .. |
| 4 | 1/4 | 2 | 1 | 25 | 11 | 1/4 | 5 | 6 | 25 | 18 | 1/4 | 9 | 1 | 25 |
| 4 | 1/2 | 2 | 2 | 50 | 11 | 1/2 | 5 | 7 | 50 | 18 | 1/2 | 9 | 2 | 50 |
| 4 | 3/4 | 2 | 3 | 75 | 11 | 3/4 | 5 | 8 | 75 | 18 | 3/4 | 9 | 3 | 75 |
| 5 | .. | 2 | 5 | .. | 12 | .. | 6 | .. | .. | 19 | .. | 9 | 5 | .. |
| 5 | 1/4 | 2 | 6 | 25 | 12 | 1/4 | 6 | 1 | 25 | 19 | 1/4 | 9 | 6 | 25 |
| 5 | 1/2 | 2 | 7 | 50 | 12 | 1/2 | 6 | 2 | 50 | 19 | 1/2 | 9 | 7 | 50 |
| 5 | 3/4 | 2 | 8 | 75 | 12 | 3/4 | 6 | 3 | 75 | 19 | 3/4 | 9 | 8 | 75 |
| 6 | .. | 3 | .. | .. | 13 | .. | 6 | 5 | .. | 20 | .. | 10 | .. | .. |
| 6 | 1/4 | 3 | 1 | 25 | 13 | 1/4 | 6 | 6 | 25 | 20 | 1/4 | 10 | 1 | 25 |
| 6 | 1/2 | 3 | 2 | 50 | 13 | 1/2 | 6 | 7 | 50 | 20 | 1/2 | 10 | 2 | 50 |
| 6 | 3/4 | 3 | 3 | 75 | 13 | 3/4 | 6 | 8 | 75 | 20 | 3/4 | 10 | 3 | 75 |
| 7 | .. | 3 | 5 | .. | 14 | .. | 7 | .. | .. | 21 | .. | 10 | 5 | .. |

| LIVRES. | | KILOG. | | | LIVRES. | | KILOG. | | | LIVRES. | | KILOG. | | |
|---|---|---|---|---|---|---|---|---|---|---|---|---|---|---|
| 21 | 1/4 | 10 | 6 | 25 | 30 | 3/4 | 15 | 3 | 75 | 41 | 1/4 | 20 | 1 | 25 |
| 21 | 1/2 | 10 | 7 | 50 | 31 | .. | 15 | 5 | .. | 41 | 1/2 | 20 | 2 | 50 |
| 21 | 3/4 | 10 | 8 | 75 | 31 | 1/4 | 15 | 6 | 25 | 41 | 3/4 | 20 | 3 | 75 |
| 22 | .. | 11 | .. | .. | 31 | 1/2 | 15 | 7 | 50 | 42 | .. | 21 | .. | .. |
| 22 | 1/4 | 11 | 1 | 25 | 31 | 3/4 | 15 | 8 | 75 | 42 | 1/4 | 21 | 1 | 25 |
| 22 | 1/2 | 11 | 2 | 50 | 32 | .. | 16 | .. | .. | 42 | 1/2 | 21 | 2 | 50 |
| 22 | 3/4 | 11 | 3 | 75 | 32 | 1/4 | 16 | 1 | 25 | 42 | 3/4 | 21 | 3 | 75 |
| 23 | .. | 11 | 5 | .. | 32 | 1/2 | 16 | 2 | 50 | 43 | .. | 21 | 5 | .. |
| 23 | 1/4 | 11 | 6 | 25 | 32 | 3/4 | 16 | 3 | 75 | 43 | 1/4 | 21 | 6 | 25 |
| 23 | 1/2 | 11 | 7 | 50 | 33 | .. | 16 | 5 | .. | 43 | 1/2 | 21 | 7 | 50 |
| 23 | 3/4 | 11 | 8 | 75 | 33 | 1/4 | 16 | 6 | 25 | 43 | 3/4 | 21 | 8 | 75 |
| 24 | .. | 12 | .. | .. | 33 | 1/2 | 16 | 7 | 50 | 44 | .. | 22 | .. | .. |
| 24 | 1/4 | 12 | 1 | 25 | 33 | 3/4 | 16 | 8 | 75 | 44 | 1/4 | 22 | 1 | 25 |
| 24 | 1/2 | 12 | 2 | 50 | 34 | .. | 17 | .. | .. | 44 | 1/2 | 22 | 2 | 50 |
| 24 | 3/4 | 12 | 3 | 75 | 34 | 1/4 | 17 | 1 | 25 | 44 | 3/4 | 22 | 3 | 75 |
| 25 | .. | 12 | 5 | .. | 34 | 1/2 | 17 | 2 | 50 | 45 | .. | 22 | 5 | .. |
| 25 | 1/4 | 12 | 6 | 25 | 34 | 3/4 | 17 | 3 | 75 | 45 | 1/4 | 22 | 6 | 25 |
| 25 | 1/2 | 12 | 7 | 50 | 35 | .. | 17 | 5 | .. | 45 | 1/2 | 22 | 7 | 50 |
| 25 | 3/4 | 12 | 8 | 75 | 35 | 1/4 | 17 | 6 | 25 | 45 | 3/4 | 22 | 8 | 75 |
| 26 | .. | 13 | .. | .. | 35 | 1/2 | 17 | 7 | 50 | 46 | .. | 23 | .. | .. |
| 26 | 1/4 | 13 | 1 | 25 | 35 | 3/4 | 17 | 8 | 75 | 46 | 1/4 | 23 | 1 | 25 |
| 26 | 1/2 | 13 | 2 | 50 | 36 | .. | 18 | .. | .. | 46 | 1/2 | 23 | 2 | 50 |
| 26 | 3/4 | 13 | 3 | 75 | 36 | 1/4 | 18 | 1 | 25 | 46 | 3/4 | 23 | 3 | 75 |
| 27 | .. | 13 | 5 | .. | 36 | 1/2 | 18 | 2 | 50 | 47 | .. | 23 | 5 | .. |
| 27 | 1/4 | 13 | 6 | 25 | 36 | 3/4 | 18 | 3 | 75 | 47 | 1/4 | 23 | 6 | 25 |
| 27 | 1/2 | 13 | 7 | 50 | 37 | .. | 18 | 5 | .. | 47 | 1/2 | 23 | 7 | 50 |
| 27 | 3/4 | 13 | 8 | 75 | 37 | 1/4 | 18 | 6 | 25 | 47 | 3/4 | 23 | 8 | 75 |
| 28 | .. | 14 | .. | .. | 37 | 1/2 | 18 | 7 | 50 | 48 | .. | 24 | .. | .. |
| 28 | 1/4 | 14 | 1 | 25 | 37 | 3/4 | 18 | 8 | 75 | 48 | 1/4 | 24 | 1 | 25 |
| 28 | 1/2 | 14 | 2 | 50 | 38 | .. | 19 | .. | .. | 48 | 1/2 | 24 | 2 | 50 |
| 28 | 3/4 | 14 | 3 | 75 | 38 | 1/4 | 19 | 1 | 25 | 48 | 3/4 | 24 | 3 | 75 |
| 29 | .. | 14 | 5 | .. | 38 | 1/2 | 19 | 2 | 50 | 49 | .. | 24 | 5 | .. |
| 29 | 1/4 | 14 | 6 | 25 | 38 | 3/4 | 19 | 3 | 75 | 49 | 1/4 | 24 | 6 | 25 |
| 29 | 1/2 | 14 | 7 | 50 | 39 | .. | 19 | 5 | .. | 49 | 1/2 | 24 | 7 | 50 |
| 29 | 3/4 | 14 | 8 | 75 | 39 | 1/4 | 19 | 6 | 25 | 49 | 3/4 | 24 | 8 | 75 |
| 30 | .. | 15 | .. | .. | 39 | 1/2 | 19 | 7 | 50 | 50 | .. | 25 | .. | .. |
| 30 | 1/4 | 15 | 1 | 25 | 39 | 3/4 | 19 | 8 | 75 | | | | | |
| 30 | 1/2 | 15 | 2 | 50 | 40 | .. | 20 | .. | .. | | | | | |

NOTA. — *Comme dans l'ameublement il n'y a guère que la laine, le crin et la plume qui se calculent au poids, et que les fournitures de ce genre ne sont jamais très - considérables, on n'a pas cru devoir étendre la* conversion des livres en kilogrammes *jusqu'aux grandes fractions ;* et *, en les négligeant, on ne peut être accusé d'inexactitude , puisque , dans le commerce , la livre mar-chande est comptée pour cinq hectogrammes , encore bien qu'il s'en manque quelque chose.*

*Au surplus , pour avoir la plus étendue, comme la plus exacte des divisions de fractions de tout genre , on n'a qu'à consulter le Manuel-pratique des Poids et Mesures , par Tarbé.*

# DE LA VÉRIFICATION.

Après avoir indiqué les moyens de bien apprécier
en détail, de bien connaître tous les différens objets
qui concourent à l'établissement de toute espèce de
mobilier ; après avoir donné tous les documens nécessaires à la formation des devis, il devenait indispensable d'offrir ensuite la facilité de s'assurer, lors
de la livraison d'un meuble quelconque, si l'objet
est en bonne qualité, s'il est bien confectionné, et si
les quantités énoncées dans le mémoire du fournisseur ont réellement été employées. Ce moyen de
vérification se trouve détaillé dans cette partie de
l'ouvrage au rang que l'objet à vérifier occupe dans
l'ordre alphabétique qui le concerne.

Avant tout examen, il faut indispensablement,
s'il existe un devis, le consulter, afin de savoir si tous
les objets fournis sont dans la forme et la dimension
prescrites par ce devis.

Les prix des meubles en acajou qui sont énoncés
dans les modèles de devis suffisent pour faire connaître
la valeur des autres objets en ébénisterie, destinés au
même usage, et dont il n'est point question dans les
devis, mais qui se rattachent toujours à une classe de

prix déjà connus. Il n'était point impossible de fixer la valeur d'une certaine sorte de meubles, qui ne sont que bien établis, et sans luxe d'ornemens ; mais il n'y a aucune base pour déterminer d'avance des prix sur des objets hors de la ligne du simplement beau et bon. Pour arriver à ce point, il aurait fallu que toute espèce d'objet eût un *cours réglé*, à peu près comme le crin, la laine et la plume. Au surplus, les prix qui sont attachés aux objets désignés dans les devis, sont bien ceux que doivent valoir ces mêmes objets, lorsqu'ils sont en bonne qualité et bien établis ; et, en général on peut croire, à quelques légères différences près, que tout est porté à son taux. Si des meubles varient dans leurs formes, tels, par exemple, que les siéges, il est possible que les quantités d'étoffe ne soient plus les mêmes sans doute ; mais la différence ne peut être très-simple, tandis que la manière de reconnaître et de vérifier les quantités sera toujours invariable.

Dans les bronzes, dans les dorures pour les lustres, et, en général, pour tout objet d'ameublement où les arts occupent le premier rang, quand la matière première n'est qu'accessoire, il ne faut pas trop se fier à ses propres connaissances ; et, comme ces objets sont ordinairement fort chers, il faut voir, dans le commerce, quel est le prix de ces objets, et donner la préférence à ceux qu'un connaisseur aura jugé réunir tous les genres de perfection.

Il n'est pas nécessaire de donner des renseignemens

particuliers sur la vérification d'objets trop ordinaires, comme pour tout ce qui regarde l'entretien du
mobilier, la verroterie et la quincaillerie : il a suffi d'indiquer le prix de chaque objet.

Dans les meubles où il y a de l'étoffe, et où la façon
exige des remplis, ces remplis doivent être comptés
au fournisseur, comme faisant partie de l'étoffe principale.

Souvent, au premier coup-d'œil, on n'aperçoit point
la différence qui existe dans tels ou tels meubles, de
même forme, de même dimension, avec les mêmes
agrémens, et qui pourtant n'ont aucune similitude
dans leurs prix. La différence n'existe donc que dans
la qualité du bois, dans le fini des ornemens, dans la
pureté de la dorure, dans la correction du dessin du
meuble comme des ornemens, et dans l'élégance,
comme la solidité de la main-d'œuvre.

---

# OBSERVATION GÉNÉRALE

*Sur la vérification de tous meubles confectionnés par l'ébéniste.*

---

Pour toute espèce de meuble, il est essentiel de remarquer si le bois sur lequel on en a plaqué un autre est bien sain, et si le bois apparent, qui doit être débité depuis un certain temps, a de la suite dans ses veines, dans ses accidens, et si quelques défectuosités ou quelques interstices de nuances ne sont pas masquées par un caustique préparé à cet effet; si l'enfoncement des tiroirs et les assemblages sont bien faits et bien solides. Lorsqu'il y a des ornemens, il faut s'assurer si les *motifs* de ces ornemens, qui embellissent divers meubles, et qui sont placés dans la même pièce, ont de l'harmonie entre eux, et si ces meubles ont les dimensions voulues par *leur ordre* et indiquées par le Devis. Il faut aussi s'assurer si les fermetures sont bonnes, si elles se font aisément, si les entrées de serrures sont bien nettes, et si la pose des boutons et des poignées est faite régulièrement. Si l'espèce des marbres est bien celle prescrite par le Devis; si les tablettes de ces marbres ont l'épaisseur convenable, et s'il n'y a pas quelques cassures de dissimulées, accident dont on s'aperçoit plus facilement en regardant l'envers de la tablette; enfin s'assurer si le meuble est bien d'à-plomb.

## ARMOIRES.

Le bois le plus convenable pour établir des armoires en toute espèce d'ébénisterie en acajou, est sans contredit le bois *flambé* ou *moiré* ; mais ce n'est pas celui qu'on emploie le plus ordinairement. Après cela viennent les bois de chêne et de noyer pour les armoires de seconde classe, et le bois blanc pour les armoires communes.

Une armoire en acajou de 6 pieds et demi sur 4 pieds, panneaux pleins, six tablettes en chêne avec crémaillères et corniche à dé, peut valoir de 400 à 450 francs, et une en noyer de semblable dimension, qui est la plus courante, peut valoir de 100 à 110 francs si elle est bien confectionnée sur tous les points.

Les armoires formant lits, établies en bon bois, doivent surtout présenter une grande solidité dans les appuis et beaucoup de facilité dans les mouvemens de la bascule. Le fond sanglé ne saurait être trop tendu, parce qu'il est rare qu'il ne se relâche pas toujours un peu ; et trop de *détente* occasionne un très-mauvais coucher.

## BAIGNOIRES.

Lorsqu'on prend livraison d'une baignoire quelconque, il faut s'assurer si toutes les parties en sont bien jointes, si l'intérieur est commode, s'il a assez

*Suite de l'article* Baignoires.

d'épaulement, et si la baignoire a la hauteur et la longueur convenables.

Au folio 101, *voir le détail des dimensions, et connaître les prix.*

## BANQUETTES.

Après avoir examiné le bois qui devrait toujours être en hêtre, il faut s'assurer si l'étoffe est bonne. On emploie assez souvent, pour couvrir des banquettes d'antichambres, des moquettes ordinaires ou de la panne, du prix de 5 à 6 francs l'aune, et du crin qui ne doit être que de la dernière qualité. Quelquefois, lorsqu'on n'y regarde pas de suite, on s'aperçoit plus tard que la bourre supplée au crin. *Voir le folio* 155.

## BERGÈRES.

Il faut reconnaître l'identité du bois énoncé et le travail de l'ébéniste, l'espèce et la qualité de l'étoffe, et si les fleurs, les raies, ou le motif du dessin de de l'étoffe sont bien correctement suivis.

Pour s'assurer de la quantité d'étoffe employée dans une bergère, comme dans toute espèce de meubles-*siéges*, il faut prendre une assez grande quantité de ficelle pour mesurer bien exactement toutes les parties de l'étoffe apparente, et le produit de ce mesurage se constate à l'aune en présentant

Suite de l'article BERGÈRES.

la quantité précise d'étoffe employée à couvrir le meuble.

Toutes les parties de bordure, de galon, de crête ou de tout autre agrément qui se trouvent dans un meuble se reconnaissent à la mesure courante, au moyen d'une ficelle assez étendue. Chaque aune de galon en or faux contient de 90 à 92 clous dorés, et 7 à 8 ordinairement alloués par cent pour la casse, fait 100 clous qu'il faut compter par aune de galon faux.

A moins de découdre l'étoffe principale, il est impossible de s'assurer si toutes les parties intérieures du siége ont été fournies comme elles ont été annoncées au mémoire.

*Pour les quantités et le prix des différentes marchandises qui entrent dans la formation d'une bergère, il faut voir à la table le folio du genre du meuble.*

# BIBLIOTHÈQUES.

Après l'examen du bois et de la main d'œuvre, s'il y a des portes vitrées, on doit s'assurer que les drageoires sont solides, et de quelle qualité sont les verres ou les glaces. Si les portes sont grillées, on remarquera bien l'espèce de laiton, car facilement on peut en employer du mauvais pour du bon; s'assurer s'il y a suffisamment de tablettes, et si les crémaillères et les tassots qui les supportent sont solides, bien adaptés, bien libres.

*On n'offre pas ici le prix d'une bibliothèque quelconque, parce que ce meuble n'a point de forme fixe, et qu'il peut être d'une grande étendue comme d'un très-petit modéle.*

## BIDETS.

On en compte de trois sortes. Bidet à dossier, bidet à planche et bidet à seringue. Le premier est celui dont on se sert davantage. En général ils doivent être en bois massif, et l'enfonçage doit toujours être en plomb. Il faut bien examiner la cuvette et l'emplacement pour la recevoir de même que la peau qui garnit le dessus du siége.

Ce genre de meuble ne varie guère dans ses prix, attendu la presque invariabilité de sa forme.

*On trouvera, à l'article* Prix courans *de la simple ébénis-terie, folio* 123 *, le prix de chaque espèce de bidet.*

## BILLARDS.

Lors de la livraison d'un billard quelconque, il faut s'assurer s'il a les dimensions sur lesquelles on l'annonce ; examiner ensuite si le bois est beau et droit ; si la table est en beau merrain et si toutes les parties en sont bien assemblées, bien solides ; si les assises ont la force nécessaire à la grandeur du billard ; faire attention à la qualité du drap, s'il ne s'y trouve pas des défauts, et surtout celui que les marchands appellent le *pas de chat.* Vérifier encore le galon, les clous et si les blouses sont bien disposées; voir si les billes ont la rondeur, le poids, la grosseur convenables, et si l'ivoire est beau. S'il y a des tiroirs *au bas ;* regarder leur enfoncement et s'assurer que sur les bandes sont posés les doubles clous qui indiquent le *bas,* ainsi que la ligne et le demi-cercle tracés sur le drap; enfin visiter tous les accessoires, et, s'il y a une couverture de drap ou de toile, en mesurer l'étendue.

*On trouvera, au folio* 102, *le détail du prix de toute espèce de billards, et des draps qu'on emploie à les couvrir.*

## BONHEUR DU JOUR.

Ce genre de meuble, assujetti au goût particulier, varie assez souvent dans ses dimensions, mais plus encore dans ses accessoires. La longueur cependant n'excède jamais trois pieds, et la profondeur 18 à 20 pouces. La hauteur de l'abattant est invariable, comme dans toute espèce de secrétaire, c'est-à-dire, toujours de 27 pouces. Après l'examen du bois, de la façon et des ornemens, il faut vérifier le volume de la glace en remarquant si le tain est beau et exact; et s'il y a des incrustations, il faut examiner si elles sont bien à niveau et bien adaptées.

*Le prix de cette espèce de meuble, où il y a presque toujours des ornemens, ne saurait être offert à l'avance.*

## BUFFETS.

Les dimensions des buffets varient assez souvent, surtout dans les grands ameublemens; mais ordinairement ils sont de 4 pieds sur 5. La hauteur est presque toujours la même. La vérification des buffets se fait comme pour tout autre meuble en ébénisterie, en l'examinant bien dans toutes les parties qui le composent.

*A l'article* Prix courans de la simple Ébénisterie , *folio* 125 *, on trouvera celui de toute espece de buffets.*


## BUREAUX A CYLINDRES.

Après l'examen du bois, de la main d'œuvre et des ornemens, on doit s'assurer si les rainures par où passe et repasse le cylindre sont bien établies. Les meilleures sont en cuivre; voir si la tablette intérieure a l'étendue convenable, et si elle joue librement. S'il existe des doubles fonds, il faut s'assurer qu'ils sont bien faits sans nuire à la solidité du meuble. Remarquer si la peau de maroquin est de belle qualité et si les tablettes des bouts glissent aisément.

*Le prix des bureaux de ce genre est indiqué à l'article* Prix courans de la simple Ébénisterie , *folio* 125.


## BUREAUX *en* ACAJOU , *à table seulement.*

Ce genre de meuble, plus ou moins grand, mais assez généralement de 4 pieds 1/2 à 5 pieds, sur 28

*Suite de l'article des* BUREAUX *en acajou.*

à 30 pouces , avec des tablettes en ralonges par les deux bouts , s'examine avec le même soin que le bureau à cylindre , et il faut bien remarquer si , en dessous , il y a des barres pour assurer la solidité du fond , et si , d'un tiroir à l'autre , il n'y a pas de vide qui permette d'y passer la main.

*Au folio* 124 , *article des* Prix *courans de* l'Ébénisterie , *on trouvera la valeur de ces bureaux.*


## BUREAUX *ordinaires en bois noirci , avec casiers et sans casiers.*

Ces bureaux sont ordinairement d'une faible construction , fermant assez mal , et gênant parfois les genoux , parce qu'ils ne sont pas assez élevés. Ces bureaux n'ayant rien de commun avec la mode , ils ne varient presque pas dans leurs prix.

Un bureau de 5 pieds sur 3 , sans casier, trois tiroirs fermant à clef, et couvert en basane noire , vaut de 27 à 30 fr.

Un de 5 pieds 1/2 , sans casier , trois tiroirs, et basane noire, vaut de 30 à 35 fr.

Un de 5 pieds, avec casier, tiroirs et basane noire, vaut de 40 à 42 fr.

Un de 5 pieds 1/2 , avec casier, tiroirs et basane noire, vaut de 48 à 54 fr.

Un de 4 pieds, sans casier , tiroirs et basane noire , vaut de 18 à 22 fr.

*Suite de l'article des* BUREAUX *ordinaires.*

Un de 4 pieds, avec casier, tiroirs et basane noire, vaut de 23 à 26 fr.

Un de 3 pieds 1/2, sans casier, tiroirs et basane noire-verte, vaut de 15 à 18 fr.

Un de 3 pieds 1/2, avec casier, tiroirs et basane noire, vaut de 22 à 25 fr.

# CANAPÉS.

Après l'examen du bois et du travail de l'ébéniste, l'étoffe et tous les agrémens qui forment un canapé, se reconnaissent comme pour la bergère, et ce ne pourrait être aussi qu'en décousant la principale étoffe, que l'on reconnaîtrait bien l'identité du crin, de la plume et des autres sortes de fournitures.

*C'est à la table, au folio du genre du meuble, que l'on trouvera les quantités et le prix des différentes marchandises qui entrent dans la formation d'un canapé quelconque.*

# CANDELABRES.

Ces objets de l'ameublement, qui sont toujours d'un prix assez élevés, doivent être soigneusement examinés dans leurs proportions; et, comme ils se composent presque toujours de pièces de rapports, il est bien essentiel de s'assurer si ces pièces sont solidement et invisiblement adaptées. Après cela, il faut s'assurer du fini de l'ouvrage dans toutes ses parties, et de l'à-plomb du candelabre.

Ce genre de meuble variant beaucoup dans ses

*Suite de l'article des* Candelabres.

formes et dans ses ornemens, on ne peut en fixer ici la valeur.

*Au chapitre des* Bronzes marbrés et Cristaux, *on trouvera, au folio 78, des renseignemens sur les prix courans des candelabres.*

## CAUSEUSES.

Les causeuses s'établissent presque toujours pour des emplacemens particuliers, et c'est la raison pour laquelle le bois se paie, dans la proportion, un peu plus cher que celui des autres meubles, qu'on peut préparer d'avance. La causeuse, qui, pour la forme et l'usage, se rapproche beaucoup du canapé, n'excède jamais 3 pieds 1/2 ; autrement, ce serait presque un canapé.

*Le prix du bois et des étoffes se reconnaît comme pour le canapé.*

## CHAISES.

Les chaises couvertes en étoffe se vérifient de la même manière que les bergères (*voir le folio 282*).

Les chaises foncées en paille, après en avoir examiné le bois, doivent être soigneusement vérifiées à l'empaillage, trop souvent négligé par les tourneurs, ainsi que la solidité. En général, toute l'attention du fabricant ne se porte qu'à flatter l'œil.

Les chaises ordinaires en mérisier peint, em-

*Suite de l'article des* CHAISES.

paillage fin, simple dossier, à barres ou à palmettes, valent de 5, 6 à 7 francs ; et les chaises communes , en orme, gros empaillage , valent de 1 fr. 20 cent. à 1 fr. 50.

Les chaises ordinaires en noyer, empaillage fin , simple dossier, à barres ou à palmettes, valent de 6 à 7 francs 50 cent.

## CHAISES *percées*.

Il faut examiner l'espèce du bois, qui ordinairement ne se plaque pas, et voir avec attention le travail intérieur, afin de s'assurer si le vase sera solidement supporté. L'emplacement du vase doit être garni en plomb, et la fermeture du meuble doit être hermétiquement établie.

*Au folio* 124, *à l'article* Prix courans de la simple Ébénisterie, *on trouvera celui des chaises percées de tout genre.*

## CHIFFONNIERS.

Le chiffonnier, qui tient le milieu entre la commode et l'armoire, doit être fait avec le même soin, et les tiroirs, dans leur série, doivent, autant que possible, présenter une suite d'*effet de bois*, qui ne peut que flatter l'œil, et ajouter à l'agrément du meuble. On doit aussi s'assurer si les ornemens de ce meuble sont bien en harmonie avec ceux d'un secrétaire ou d'une commode , qui, dans divers

*Suite de l'article des* Chiffonniers.

ameublemens se trouvent placés dans la même pièce.

*Au folio* 125 *, article des* Prix courans de la simple Ébénisterie, *on trouvera ceux des chiffonniers.*


## COMMODES.

Pour la beauté du meuble, il est indispensable que tout le bois de la devanture d'une commode soit parfaitement du même ton. Après cela, on voit si tout ce qui assure une bonne confection a bien été observé sous tous les rapports.

La hauteur d'une commode quelconque n'excède jamais 2 pieds 8 à 9 pouces, en y comprenant le marbre dont la tablette, ainsi que dans les autres meubles, doit toujours avoir au moins 12 lignes d'épaisseur. Sa largeur ordinaire est presque toujours de 2 pieds, et sa longueur de 4 pieds environ, en y comprenant le marbre.

Entre la commode et le secrétaire, placés dans la même pièce, il doit régner dans le ton du bois, comme dans les ornemens, un accord parfait, accord qui doit même s'étendre au chiffonnier, s'il y en a un dans la même chambre.

*Le prix des commodes est énoncé au folio* 124 *des* Prix courans de la simple Ébénisterie.

## CONSOLES.

Ce genre de meuble n'a pas , comme la commode et le secrétaire, des dimensions à peu près fixes , parce qu'il est destiné à figurer dans des emplacemens plus ou moins spacieux ; mais en général l'élévation des consoles est de 26 à 27 pouces , et leur largeur la plus habituelle est de 20 à 22 pouces. Après avoir examiné tout ce qui tient à la main-d'œuvre , soit comme ébénisterie , ou comme ornemens, on s'assure des proportions de la glace et de l'à-plomb du meuble.

*Au folio* 125 *de l'article des* Prix courans de l'Ébénisterie , *se trouvent ceux des consoles.*

## COUCHETTES.

Après le choix de la forme d'une couchette , il faut bien l'examiner dans toutes ses parties. Les plus apparentes , qui sont les panneaux et la devanture , doivent être d'un beau bois. Le fond sanglé, qui devrait toujours être en chêne , et parfaitement adapté , exige une bonne sangle , et fortement tendue. S'il en était autrement , le lit creuserait au milieu, et ferait un coucher très-incommode.Quelles que soient les roulettes d'une couchette , il faut bien s'assurer si elles jouent avec facilité et en tout sens.

On ne peut trop apporter d'attention à l'exa-

*Suite de l'article des* Couchettes.

men de ce genre de meuble, tant sous le rapport du choix du bois, que sous celui du travail de l'ébéniste et des ornemens.

*Au folio* 125 *de l'article des* Prix courans de la simple Ébénisterie, *on trouvera l'énoncé de ceux d'un grand nombre de couchettes.*

> Nota. — La punaise, qui s'attache aux couchettes, ne ré-
> siste point à la vapeur du vitriol versé sur du sel marin.

## COURTE-POINTES.

La quantité d'étoffe dont est composée cette pièce du coucher est extrêmement facile à reconnaître par l'évidence des lés, dont on s'assure comme pour la vérification des étoffes de lits de plumes et de matelas.

## COUVERTURES *de lits.*

Les couvertures se divisent en trois sortes, qui chacune se subdivise en plusieurs classes. Les trois sortes en usage sont la soie, la laine et le coton. La qualité des unes et des autres se reconnaît à la solidité de la chaîne, au *frappé* de l'ouvrage, et à la beauté du tissu. On les examine encore en les étendant horizontalement au grand jour, parce qu'alors aucune défectuosité, aucune tare ne peut échapper à l'œil. Rien n'est facile comme de recon-

*Suite de l'article des* COUVERTURES *de lits.*

naître la hauteur et la largeur d'une couverture, dont au surplus l'espèce et le prix sont énoncés aux folios 51, 52, 53 et 54.

## DEVANT-DE-CHEMINÉES.

Le châssis d'un devant-de-cheminée doit être, pour ainsi dire, hermétiquement adapté à l'embrasure de la cheminée. Ce châssis devrait toujours être en bois de chêne, afin de moins se tourmenter. Le papier, collé sur toile neuve, doit être régulièrement posé. Si c'est un papier *à sujet*, fait avec le même papier que celui de la tenture, ou rapporté, il faut s'assurer que ce sujet tient bien le milieu du devant de la cheminée. Le bouton, ou bec de canne, qui sert de fermeture, doit être *aisé*, quoiqu'il doive solidement assujétir l'objet.

## ÉCRANS *de cheminées.*

Le bois d'un écran, plus que tout autre meuble, doit être bien sain, et n'être employé que long-temps après qu'il a été débité, afin qu'il supporte mieux l'approche du feu. La hauteur des écrans ordinaires est de 35 à 40 pouces, ils sont presque tous garnis en taffetas vert ; et, lorsqu'ils sont sans aucuns ornemens, ils valent de 28 à 30 fr. Dans la vérification de ce meuble, il faut bien examiner les montans ainsi que la main-d'œuvre de la feuille du châssis, dont le jeu doit être facile. Ce meuble, souvent remué, doit avoir des roulettes solides et d'un service bien libre.

## ÉDREDONS.

Au toucher on juge assez facilement de la qualité du duvet. Rien n'est aisé comme de connaître le poids d'un édredon, celui de l'étoffe qui le couvre est très-peu de chose, et on peut aisément s'assurer de la quantité d'étoffe, puisque les lés sont très-visiblement employés.

## ENCOIGNURES *de cheminées.*

Cet objet, toujours placé par terre, dans les angles extérieurs de la cheminée, soit qu'on l'établisse en cuivre ou en fer-blanc, doit être solidement soudé, et avoir de 2 à 3 pouces de profondeur.

*Au folio* 92, *à l'article* QUINCAILLERIE, *se trouve les prix des encoignures.*

## ESTRADES.

Celles en acajou, placées devant un lit, doivent être bien solidement établies, et les angles ne doivent pas, autant que possible, présenter des pointes trop saillantes, parce que ces angles sont souvent exposés à être touchés.

*Suite de l'article des* ESTRADES.

Celles en bois ordinaire, destinées à être couvertes en tapis, ne présentent pas le même inconvénient que celles en bois nu ; mais elles exigent la même solidité, et l'étoffe dont elles sont garnies doit être très-bien tendue.

## FAUTEUILS *d'appartemens et autres.*

L'examen des fauteuils d'appartemens se fait de la même manière que pour les bergères.
*Voir le folio* 282.

Les fauteuils foncés en paille doivent être examinés comme les chaises de ce genre.
*Voir le folio* 289.

Ceux en bois de merisier, simple dossier, empaillage fin, valent de 9 à 10 francs.

Ceux en noyer, simple dossier, empaillage fin, valent de 10 à 12 francs.

Les fauteuils de bureau et de veille exigent un examen particulier. Il faut voir si les peaux qui les couvrent sont d'un beau grain, si le nombre de clous annoncé est exact, si le bois est bien choisi et le siége est assez fourni de crin ; si toute la main-d'œuvre est parfaite et le meuble d'à-plomb.

Un fauteuil de bureau, bien établi, en acajou et maroquin vert, vaut de 85 à 90 francs.

Un fauteuil de bureau, bien établi, en noyer, et basane verte, vaut de 50 à 52 francs.

*Suite de l'article des* FAUTEUILS *d'appartemens et autres.*

Un fauteuil de veille, solidement établi, et dans de larges proportions, vaut de 85 à 90 fr.

## FEUX *de cheminées.*

Après le choix du sujet, il faut examiner le travail, la qualité du cuivre, celle du fer, et s'assurer si la longueur des barres s'accorde avec la profondeur de la cheminée. Le cendrier s'examine avec le même soin. Les pelles, pincettes, tenailles et tisonnières, qu'on doit regarder comme les accessoires des feux, doivent être d'un beau poli, d'un fer doux et sans paille, et d'un service aisé.

*Cet article étant très-varié dans ses formes comme dans ses ornemens, on ne peut en donner les prix bien exactement; cependant on trouvera, au folio 79, des données sur la valeur des feux.*

## FLAMBEAUX *d'appartemens.*

On distingue plus particulièrement quatre sortes de flambeaux courans, le doré, le bronzé et doré, l'argenté et le plaqué. Pour tous on doit s'attacher, non seulement aux proportions, mais encore au fini de l'ouvrage et au ton de l'application; s'assurer si la douille est assez profonde, et si la bobèche est suffisamment évasée.

*Les prix des flambeaux, pour appartemens, se trouvent indiqués au folio 80.*

**FLAMBEAUX** *de bouillotte* ou *de bureau.*

Ces flambeaux se divisent en deux sortes, dorés et argentés. Il faut les examiner avec le même soin que les flambeaux d'appartemens, en observant bien si le jeu de l'abat-jour se fait aisément, si la cuvette est bien faite et si le flambeau est d'à-plomb.

*Au folio* 80 , *se trouvent indiqués les prix de ce genre de flambeaux.*


**FONTAINES.**

Toutes les fontaines devraient être éprouvées chez le marchand, afin d'être assuré que les vases sont intacts. La jointure des pierres, dont on forme la plupart des fontaines filtrantes, n'étant pas toujours bien faite, il en résulte des infiltrations désagréables, et quand l'épaisseur du vase des fontaines recouvertes en osier n'est pas assez fort, le moindre choc produit une cassure; en détournant quelques brins de l'osier, on juge de la force du vase. Il faut s'assurer que les robinets sont solidement posés, et que les clefs sont libres.

*On trouvera, au folio* 96, *l'énoncé du prix des fontaines.*


**FORTE-PIANOS.**

Les facteurs de pianos prétendent que l'acajou, dit de Saint-Domingue, est le meilleur bois que l'on puisse employer pour établir ces instrumens ; qu'il doit être débité fort long-temps avant d'être mis en œuvre, et que les assemblages doivent être préférablement en bois de houx. Il faut s'assurer que les pédales sont bien libres, que les pupîtres, s'il y en a d'adhérens, s'ouvrent et se ploient sans gêner la fermeture du piano.

*Un professeur ou un amateur peut seul juger du mérite de l'instrument, et déterminer la valeur du meuble en entier.*

## GARDE-FEUX.

On compte trois sortes de garde-feux, mais on se sert plus habituellement de ceux en fer-blanc que de ceux en fil de laiton et de ceux en toile métallique. On vérifie la qualité de ce genre de meuble, en examinant si la feuille de fer-blanc est forte et bien unie, si le laiton est d'une égale grosseur, et si la toile métallique est travaillée avec égalité, avec soin.

*On trouvera, aux folios 93 et 94, l'énoncé du prix des garde-feux.*

## GIRANDOLES.

Il y a des girandoles de deux espèces, les girandoles portatives et les girandoles appliquées. Les premières, ou dorées, ou argentées, et qui ont plus ou moins de lumières, doivent être examinées sous le rapport de la dorure ou de l'argenture, de la dimension et de la solidité sur pied, par où elles pêchent assez souvent. Les secondes, qui s'appliquent, sont ordinairement composées de cristaux, de dorures et de bronze. Elles doivent être examinées plus scrupuleusement que les autres, attendu qu'elles sont assez souvent négligées par l'ouvrier qui sait qu'elles seront placées à un point d'élévation où l'œil ne pourra pas bien juger du travail. Il faut examiner aussi les cristaux, et s'assurer si la bobèche et la cuvette, ou le petit bassin en cristal, qui reçoivent la bougie, s'accordent bien, et si elles sont assez évasées.

*Au folio* 79 *, on trouvera des renseignemens sur le prix des girandoles.*

## GLACES.

Les glaces, objet d'une si grande importance dans tout ameublement, mais surtout dans les beaux, exigent, lors de leur acquisition, qu'on y apporte la plus grande attention. Si on s'adresse à la manufacture, à Paris, on est moins exposé à avoir des glaces défectueuses qu'en les achetant dans le commerce courant, parce que, dans ce premier établissement, on y a toujours le désir de conserver la réputation de ne fournir que du beau, et que pour cela on y brise les glaces qui

auraient des défauts majeurs. En achetant des glaces
à la manufacture, il suffit, pour ainsi dire, de
consulter le tarif après qu'on a reconnu l'épaisseur,
la hauteur et la largeur du volume, ainsi que la
beauté et la pureté du tain. La remise que fait aujourd'hui la manufacture est de 45 pour cent sur
les prix de son tarif, lorsque les glaces sont belles,
et même, lors d'une fourniture importante, on
peut réclamer encore la remise d'un pouce sur la
hauteur et la largeur de chaque volume.

Mais il n'en est pas de même des achats de glaces
qu'on fait dans le commerce courant, où les mu-
tations considérables qui ont lieu dans cette partie,
placent chez les marchans des glaces défectueuses,
sur lesquelles néanmoins ils fondent de grands bénéfices, parce que les acquéreurs particuliers ne
savent pas bien reconnaître les défauts qu'elles ont.
On sait, avec adresse, cacher à leurs yeux les
*bouillons*, les *fils*, et même l'*opacité* de leur
couleur. On peut prendre, pour base de la valeur
des glaces achetées dans le commerce, le tarif de
la manufacture de Paris, en déduisant, pour les
glaces considérées comme neuves, aussi 25 pour
cent, et pour les autres une diminution en raison
des défauts qu'on y trouve.

C'est toujours au grand jour qu'il faut examiner
des glaces. Lors d'un riche ameublement, on ne
doit point hésiter pour appeler un miroitier intel-

ligent, parce qu'il entend mieux que personne le travail de la pose, tant pour la sûreté du volume que pour la conservation du tain et la recherche des effets. Dans tous les cas, il faut bien examiner les parquets, et tâcher qu'ils soient toujours garnis de futaine ; il faut s'assurer que les encadremens sont bien joints, bien raccordés, et qu'enfin la glace est d'à-plomb.

## GUÉRIDONS.

Les Guéridons, de quelque bois qu'ils soient, doivent être examinés comme tous les autres meubles en ébénisterie, à dessus de marbre et avec ornemens.

*Au folio 127, on aura les prix des guéridons en simple ébénisterie.*

## JARDINIÈRES.

Une jardinière, de quelque bois qu'elle soit, doit être solidement établie. La caisse de plomb, qui est placée au milieu, doit pouvoir s'ôter et se remettre librement. Il faut s'assurer que les saignées par où se fait la filtration de l'eau, sont bien pratiquées et aboutissent à un réservoir tellement bien établi, qu'il ne puisse endommager le meuble ni l'appartement où il est placé.

Après cet examen particulier, on reconnaît les

autres parties du meuble comme pour tous les autres en acajou avec ornemens.

*Les jardinières étant rangées dans les meubles de fantaisie, leurs prix sont déterminés par les accessoires et les ornemens qu'on y place.*

## HOLLANDAISES ( *lampes dites* ).

Dans l'éclairage, la hollandaise tient le milieu entre le lustre et le quinquet ; il faut examiner avec beaucoup d'attention le verre ou la glace qui forme le plateau, et cette glace doit être assez épaisse. Il faut s'assurer ensuite si les chaînons qui soutiennent le plateau sont bien attachés à leurs extrémités, s'ils sont bien faits, et dans le même nombre sur tous les points. Voir si la lampe, ou le quinquet, posé au milieu de la hollandaise, est intérieurement bien établi, extérieurement bien verni, et si le bronze et la dorure sont en bon état.

*Aux folios* 106 *et* 107 *, sont indiqués les prix de ce genre de lampes.*

## HOUSSES *de meubles.*

Les housses, si nécessaires à la conservation de beaucoup de meubles, sont établies en plusieurs sortes d'étoffes. On en fait en toile de coton, en toile de lin, en basin et en calicot. Après le basin, qui en général semble être d'un prix trop élevé pour faire des housses, c'est la toile de coton qui

*Suite de l'article des* Housses *de meubles.*

doit être préférée ; le tissu en est plus serré , et permet plus difficilement à la poussière de pénétrer. La quantité d'étoffe employée pour des housses, se reconnaît de la même manière que pour l'étoffe principale ; il faut ensuite examiner le travail de la couture, et, s'il y a des galons, s'assurer qu'ils sont bien cousus, ainsi que les cordons d'attente.

Au surplus, la quantité d'étoffe pour chaque espèce de housse de meuble est indiquée au folio 136 , et le prix des façons est énoncé au folio 141.

## LAMPES.

Après le choix du modèle, il faut examiner le travail dans toutes ses parties , telles que le moiré, le vernis, le genre de la dorure, le bronze, et les accessoires, qui se composent des globes, des réflecteurs, garde-vues , etc.; examiner avec beaucoup d'attention le mécanisme de la lampe , afin d'être certain de l'effet, et s'assurer si la pièce a bien les proportions de l'ordre indiqué pour sa forme.

*Les prix de celles dont on se sert le plus habituellement, sont indiqués au folio 105.*

## LAVABOS.

Par son service, le lavabo étant fréquemment remué, il doit avoir beaucoup de solidité et d'à-

plomb. La cuvette et le pot doivent être propor-
tionnés aux dimensions du meuble. Si on a mé-
nagé quelques cases secrètes dans le lavabo, il
faut s'assurer que le service s'en fait librement.

*Les prix des lavabos ordinaires sont énoncés au folio 127.*


## LITS DE PLUMES.

L'expérience a démontré que le meilleur lit est
celui de demi-duvet, qui se compose de duvet et
de plume. Le duvet seul se tasse, se pelotonne, et
à la longue il produit un coucher gênant. Après
avoir examiné l'étoffe, on en reconnaît la quantité
en mesurant les lés et les parties ajoutées s'il y en
a ; on forme ensuite une addition des mesurages
particuliers, en constatant l'étendue du lé, et le total de cette addition donne la quantité exacte de
l'étoffe employée.

Il faut examiner ensuite la couture, soit de l'é-
toffe, soit des galons ou des rubans, et s'assurer
si le coutil a été bien ciré. Le meilleur moyen de
juger de la qualité de la plume, c'est de la voir
pour connaître sa finesse.

Si la quantité énoncée par le fournisseur paraît
douteuse, il est un moyen infaillible de dissiper
ses doutes ; c'est de peser le lit, et en faisant la
distraction du poids du coutil, on obtient néces-
sairement le poids juste de la plume.

*Suite de l'article des* LITS DE PLUMES.

Le poids d'une enveloppe de lit de plume, est ordinairement :

|  |  | LIVRES. |
|---|---|---|
| Pour un lit de 5 pieds 1/2, de. . . . . | 5 | 1/2 |
| Pour un lit de 5 pieds, de. . . . . . | 5 | .. |
| Pour un lit de 4 pieds et demi. . . | 4 | 1/2 |
| Pour un lit de 4 pieds, de. . . . . . | 4 | .. |
| Pour un lit de 3 pieds 1/2, de. . . . | 3 | 1/2 |
| Pour un lit de 3 pieds, de. . . . . . | 3 | .. |

*Au folio 55, à l'article* Composition des Couchers, *on trouvera les prix de chaque lit de plume, suivant sa grandeur.*


## LITS DE SANGLE.

Il faut d'abord s'assurer que le bois du lit est bien sain, droit, et débité depuis long-temps ; reconnaître l'espèce du treillis, et voir si les flèches ou boulons sont bien adaptés et si le lit est d'à-plomb.

*Le prix des lits de sangle est énoncé au folio* 107.


## LITS EN FER.

Cette espèce de meuble exige qu'on l'examine avec d'autant plus d'attention, qu'il est hors de la série de ceux sur lesquels tout le monde a quelque connaissance, et qu'au premier aperçu il flatte agréablement la vue ; mais il faut bien s'assurer de sa solidité qui dépend de l'exactitude avec laquelle

*Suite de l'article des* LITS DE FER.

toutes les pièces doivent être adaptées entre elles ;
il faut voir avec un grand soin toutes les charnières, les goupilles, les vis, et remarquer la facilité du jeu des courbes, et si elles sont bien bronzées
et dorées. Les roulettes de ces lits doivent avoir des
mouvemens bien libres, et les crochets, pour la
sangle, ne peuvent être faits avec trop de solidité et
de justesse. Ces lits doivent se ployer tellement
bien, qu'on puisse, sans qu'aucune partie en souf-
fre, les mettre aisément dans un étui de peau, fortement établi, et fermant avec des boucles et
courroies.

*Le prix des lits de fer est énoncé au folio* 107.

## LUSTRES.

Si aucun objet de l'ameublement ne produit un
plus brillant effet que le lustre, il n'en est pas aussi
qui présente plus de difficulté à la vérification,
parce que rien n'est plus facile que le mélange des
cristaux dans la formation d'un lustre. Il faudrait,
pour ainsi dire, examiner pièce à pièce, afin de
s'assurer si elles sont toutes de la même essence,
toutes de la même eau, toutes bien régulières, et
si chaque série de boutons, d'olives ou de petites
poires, qui doivent former un rang ou une chaîne,
a été bien observée pour la similitude des pièces ;

et si chaque *tenon* ou *fil au trait ,* qui réunit deux pièces, est bien solide.

Mais à défaut d'un examen aussi détaillé, il faut au moins porter son attention sur les pièces les plus importantes, telles que les grosses poires, les étoiles à queues et les boules. Ces objets principaux, toujours d'un prix élevé, ont quelquefois des taches de *neige* ou sont *bouillonnés,* ce qui en diminue beaucoup la valeur.

Après l'examen des cristaux, il faut inspecter la monture, en ce qui regarde l'exactitude du dessin et la belle exécution, ce qui est encore une chose fort importante, attendu le luxe des montures, où le travail du bronze, de l'or mat et de la ciselure, peuvent beaucoup ajouter ou retrancher à la valeur d'un lustre. Si le lustre est disposé pour recevoir un éclairage en bougies, il faut examiner les bobèches, s'assurer qu'elles sont bien établies ; et si l'éclairage se fait avec des lampes, il faut les examiner, tant sous le rapport de la peinture que du mécanisme. On termine cette longue vérification, en s'assurant de la solidité de l'anneau par lequel sera suspendu le lustre.

Dans le commerce, les cristaux non montés sont classés par *numéros,* et chaque *numéro* porte un prix. Ainsi, avant d'acheter un lustre, si on avait la crainte d'être trompé, il serait bon de

choisir chez le fabricant les numéros qu'on dési-
rerait, et de prendre des échantillons pour pièces
de comparaison lors de la livraison du lustre. Cette
mesure est inutile à prendre avec des maisons bien
famées.

*Au folio 77, on trouvera des renseignemens sur la valeur
des lustres.*

## MATELAS.

La qualité de la laine se reconnaît d'abord à
l'œil et puis au toucher ; si on soupçonne qu'il y
ait un mélange de sortes, il faut ouvrir le matelas
dans le milieu et aux quatre coins. Examiner la
façon comme celle du lit de plumes. Après avoir
examiné l'étoffe, on en reconnaît aussi la quantité
comme au lit de plumes, en mesurant les lés dont
on fait une addition.

Si on doute de l'énoncé du poids, on pèse le
matelas, en déduisant de la pesée le poids de la
toile, qui est ordinairement :

|  | LIVRES | |
| --- | --- | --- |
| Pour un matelas de 5 pieds 1/2, de . . | 2 | 3/4 |
| Pour un matelas de 5 pieds, de . . . . | 2 | 1/2 |
| Pour un matelas de 4 pieds 1/2, de . . | 2 | 1/4 |
| Pour un matelas de 4 pieds, de . . . . | 2 | .. |
| Pour un matelas de 3 pieds 1/2, de . . | 1 | 3/4 |
| Pour un matelas de 3 pieds, de . . . . | 1 | 1/2 |

*Suite de l'article des* MATELAS.

La futaine et le fleuret sont un peu plus pesant que la toile de Flandre.

*Au folio* 55 *, à l'article* Composition des Couchers, *on trouvera le prix de chaque matelas , suivant sa grandeur.*


## MIROIRS A LA PSYCHÉ.

Il faut que ce genre de meuble soit toujours dans les mêmes proportions que celles des autres meubles de la pièce où ils sont placés. Après l'examen du bois , de la main-d'œuvre et des ornemens, on portera son attention sur la beauté du tain et sur l'épaisseur de la glace, dont on constatera le volume. Cette glace doit être solidement enchâssée dans son parquet et bien assujettie par ses supports, dont les mouvemens doivent être doux et cependant sans flaccidité ; enfin , ne pas négliger de s'assurer si les roulettes sont bien faciles et bien fixées.

La valeur de ce meuble est toujours déterminée par la grandeur du volume de glace, et par les ornemens plus ou moins riches.

*Un miroir à la Psyché, en beau bois d'acajou et sans aucun ornement , vaut de* 240 *a* 250 *francs.*


## OREILLERS.

Ainsi que le lit de plumes, le meilleur oreiller doit être en demi - duvet. Un fort oreiller doit peser de 4 livres à 4 livres et demie, y compris la taie. En général, un oreiller prend une demi-aune à 2.3 d'étoffe. On doit examiner la façon comme au lit de plumes.

*Au folio* 55, *à l'article* Composition des Couchers, *on trouvera le prix de chaque oreiller suivant sa grandeur.*

## PAILLASSES.

L'étendue d'une toile de paillasse se reconnaît par le mesurage des lés, que l'on calcule comme la toile à matelas. Il faut s'assurer de la façon et reconnaître la qualité de l'étoffe.

*Aux folios* 70, 71 *et* 72, *on trouvera le prix des paillasses.*

## PAILLASSONS.

La paille dont on forme les paillassons doit être de l'année, et être bien sèche. Dans les paillassons fins, le tuyau de la paille doit être très-égal, et la meilleure paille est celle du froment. Plus le travail de l'ouvrier est serré, et plus la pièce a de solidité.

*Au folio* 31, *on trouvera le prix des paillassons.*

## PANIERS *à bois.*

L'osier dont on forme les paniers doit être bien sec, et d'une force proportionnée à la dimension du panier, et ce n'est pas toujours ce que le vannier a le soin d'observer.

*Suite de l'article des* PANIERS *à bois.*

Pour préserver de l'humidité le fond du panier, il faut le garnir d'un second fond en volige ; les montans du panier doivent être en bâtons de chêne ; et dans l'intérieur, à une hauteur convenable, il doit y avoir, dans tout le pourtour du panier, une tringle en bois bien attachée, pour lui donner la solidité dont il a besoin pour n'être pas assez promptement abîmé.

*Au folio* 108, *on trouvera le prix des paniers à bois, suivant leurs dimensions.*

## PANIERS *à chauffer le linge au bain.*

Il faut examiner la qualité de l'osier, s'assurer si le compartiment d'en haut est bien établi ; si le réchaux est bon, bien suspendu et à une élévation convenable.

*Ce genre de panier, y compris le réchaux, vaut de* 9 *à* 10 *francs.*

## PARAVENS *couverts en papier.*

Il faut examiner si le bois est droit, sain et sec ; si toutes les feuilles sont égales, si l'uni ou le dessin du papier a de la suite, et si le papier est régulièrement collé. Il faut ouvrir le paravent pour s'assurer qu'il a de l'à-plomb.

*Au folio* 112, *ou trouvera l'énoncé du prix des paravens par feuille.*

## PATÈRES.

Il faut s'assurer si la patère est de la grandeur qui convient à l'usage auquel elle est destinée; examiner ensuite la dorure, le bronze et la ciselure; et s'il y a un sujet allégorique, voir s'il est bien fini. S'assurer encore que le *pas* de l'écrou et la vis de la broche sont convenablement disposés.

*Aux folios 81 et 82, sont énoncés les prix des patères.*

## PENDULES.

Ce meuble, dont l'usage est singulièrement multiplié depuis quinze à vingt ans, et qui varie si étonnamment dans ses formes, en flattant presque toujours les yeux, offre de grandes difficultés à la vérification. Comme souvent tout est sacrifié au luxe, ce qui tient à l'horlogerie n'est pas toujours soigneusement travaillé; et d'un autre côté tel modèle, dans les prix moyens, et qui, dans la nouveauté, valait peut-être de 5 à 600 francs, ne vaut aujourd'hui que 250 à 300 francs, sans que la pièce en soit moins bien traitée; mais elle a contre elle de figurer dans le commerce depuis un certain temps. La mode en est passée, la fantaisie en adopte une autre, et le caprice la discrédite. Il est donc prudent, avant de faire l'acquisition d'une pendule, objet toujours assez cher, de s'informer à quels phases de la mode se trouve

*Suite de l'article des* PENDULES.

le genre de pendule qu'on voudrait acheter, et partir de là pour en bien connaître le prix. S'attacher ensuite à la régularité du dessin, à l'exécution de la dorure, de tout le travail, et c'est avec le temps seul qu'on peut apprécier la bonté du mouvement.

*Au folio 78, on trouvera, indiqué par classe, le prix des pendules.*

## PLOYANS, *ou* TABOURETS *en* X.

Ce meuble se vérifie comme tous les autres meubles-siéges.

## POÊLES PORTATIFS, en faïence ( *ceux dont on se sert le plus habituellement* ) ;

RONDS , *avec colonnes de 4 pieds, dessus de marbre, dessous à frise, cercles en cuivre,*

De 22 pouces sur 14 , . . . . . . . 42 à 48 fr.
De 26 pouces sur 16, . . . . . . . 55 à 60
De 28 pouces sur 18, . . . . . . . 65 à 70 :

CARRÉS , *sans colonnes, à dessus de marbre, dessous à frise, cercles en cuivre,*

De 18 pouces sur 13 , sans four, . . 15 à 16 fr.
De 18 pouces sur 13 , avec four, . . 18 à 20
De 19 pouces sur 14, sans four, . . 23 à 25
De 21 pouces sur 16, sans four, . . 26 à 28
De 22 pouces sur 17 , . . . . . . . 32 à 35
De 24 pouces sur 20, . . . . . . . 38 à 40.

*Suite de l'article des* PORTES-BATTANTES *, ou tapissées.*

## PORTES-BATTANTES , *ou tapissées.*

Il faut examiner l'étoffe, les clous dorés que l'on peut facilement compter, ou les calculer à raison de cent par aune d'étendue ; mesurer ensuite les lés de l'étoffe, dont on constate facilement la quantité ; s'assurer de la main-d'œuvre et reconnaître la bonté du bois du châssis comme du dormant de la porte.

*Aux folios* 113 *et* 114, *on trouvera l'indication du prix des portes tapissées.*

## PUPITRES *de bureaux.*

Il faut examiner le bois , le drap ou la toile cirée , la fermeture et les charnières du pupître , et voir si les compartimens sont bien disposés. Les pupîtres de bureaux ont ordinairement 2 pieds de largeur, sur 20 à 22 pouces de profondeur, et de 4 à 5 pouces d'élévation à la partie supérieure.

Un pupître simple, en acajou, intérieur en chêne, couvert en toile cirée à vignettes , sans fermeture ni compartimens , peut valoir de 30 à 36 francs.

Un semblable, tout en chêne , coûterait de 16 à 20 francs.

## QUINQUETS.

Ainsi que pour les lampes , après le choix du modèle, on doit examiner le travail dans toutes ses parties, tant pour les ornemens que pour le mécanisme de la lampe, proprement dite.

*Au folio* 106 *, sont indiqués les prix des quinquets , dont l'usage est le plus général.*

## RIDEAUX *de lits , de croisées et draperies.*

Il y aurait eu de l'inconvénient à calculer d'avance la quantité d'étoffe qui pourrait entrer dans une série assez étendue de rideaux de lits et de croisées, parce qu'il est bien constant que tous les appartemens n'ont par la même élévation , que toutes les embrâsures de croisées n'ont pas la même largeur, et toute supputation, pour indiquer ce qu'il doit entrer d'étoffe dans une draperie , pourrait occasionner de grandes erreurs , car chacun, pour ces diverses parties de l'ameublement , n'adopte ni la même forme , ni la même ampleur.

Mais à défaut de calculs faits d'avance , on peut offrir la manière certaine de trouver la quantité exacte d'étoffe qui se trouve dans un rideau quelconque comme dans toute espèce de draperie , lorsque l'objet est confectionné ou en place , et c'est là le point essentiel. Pour cela , on désigne le nombre de lés de l'étoffe , qu'on multiplie par la hauteur , et de suite on a le mesurage exact.

*Suite de l'article des* RIDEAUX *de lits ,* etc.

## 1<sup>er</sup>. EXEMPLE.

RIDEAUX *d'un lit à couronne.*

| | | |
|---|---|---|
| 6 lés d'ampleur d'une étoffe quelconque. . . . . . . . . . 6 .. | aunes. | |
| Sur 3 aunes de hauteur . . . . 3 .. | 18 .. | |

COURONNE *du lit.*

| | |
|---|---|
| 3 lés d'ampleur d'une étoffe quelconque. . . . . . . . . 3 .. | 1  1/2 |
| Sur une demi-aune de hauteur . .. 1/2 | |

*Ainsi les deux rideaux , compris la couronne , contiennent . . . . . . . . . . . . .*     aunes. 19  1/2

## 2<sup>e</sup>. EXEMPLE.

DEUX RIDEAUX *de croisées.*

| | |
|---|---|
| 4 lés d'ampleur d'une étoffe quelconque. . . . . . . . . 4 .. | aunes. 12 .. |
| Sur 3 aunes de hauteur . . . . 3 .. | |

DRAPERIE.

| | |
|---|---|
| 3 lés d'ampleur d'une étoffe quelconque. . . . . . . . . 3 .. | 1  1/2 |
| Sur une demi-aune de  hauteur . .. 1/2 | |

*Ainsi ces deux rideaux et la draperie contiennent .*     aunes. 13  1/2

*Suite de l'article des* RIDEAUX *de lits ,* etc.

3<sup>e</sup>. E X E M P L E :

DEUX RIDEAUX *d'alcôve.*

<table>
<tr><td>5 lés d'ampleur d'une étoffe quel-</td><td></td><td></td><td rowspan="2">aunes</td></tr>
<tr><td>conque. . . . . . . . . .</td><td>5 ..</td><td rowspan="2">10 ..</td></tr>
<tr><td>Sur 2 aunes de hauteur . . . .</td><td>2 ..</td></tr>
</table>

DEVANTURE *de l'alcôve.*

<table>
<tr><td>4 lés d'ampleur d'une étoffe quel-</td><td></td><td></td></tr>
<tr><td>conque. . . . . . . . . .</td><td>4 ..</td><td rowspan="2">3 ..</td></tr>
<tr><td>Sur 3/4 de hauteur. . . . . . ..</td><td>3/4</td></tr>
</table>

*Ainsi ces deux rideaux d'alcôve et la devanture*    aunes.
*contiennent.* . . . . . . . . . . . . . . 13 ..

Pour base générale sur l'ampleur à donner aux rideaux, on doit calculer :

Que ceux de lits , en taffetas, doivent avoir de 6 lés 1/2 à 7 lés ; et, en 15/16 ils ne doivent avoir que de 3 lés 1/2 à 4 lés.

Que les rideaux de lits en percale doivent être de 3 lés 1/2 à 4 lés ; et que ceux en calicot doivent être de 5 lés à 5 lés 1/2.

Que les rideaux de croisées en taffetas doivent être de 2 lés 1/2 à 3 lés ; et en 15/16 de 1 lé 1/2 à 2 lés.

Que les rideaux de croisées, en percale , doi-

*Suite de l'article des* RIDEAUX *de lits ,* etc.

vent être d'un lé 1/2 à 2 lés ; et en calicot, de 2 lés 1/2 à 5 lés.

Les franges , galons ou effilés employés aux rideaux de toute espèce doivent se mesurer et se reconnaître sur les étoffes , afin de pouvoir parcourir exactement toutes les parties drapées , toutes les sinuosités des étoffes.

Après la reconnaissance des étoffes , on vérifie les embrasses , les cordons de tirage , les poulies, les anneaux , les tringles , les gonds, etc. ; vient ensuite l'examen des façons, toujours assez chères, mais qui le paraissent moins lorsqu'on s'est servi d'un tapissier qui a du goût, celui qui sait le mieux embellir un appartement par l'heureux effet des draperies , sans augmenter plus qu'un autre l'emploi des étoffes. Il est bien constant que du motif des draperies, de leur souplesse, de leur élégance , de l'harmonie dans les couleurs, enfin de l'adroite combinaison des tissus dépend cet ensemble gracieux, qui, en entrant dans un appartement , flatte si agréablement la vue ; mais malheureusement tous les tapissiers ne sont pas pénétrés que l'usage, comme la mode, ne reconnaissent pour règle que le bon goût.

*C'est à la table , à la dénomination du genre des rideaux, que l'on trouvera le folio où sont énoncées, non seulement les qualités d'étoffes qui composent les rideaux , mais encore le détail de tout ce qui entre dans la garniture d'une croisée.*

## RIDEAUX *de vitrages.*

Ces rideaux, dont les étoffes et les accessoires se reconnaissent comme pour ceux d'une plus grande dimension, ont souvent le défaut d'être mal faits, et cela s'aperçoit presque toujours au retour du premier blanchissage, qui, ayant resserré l'effilé et le ruban des têtes, fait *gauchir* le rideau. Pour éviter cet inconvénient, il faut avoir le soin, en établissant le rideau de vitrage, de le garnir un peu amplement, afin de faire la part du blanchissage.

*A la table, article* Rideaux de vitrages, *on y trouvera les folios où sont énoncés chaque sorte de rideaux.*

## ROSETTES DORÉES.

Ces objets doivent être examinés, tant pour la dorure que pour la main-d'œuvre du premier ouvrier. Il ne faut pas négliger de s'assurer si la vis de la broche s'engrène bien dans le pas de l'écrou de la rosette. C'est la dimension de l'objet qui en détermine le prix.

*Au folio* 81 *, on trouvera des renseignemens à cet égard.*

## SEAUX *pour les pieds.*

Il faut examiner si toutes les parties qui forment le seau en fer-blanc sont bien jointes, bien soudées ; si le vernis est beau et bien égal ; si les ornemens ou le moiré sont exécutés avec soin, et les anses et les poignées solidement attachées.

*Suite de l'article des* Seaux *pour les pieds.*

Le seau de faïence doit être examiné aussi avec beaucoup de soin, pour être assuré qu'il n'a aucune fêlure.

*Au folio 98, on trouvera l'énoncé du prix des seaux en fer-blanc; et au folio 97, celui du prix des seaux en faïence.*

## SECRÈTAIRES.

L'examen d'un secrétaire doit être fait comme celui d'une commode, et, dans un bel ameublement surtout, il serait inconvenant que le ton du bois de la devanture d'un secrétaire ne fût point en harmonie avec la façade de la commode. Il doit aussi régner un parfait accord dans le style de l'ordre de ces deux meubles, comme dans les ornemens qu'on y place.

En général, un secrétaire porte ordinairement 4 pieds 5 à 6 pouces de hauteur, sur 18 à 19 pouces de largeur, en y comprenant le dessus de marbre, qui doit être de dix lignes à un pouce d'épaisseur.

*Le prix des secrétaires est énoncé aux folios 127 et 128, article* Prix courans de l'ébénisterie.

## TABLES *de jeux.*

Il faut examiner ces tables, tant sous le rapport de l'ébénisterie que sous celui de la qualité du drap.

*Aux folios 128 et 129 des* Prix courans de l'ébénisterie, *on trouvera les prix des tables de jeu.*

21

TABLES *à manger.*

Il faut examiner l'essence du bois qui doit être débité depuis long-temps, et s'assurer de la bonté du travail de l'ébénisterie; voir si les ralonges sont emboîtées en chêne, si les rainures joignent exactement les pièces entre elles, et si les coulisses jouent avec facilité. Ces coulisses sont presque toujours en chêne, tandis que celles en charme vaudraient mieux. S'assurer aussi que les roulettes et les sabots sont bien posés, et que leurs mouvemens sont aisés.

Les tables rondes à ralonges, dont on se sert le plus habituellement, sont de 4 pieds, et six personnes peuvent aisément s'y placer; ensuite, chaque ralonge donne le moyen d'ajouter deux personnes de plus à la table.

Après cela viennent les tables de luxe, qui sont d'une plus grande dimension et dont les ralonges sont assez souvent en acajou; la forme des pieds est toute différente, aussi sont elles fort chéres, puisqu'il y en a qui valent de 4, 5 et 600 francs.

*On trouvera, au folio 128, l'énoncé du prix des tables le plus en usage.*

TABLES *de nuit.*

Ce genre de meuble se vérifie de même que la commode et le secrétaire. Il doit aussi s'accorder

*Suite de l'article des* TABLES *de nuit.*

avec eux, tant pour l'espèce de bois que pour les ornemens et le style de l'ordre.

*Au folio* 129, *se trouve indiqué le prix des tables de nuit.*

## TABLES DE TOILETTES *pour femmes et pour hommes.*

Celles pour femmes, dans leurs proportions comme dans leurs ornemens, doivent être en harmonie avec les autres objets d'ameublement en ébénisterie qui garnissent la chambre. Après l'examen du bois, du marbre, des ornemens, des accessoires et de la main-d'œuvre en général, il faut porter son attention sur la qualité de la glace, et s'assurer si les branches de côté sont bien solides et d'un service facile.

Celles pour hommes, en acajou comme en tout autre bois, se vérifient de même que tout autre meuble en ébénisterie ; ensuite on s'assure si le pot et la cuvette et tout autre vase sont sans défectuosité ; si la glace est belle et joue sans obstacle ; si les tiroirs et les cases sont bien établies, bien évidées, et fermant bien.

*Au folio* 129, *se trouve l'indication du prix des tables de nuit.*

## TABOURETS *de pieds.*

Ces meubles se vérifient comme les chaises, tant pour le bois que pour les étoffes.

*Pour les quantités et le prix des différentes marchandises qui entrent dans la formation d'un tabouret de pieds, il faut voir à la table le folio du genre du meuble.*

## TAPIS *d'appartemens et de foyers, ou de devant de lits.*

Après le choix du genre de tapis, il faut s'attacher à l'examen de la chaîne, à la vivacité des couleurs, à la précision comme à l'exécution des dessins. Voir si les bordures et les bistres sont en harmonie avec le fond du tapis.

On reconnaît l'étendue d'un tapis d'appartement, en calculant sa longueur par sa largeur.

EXEMPLE :

Longueur . . . . . . 6 aunes.  
Largeur . . . . . . 4  1/4   }  25 aunes 1/2

*Pour le prix du tapis employé, voir le folio 29.*

## TENTURES *d'appartemens, en étoffe.*

Toute tenture d'appartement en étoffe ne doit pas être appliquée *sur place ;* elle doit toujours avoir été faite sur *établi,* afin de pouvoir être en-

*Suite de l'article des* TENTURES *d'appartemens , en étoffe.*

levée à volonté. Il faut examiner la qualité de l'étoffe, la suite des couleurs, l'exactitude du dessin, l'encadrement, les bordures, les cablés, les clous; voir quelle est la toile employée pour la doublure ; s'assurer si les coutures, les raccords et les onglets sont bien faits.

On reconnaît la quantité de l'étoffe dont se forme une tenture, en désignant le nombre de lés de l'étoffe pour le multiplier par la hauteur.

E X E M P L E :

| | |
|---|---|
| Toute une tenture comporte | 25 lés. |
| Chaque lé a de hauteur . . | 2 aunes 1/4. |
| La totalité de la tenture est de | 56 aunes 1/4. |

Les encadremens en étoffe peuvent se mesurer de même; mais les cablés , les cadres ou baguettes se mesurent au toisé.

*Le prix des étoffes de soie se trouve indiqué aux folios 6 et suivans.*

TENTURES *d'appartemens , en papiers.*

Dans une pièce quelconque, la quantité de papier de tenture proprement dit, se constate par

*Suite de l'article des* T ENT URES *d'appartemens, en papiers.*

le nombre de lés du papier, en indiquant sa largeur, et cette quantité se multiplie par la hauteur
commune.

E X E M P L E :

La tenture d'une pièce en papier de
grande largeur, portant 32 pieds.
Au rouleau, est de. . . . . . . . 14 lés.
Sur une hauteur de . . . . . . . 9 pieds.
La tenture est de . . . . . 126 pieds.

Indépendamment du papier de tenture, il y a à
constater encore les bordures qui se mesurent au
pied ; la quantité de pieds se convertit en rouleaux,
et le nombre de bandes du papier de bordures détermine le prix auquel on doit en payer la pose.

La tenture en toile pour doublure, large de 2/3
(ou 30 pouces), se compte à l'aune. La quantité
d'aunes se constate en mesurant le nombre de lés
par la largeur de la toile.

E X E M P L E :

Toute une tenture comporte 15 lés.
Sur une largeur commune de 2/3
Total de la tenture . . 10 aunes de toile.

La tenture des papiers de fond, ou de dessous,

*Suite de l'article des* TENTURES *d'appartemens , en papiers.*

se constate à la main, et la main couvre à peu près
58 pieds; le nombre de mains se reconnaît en calculant au pied carré, la quantité de pieds superficiels que comporte la tenture.

E X E M P L E :

Le pourtour d'une tenture est de   60 pieds.
Sur une hauteur de . . . . .   10 pieds.
                                 ______

Total de la tenture . .  600 pieds.
                         ______

Chaque main de papier couvrant 58 pieds superficiels, il y a dans cette tenture 15 mains 50
pieds de papier de fond.

## TRAVERSINS.

Tant pour le poids de la plume que pour les
étoffes, les traversins se vérifient comme les oreillers.

*Au folio* 55 *, article* Composition des Couchers , *on trouvera annoté le prix des traversins, d'après leur grandeur.*

## VIDE-DE-POCHE.

Ce petit meuble, destiné à être souvent dé-
rangé, doit avoir des roulettes bien solides et d'un
jeu facile. Tout ce qui tient à l'ébénisterie doit

*Suite de l'article des* VIDE-DE-POCHE.

être examiné avec le même soin que pour tout autre meuble.

Un simple vide-de-poche, sans ornemens, vaut de 20 à 25 francs; il y en a ensuite qui augmentent de prix en raison des ornemens et de la main-d'œuvre.

FIN.

## C

( 337 )

## P

FIN DE LA TABLE GÉNÉRALE.

De l'Imprimerie de P.-N. ROUGERON , rue de l'Hirondelle , n.° 22.